Burn-out galt bisher als typisches Männer-, genauer als Manager-Phänomen. Bei genauer Betrachtung stellte sich aber heraus, daß Frauen genauso betroffen sind, vielleicht sogar noch mehr, weil sich Burn-out-Symptome sehr leicht mit primär »helfenden Tätigkeiten« verbinden. Der tägliche Streß und die vielfältigen Belastungen bringen Frauen in einen Strudel emotionaler Hetze, der sie ausgebrannt zurückläßt. Das Buch geht nicht nur den Ausgangsbedingungen und den Gründen für Burn-out nach, sondern beschäftigt sich präzise mit den besonderen Problemen von Frauen in Familie und Beruf. Sehr spannend ist ein bisher unberücksichtigter Aspekt: Burn-out in Beziehungen.

Dr. Herbert Freudenberger arbeitet seit 30 Jahren als Psychoanalytiker und leitet Seminare über Burn-out bei Frauen.
Gail North lebt als Journalistin und Schriftstellerin in New York.

Herbert Freudenberger
Gail North

Burn-out bei Frauen

Über das Gefühl des Ausgebranntseins

Aus dem Amerikanischen von
Gabriele Herbst

Fischer Taschenbuch Verlag

8. Auflage: November 2000

Veröffentlicht im Fischer Taschenbuch Verlag GmbH,
Frankfurt am Main, Juni 1994

Deutschsprachige Erstpublikation 1992
im Wolfgang Krüger Verlag, Frankfurt am Main
© S. Fischer Verlag GmbH, Frankfurt am Main 1992
Die Originalausgabe erschien unter dem Titel
›Women's Burn-Out‹ im Verlag Doubleday, New York
© Herbert Freudenberger und Gail North 1985
Druck und Bindung: Clausen & Bosse, Leck
Printed in Germany
ISBN 3-596-12272-4

Inhalt

Für Arlene – einen ganz besonderen Menschen, dessen Güte, Freundlichkeit, Einsichten, Anteilnahme, Liebe und Verständnis so viele Träume haben Wirklichkeit werden lassen.

H. F.

Für Jeanne, Bibsie, Veronica und Belle – meine Mutter, Schwester, Großmutter und Tante ... die Frauen in meinem Leben. Und für Harvey ... meinen Vater.

G. N.

Einleitung

Wenn der Titel dieses Buches Ihr Interesse geweckt hat, fühlen Sie sich wahrscheinlich entweder selbst betroffen, oder Sie machen sich Sorgen um einen Ihnen nahestehenden, offenbar Burn-out-gefährdeten Menschen. Bevor Sie zu lesen beginnen, sollten Sie sich klarmachen, daß Sie im Grunde bereits angefangen haben, dieses Problem anzugehen. Sich seiner selbst bewußt werden, also der eigenen Bedürfnisse, Wünsche und Fähigkeiten, ist der erste und wichtigste Schritt im Kampf gegen das Burn-out-Syndrom. Da Sie beschlossen haben, sich darüber zu informieren, sind Sie schon im Begriff, dieses Bewußtsein Ihrer selbst zu entwickeln, und Sie sind ganz sicher auf dem Weg, Ihren Burn-out abzuwenden und vielleicht sogar ein für allemal zu verhindern.

Dieses Buch ist nicht nur für die zahlreichen Frauen geschrieben, die sich wegen Burn-out-Symptomen schon in Behandlung begeben haben, sondern auch für diejenigen, die vielleicht noch nicht wissen, daß das, was Sie durchmachen, als Burn-out bezeichnet wird. Sie könnten glauben, Sie litten unter einer chronischen Depression oder die Kontrolle über Ihr Leben sei Ihnen aus der Hand geglitten oder Sie seien in einen endlosen Kreislauf aus Anspannung und Erschöpfung geraten, aus dem es kein Entrinnen gibt. Obwohl es oft bequemer ist, alles mit Depression oder Anspannung zu erklären, wäre es angemessener und vor allem klüger, die Faktoren zu untersuchen, die zu Ihren jetzigen Symptomen geführt haben, und einige einfache Maßnahmen in die Wege zu leiten, bevor sich das Ganze zum handfesten Fall von Burn-out aufschaukelt.

Nun werden Sie wahrscheinlich zunächst fragen: »Woher soll ich wissen, ob meine Symptome mit Burn-out zu tun haben?«

Wenn Ihr Leben nur noch aus einer Abfolge von inneren und äußeren Belastungen besteht und wenn Sie merken, daß sich Ihre Persönlichkeit, Ihre Lebenslust, Ihre Einstellungen und Ihre Leistungsfähigkeit gegenüber dem Zustand von vor sechs Monaten negativ entwickelt haben, dann bietet Ihnen des Konzept des Burn-out sicherlich eine Grundlage, mit der Sie Ihr Elend analysieren können.

Burn-out ist bei Frauen eines der häufigsten Syndrome in unserer modernen Gesellschaft. Der tägliche Streß und die Zwänge, denen Frauen unterliegen, springen häufig ins Auge, doch genausooft werden sie auf subtile Weise falsch eingeschätzt. Meist wird der Begriff Burn-out nur mit Frauen in Beziehung gebracht, die Führungspositionen erreicht haben. Obwohl diese Frauen in der Tat zu einem hohen Prozentsatz dem Burn-out-Syndrom zum Opfer fallen, werden andere – Hausfrauen, Mütter, Witwen, alleinlebende, verheiratete, geschiedene Frauen – genauso leicht in den Strudel emotionaler Hetze hineingezogen, der sie schließlich ausgebrannt zurückläßt. Wie Burn-out konkret aussieht, unterscheidet sich von Frau zu Frau, doch es gibt eine Art kleinsten gemeinsamen Nenner. Die übliche Reaktion auf Streß ist, sich noch mehr anzustrengen, sich noch mehr »zusammenzunehmen« und auf Erschöpfungssymptome zu reagieren wie auf Feinde, die es zu schlagen gilt. Die meisten Frauen reagieren auf drohenden Burn-out mit der Vorstellung, sie könnten die Symptome überwinden, wenn sie »besser werden«, und verschlimmern damit nur ihren Zustand. Doch es gibt viele Variationen zum Thema Burn-out. Die eine Frau glaubt, sie kann mit ihren zahlreichen Aufgaben und Rollen durch schiere Willenskraft fertigwerden; eine andere glaubt, sie kann ihre vermeintliche Unfähigkeit, mit den anderen Schritt zu halten, dadurch überwinden, daß sie Menschen nacheifert, die einen völlig anderen Rhythmus als sie selbst haben; und wieder eine andere tut so, als ob sie immun gegen die ihr aufgebürdeten Belastungen sei, sie merkt jedoch, daß sie ihren Freunden, Kollegen, Liebhabern gegenüber aufbrausend und reizbar wird und grundlos in Tränen ausbricht. Trotz vieler deutlicher Anzeichen glaubt eine Burn-out-gefährdete Frau normalerweise, daß sie durch *Verleugnen* der Botschaften ihres Körpers und ihrer Psyche den Streß, der auf ihrem Leben lastet, überwinden kann.

Die Unfähigkeit, mit Burn-out-Symptomen umzugehen, treibt Frauen häufig noch tiefer in diesen Strudel hinein. Viele Frauen glauben tatsächlich, daß sie alles »in den Griff« bekämen, wenn sie härter arbeiten, sich verstärkt zusammennehmen oder einfach nur die nächste Woche, den nächsten Monat, das nächste Jahr durchstehen könnten. Dann würden ihre innere Erschöpfung, ihre körperliche Müdigkeit, ihre Verletzbarkeit und ihr Groll wie durch Zauber verschwinden, und sie würden in die »Normalität« zurückkatapultiert. Unglücklicherweise schaukeln sich die Burn-out-Symptome gegenseitig auf; wenn Sie nicht wissen, wo Ihre persönlichen Grenzen liegen, wie wichtig Ihr eigener Rhythmus ist oder wie sehr Sie Isolation gefährdet, kann dieses Ziel eine unerreichbare Vision werden.

Wir möchten jedoch von Anfang an klarstellen, daß Sie dem Burn-out nicht ausgeliefert sind. Wenn sich Frauen ihrer selbst bewußt werden, und das heißt auch, sich selbst und ihre Bedürfnisse achten, verfügen sie über das wichtigste Gegenmittel gegen Burn-out. Dann ist die Prognose sehr gut.

In den meisten Fällen können sie den Begriff Burn-out sehr rasch auf sich beziehen und mit der Hilfe einiger entscheidender Kriterien analysieren. Wenn Sie wissen, womit Sie es zu tun haben, können Sie Ihre Denkmuster und Ihren Lebensstil ändern und pfleglicher mit sich umgehen. Sie gewinnen wieder Energie und Lebensmut, und die Burn-out-Symptome gehen zurück, verschwinden und heilen schließlich aus.

Dieses Buch enthält viele Vorschläge, wie Sie den Kern des Problems identifizieren und verhindern können, daß sich der Prozeß des Burn-out beschleunigt. Wenn Sie die Dynamik Ihres Burn-out verstanden haben – wenn Sie wissen, wie der Prozeß ausgelöst wird, wie er sich beschleunigt und wie sich die Erschöpfung körperlich und geistig manifestiert –, dann haben Sie auch die Chance, Ihre Wünsche und Bedürfnisse neu zu definieren und Ihre destruktiven Denkmuster zu ändern. Sie werden feststellen, daß sich Ihre intellektuellen, emotionalen und physischen Kräfte nicht nur erneuern, sondern auch erweitern.

Ebenso wichtig ist das Wissen, daß Burn-out keine Altersstufe verschont. Das Syndrom macht keinen Unterschied zwischen jung und alt. Nur allzuoft fassen junge Frauen ihre Vitalität und ihren jugendlichen Elan als Freifahrtschein auf. Sie übernehmen Funktionen und Rollen, die ihr Potential überschreiten, und wundern sich dann, warum sie desillusioniert sind. Eine junge Frau drückt das so aus: »Wenn ich noch zwei Jahre so weitermache, bin ich mit 27 alt und verbraucht.«

Wenn Sie in den Zwanzigern sind, setzen Sie sich vielleicht stark unter Druck und gehen bis an die Grenzen Ihrer Leistungsfähigkeit, weil Sie sich einen Platz in der Berufswelt erkämpfen wollen. Vielleicht glauben Sie, Sie erreichen Ihre Ziele nur, wenn Sie Ihre Zeit, Energie, Ihr Erholungsbedürfnis und Ihre natürlichen Grenzen bis zum Äußersten strapazieren, um zu beweisen, daß Sie »der kommende Mann« sind. Wenn Sie in den Dreißigern sind, haben Sie vielleicht immer noch den Wunsch, sich im »Männerverein« zu behaupten, indem Sie tadel- und klaglos arbeiten. Viele Frauen Ende Zwanzig bis Mitte Dreißig fühlen sich verpflichtet, so mit Beruf und häuslichen Pflichten zu jonglieren, daß beides gleich gut, und zwar *sehr* gut erledigt wird. Während sie ihre Fähigkeit beweisen, alles »unter einen Hut zu bringen«, also Arbeit, Liebe, Kinder, Freunde und Familie, werfen sie interessanterweise selten anderen vor, daß diese ihre Belastung nicht anerkennen, sondern verurteilen sich selbst, wenn sie einem vermeintlichen Maßstab nicht entsprechen. Frauen Mitte Dreißig haben zusätzlich die biologische Uhr gegen sich und ertragen die Anspannung oft stillschweigend, während sie eine Unzahl anderer Aufgaben erfüllen. Frauen in den Vierzigern und älter sind häufig innerlich und äußerlich erschöpft, weil sie gleichzeitig Kinder aufgezogen und im Beruf Höchstleistungen erbracht haben und dafür auch noch anerkannt werden wollten. Ihre innere Erschöpfung reicht oft so tief, daß sich sowohl ihre Weltsicht als auch ihr Selbstbild – die Einschätzung ihres inneren Reichtums und ihres Werts – negativ färben. Alle Altersgruppen stellen Burn-out-Kandidatinnen; trotzdem muß jede einzelne Frau wissen, daß es Lösungsmöglichkeiten und Gegenmittel für ihre jeweils spezielle Problemlage gibt. Den nachhaltigsten Eindruck, den man in Gesprächen mit Burn-out-gefährdeten Frauen erhält, ist, daß sie sich irgendwie schämen, weil sie die Unzahl verschiedener Aspekte ihres Lebens nicht perfekt miteinander vereinbaren können. Frauen, die wegen Burn-out-Erschöpfung in die Therapie kommen, wollen sich selten selbst heilen. Vielmehr suchen sie nach einer Methode, mit der sie wieder zu Energie kommen, damit sie sich mit neuer Kraft denselben Problemfeldern zuwenden können. Und wiederum gehen die Frauen ihre Probleme mit der Frage an: »Wie kann ich besser werden?« Wenn eine Frau im Lauf der Behandlung allmählich erkennt, daß nicht mit *ihr* etwas nicht stimmt, sondern vielleicht mit den Erwartungen um sie herum, hat sie die Chance zu lernen, ihr Tempo selbst zu bestimmen, kürzer zu treten, Abstand zu halten, ohne sich zu isolieren, und Maßstäbe zu entwickeln, die ihr helfen, Aufgaben angemessen zu bewältigen. Die Anhäufung beunruhigender Symptome, die ihr Leben durcheinanderzubringen drohte, wird gebremst, und es entwickeln sich andere Perspektiven.

Dieses Buch will Sie auf die oft kaum erkennbaren, doch meist tückischen Streßfaktoren und Streßverstärker in Ihrem Leben aufmerksam machen. Es widmet sich den Fragen, die Frauen am häufigsten stellen, und den Methoden, mit denen sie ihre Burn-out-Symptome erfolgreich behandeln können. Wenn Sie sich mit einer Burn-out-Problematik und ihren Auswirkungen herumschlagen, können Sie mit Hilfe der Informationen aus diesem Buch nicht nur sich selbst, sondern auch anderen Frauen helfen, die Fülle von verwirrenden und beunruhigenden Symptomen zu erklären. Wir hoffen, daß damit das Burn-out-Syndrom entmystifiziert und Ihre Selbstachtung zu dem Maßstab wird, nach dem Sie Ihre Fähigkeiten und Grenzen beurteilen. Jede Frau sollte Belastungen an ihrem Potential und nicht an den Erwartungen anderer messen.

Wie Sie sehen werden, befaßt sich die erste Hälfte dieses Buchs mit »Grundtatsachen zum Burn-out bei Frauen«: Kapitel 1 »Wenn Sie sich ausgebrannt fühlen . . .« beleuchtet die Ursachen der Burn-out-Depression und hilft Ihnen, zwischen chronischer Depression und Burn-out zu unterscheiden. Zudem lernen Sie, Dauer-Burn-out und akuten Burn-out zu trennen und die zahlreichen Mechanismen zu erkennen, mit denen Sie Ihren Burn-out verleugnen.

Kapitel 2 »Warum Frauen ausbrennen« nennt die vier Hauptthemen, die den Burn-out-Mustern von Frauen zugrundeliegen: Überfürsorglichkeit, Kontaktvermeidung und Einsamkeit, Ohnmacht sowie die Kontroverse um echte Selbständigkeit und echte Abhängigkeit.

Kapitel 3 »Zur Familiendynamik des Burn-out bei Frauen« behandelt die Lernprozesse, die viele Frauen in ihrer Kindheit durchlaufen haben und die sie als Erwachsene zum Burn-out prädisponieren.

Kapitel 4 »Burn-out-Symptome bei Frauen« führt detailliert die zwölf Stadien und die zugehörigen Symptome des Burn-out-Zyklus auf. Dieses Kapitel wird Ihnen hoffentlich

nicht nur Einsicht in Ihre eigenen Burn-out-Tendenzen ermöglichen, sondern Ihnen auch helfen, die Symptome bei
Freundinnen und Freunden, Familienmitgliedern, Kolleginnen und Kollegen und bei denen, die Sie lieben, zu erkennen.

Die zweite Hälfte des Buches befaßt sich mit »Burn-out bei
Frauen – konkret«:

Kapitel 5 »Burn-out im Beruf« diskutiert Fragen wie Per-
fektionsanspruch und Legitimität von Anforderungen, die
sich im Berufsleben stellen. Es enthält Vorbeugemaßnahmen gegen Streßfaktoren und Streßverstärker, denen
Frauen tagtäglich ausgesetzt sind.

Kapitel 6 »Zuwenig Zeit, zuwenig Liebe« beschreibt die
Konflikte, die auftreten, wenn wichtige Aspekte des per-
sönlichen Lebens unterdrückt und vernachlässigt werden.
Dazu gehören auch Informationen über den Konsum von
Alkohol und anderen Drogen sowie über den Streß von
Frauen auf der Partnersuche.

Kapitel 7 »Burn-out in Beziehungen« befaßt sich mit den
Ursachen, die einer vermeintlich absterbenden Beziehung
zugrundeliegen. Es bietet viele Lösungsansätze und Vorbeugemaßnahmen zur Milderung von Konflikten zwischen
Partnern.

Kapitel 8 »Wie man mit einem ausgebrannten Menschen
umgeht« zeigt auf, wie Sie angemessen auf Menschen in
Ihrer privaten oder beruflichen Umgebung reagieren können, die Sie für Burn-out-gefährdet halten.

Mit den abschließenden »Zwölf Punkten zur Burn-out-Verhütung und -Rekonvaleszenz« haben Sie eine überschau-
bare Liste der Signale, die Sie auf ein beginnendes Burn-
out-Syndrom aufmerksam machen.

Der Inhalt dieses Buches ist bestimmt durch die Erfahrungen der zahlreichen Frauen, die wegen Burn-out in unserer
Therapie waren, und durch persönliche Gespräche mit
mehr als hundert Frauen, die großzügig ihre Zeit geopfert
haben, um freimütig über ihr Berufs- und Privatleben zu

sprechen. Die Namen aller Teilnehmerinnen wurden geändert, nicht jedoch das, was sie gesagt haben.

Wenn Sie glauben, daß Sie Burn-out-gefährdet sind, dann lesen Sie weiter. Sie haben damit die Chance, den Lauf der Dinge zu ändern, den Sie vorher vielleicht für unabänderlich gehalten haben, und die Chance, Ihr Leben ernsthaft wieder selbst in die Hand zu nehmen.

Herbert J. Freudenberger und Gail North
New York, 1985

Teil 1
Grundtatsachen zum Burn-out bei Frauen

Kapitel 1
Wenn Sie sich ausgebrannt fühlen ...

». . . mein ganzes Leben war eine Serie von Sieben-Minuten-Rennen, und deshalb fühlte ich mich so ausgebrannt.«
Myrna T.

»Als ich das erste Mal eine Meile in sieben Minuten gelaufen war, wurde es wahnsinnig wichtig für mich, diese Zeit in jedem Rennen zu erreichen. Ich stopfte Mengen von Kohlenhydraten in mich rein, damit ich topfit war und laufen konnte wie um mein Leben. Ich trieb mich unglaublich an – über meine natürlichen Grenzen hinaus. Der Druck war enorm . . . ich wußte nicht mehr, wer ich war oder warum ich lief . . . ich wußte nur noch, daß ich eine fürchterliche Menge Energie einzig und allein darauf konzentrierte, diese Zeit zu laufen. Meine Identität hing daran. Ich überholte mich selbst, verlor jedes Zeitgefühl und vor allem jedes Gefühl für mich selbst als ganzheitlichen Organismus. Wenn ich müde wurde und Schmerzen bekam, wuchs meine Enttäuschung, und ich strengte mich noch mehr an, um diese Schwächen auszugleichen. Am Ende des Rennens war ich fix und fertig, krank und . . . ausgebrannt.
Einmal beschloß ich, das Tempo selbst zu bestimmen und mich bewußt zurückzuhalten. Ich merkte, daß ich zu langsam war, daß mich alle überholten, daß ich versagte, daß ich nicht gut genug war. Doch dann stellte ich fest, daß ich nur eine halbe Minute unter meiner Zeit lag. Statt in sieben Minuten war ich die Meile in siebeneinhalb Minuten gelaufen. Da merkte ich, daß mein ganzes Leben eine Serie von Sieben-Minuten-Rennen gewesen war, und daß ich mich deshalb immer so ausgebrannt fühlte.

Ich glaube, wenn Sie auf der Kippe stehen, wenn Sie den Burn-out vor sich sehen, dann sollten Sie der Müdigkeit nachgeben ... dem nachgeben, was Ihr Körper Ihnen sagt. Wenn Ihre Identität und Ihr ganzes Selbstwertgefühl daran hängen, daß Sie ein bestimmtes Ziel erreichen, verlieren Sie jedes Gefühl dafür, worum es bei dem Rennen eigentlich geht. Wenn Sie etwas so unbedingt erreichen *wollen*, vergessen Sie, was Sie *brauchen*. Das ist ein furchtbarer Konflikt. Erfolg haben wird wichtiger, als sich lebendig zu fühlen.«

Glauben Sie, daß Sie Burn-out-gefährdet sind? Gibt es Situationen in Ihrem Leben, in denen Sie müde sind, Schmerzen haben, sich jedoch »noch mehr anstrengen, um diese Schwächen auszugleichen«? Wenn Sie mit solchen Gedanken spielen, dann stehen Sie vielleicht wie Myrna in dem Konflikt zwischen dem, was Sie in Ihrem Leben wollen, und dem, was gut für Sie ist. Vielleicht wollen Sie in Ihrem Beruf, bei Ihren Freunden, in der Liebe unbedingt Erfolg haben; unter Umständen müssen Sie diese Ziele loslassen, um sich neue Perspektiven zu eröffnen. Vielleicht wollen Sie mit aller Macht weiterkommen; unter Umständen müssen Sie einen Schritt zurücktreten und erst Ihre innere Ausgeglichenheit und Energiereserven wiederherstellen. Wahrscheinlich fühlen Sie sich zugleich gedrängt und ausgelaugt, voller Panik und gehetzt – diese Gefühle bestehen oft nebeneinander. In Ihnen tobt ein Kampf zwischen dem, was Sie erreichen möchten, und dem, was Sie brauchen, um diese Ziele zu erreichen. Irgendwo unterwegs haben Sie mit Ihren Bedürfnissen kurzen Prozeß gemacht; ein anderer Weg schien Ihnen nicht gangbar. Und dann sind Sie jetzt häufig gereizt, zermürbt und ängstlich – manchmal möchten Sie morgens gar nicht erst aufstehen.

»Ich bin erschöpft, aber ich kann das jetzt nicht liegenlassen ...« – dieser Satz geht Ihnen ständig im Kopf herum. Sie fühlen sich verbraucht und sorgen sich manchmal, ob Sie sich überhaupt noch richtig entspannen oder vergnügen können. Sie verbringen vielleicht viel Zeit mit Grübeleien, wie Sie stärker, zäher, besser werden können. Wahrscheinlich möchten Sie sich manchmal »an jemand anderen anlehnen«, doch entweder können Sie nicht um Hilfe bitten, oder es ist Ihnen unangenehm, oder Sie haben das Gefühl, Ihr Hilfsbedürfnis werte Sie ab. Vielleicht möchten Sie eine Weile kürzer treten, um Ihr Leben zu überdenken, sind jedoch überzeugt, daß Sie das nicht können – »nicht gerade jetzt, ich habe zuviel zu tun . . . ich hab einfach keine Zeit«. Heute haben Sie das Gefühl, Sie seien unentbehrlich – doch morgen glauben Sie, keiner brauche Sie. Wie auch immer, Sie möchten den Konflikt verleugnen und sich noch mehr ins Zeug legen.

Denken Sie mal einen Augenblick darüber nach. Sind Sie oft angespannt, weil Sie ständig die ausgesprochenen und unausgesprochenen Forderungen von vermeintlich wichtigen Personen vorwegnehmen? Müde, weil Sie zu Hause, bei der Arbeit und im Freundeskreis immer als »Beziehungsarbeiterin« in Anspruch genommen werden? Enttäuscht, weil Sie von Rolle zu Rolle springen und selbst immer weiter ins Hintertreffen geraten? Denken Sie manchmal, daß Ihr Beruf Ihr einziger Liebhaber ist? Fürchten Sie, daß Sie, egal was Sie auch anstellen, immer noch »nicht gut genug« sind? Und ertappen Sie sich manchmal dabei, wie Sie in die Luft starren und sich fragen: »Und das soll alles sein?« und dann Schuldgefühle bekommen, weil Sie Ihre Zeit verplempern? Wenn Sie jetzt nicken, dann setzen Sie sich wahrscheinlich selbst immer unter Druck und klammern sich an die alte Leier: »Ich kann mich jetzt nicht damit beschäftigen . . . Ich habe einfach zuviel zu tun.«

Warum brennen Frauen aus? Die Antworten sind so verschieden wie die Persönlichkeiten. Dennoch gibt es einige bedeutende Gemeinsamkeiten. Verschiedene Formen des Burn-out spiegeln sich in Interviews mit den folgenden fünf Frauen wider.

– Mit ihren 28 Jahren denkt Nancy gern »an diese junge Idealistin zurück, die ich mal war – die sich unbesiegbar fühlte und wußte, was sie wollte«. Sie stürzte sich in Ehe, Mutterschaft und eine handfeste Karriere. Sie fand, daß sie wirklich »alles unter einen Hut bringen konnte«, doch nur, wenn sie ihr Letztes gab. »Ich jongliere mit viel zu vielen Ansprüchen«, sagte sie, »und ich fühle mich allmählich verbraucht. Zwischen den Problemen der Doppelbelastung, die in meinem Haushalt nicht gelöst, nicht einmal zeitweise in Einklang gebracht sind, den Bedürfnissen des Babys, den beruflichen Anforderungen, meinen Eltern, Freunden – ich fühle mich immer schuldig oder zermürbt oder beides. Ich rase von Rolle zu Rolle zu Rolle und fühle mich seelisch gespalten . . .«

– Paula ist 33 und beruflich äußerst erfolgreich. Dennoch fragt sie sich, warum »ich nicht um vier den Braten in die Röhre schiebe und mich auf das Abendessen mit der Familie freue«, sondern allein vor dem Fernseher ißt und »zu viele einsame Nächte zählt«. Sie war immer für die Beziehungsarbeit zuständig und verausgabte sich für Freunde, Familie und Männer. Diese Fähigkeiten brachte sie auch im Berufsleben ein und überträgt sie jetzt auf ihre Chefs und Kollegen. »Ich habe gelernt, mich um alle anderen zu kümmern«, sagte sie, »doch ich habe nicht das Gefühl, daß ich viel dafür zurückbekomme.« Trotz ihres Engagements für die anderen ist Paulas Privatleben »öde«, und ihre abendliche Müdigkeit verschärft sich noch durch die »Angst, mein Leben lang allein zu bleiben«. Paula ist häufig erkältet und hat im letzten Jahr mehr geraucht »als je zuvor in meinem Leben«.

– Elaine ist 36 und wartet mit dem Kinderkriegen, bis sie ins höhere Management aufgestiegen ist. Sie fürchtet, sie könne sonst »zu abgespannt und müde sein, wenn ich jetzt ein Kind zu versorgen hätte . . . Ich habe Angst, daß ich die

Position, die ich erreicht habe, verlieren würde. Ich habe zuviel Zeit investiert, um eine Qualifikation zu beweisen, als daß ich durch irgend jemanden ersetzt werden wollte, der verfügbar ist, wenn ich in den Schwangerschaftsurlaub ginge.« Elaine ist überzeugt, daß die in Aussicht gestellte Beförderung dieses Problem bereinigen wird, strengt sich weiter an und hofft, daß der Aufstieg kommt, bevor ihre biologische Uhr abläuft. Sie klagt über Magenbeschwerden und war wegen Pusteln auf Gesicht und Brust bei verschiedenen Ärzten.

– Janet ist eine 30jährige Hausfrau mit zwei kleinen Kindern. Vor kurzem hat sie einen verdächtigen Putzfimmel bei sich festgestellt: Sie putzt und putzt, bekommt jedoch ihr Haus nicht sauber genug, um ihre Ängste zu beruhigen. »Ich bin ständig in Bewegung«, sagte sie. »Ich renne grundlos herum und habe den Zwang, alles pikobello zu halten, damit meine Familie ein schönes Heim hat. Ich weiß, daß das verrückt ist, aber ich muß einfach . . .« Janet macht außerdem eine strenge Diät, leidet an Kreuzschmerzen und bricht »öfter grundlos in Tränen aus«.

– Susan, eine 44jährige, alleinerziehende Mutter, sagte: »Wenn ich nur nicht solche Schuldgefühle und solchen Groll hätte – es gibt schließlich viele Frauen in meiner Lage.« Sie muß fertigwerden mit einem Beruf, einem Haushalt, einem Kind, finanziellen Problemen, Freunden und dem, was sie als »nicht existierendes Sexualleben« bezeichnet. Sie arbeitet als Chefsekretärin, »ein Sackgassenjob in meiner Firma«. Ihre Arbeit ist undankbar und nervt sie, und dann »lasse ich es an dem Kind aus. Ich bin entweder zu kritisch oder überbehütend. Manchmal würde ich es gern einfach bei seinem Vater abliefern und davonlaufen . . .« Susan leidet an schweren Schlafstörungen, nimmt tagsüber Valium und trinkt »ein paar Gläser Scotch, bevor ich zu Bett gehe . . .«

Trotz der individuellen Unterschiede in Lebensstil und Persönlichkeit fühlt sich jede der fünf Frauen gehetzt, reizbar, ausgelaugt, manchmal übersehen, dann wieder matt und einsam. Alle sind gewissenhaft, zuverlässig und fleißig, trotzdem fehlt ihrem Leben ein Halt. Was sie wollen und was sie brauchen, ist aus dem Gleichgewicht geraten. Sie alle fürchten, bald ausgebrannt zu sein, wenn sie nicht kürzer treten, aussteigen oder ihr Leben ändern.

Wenn es angesichts einer dieser Schilderungen bei Ihnen »klingelt«, haben Sie vielleicht auch schon an Burn-out gedacht und nach Möglichkeiten gesucht, ihn zu verhindern. Vielleicht verstehen Sie auch nicht, was mit Ihnen los ist, spüren nur Unbehagen und Schwäche, die Sie loswerden wollen. Burn-out-Kandidatinnen sind eine zupackende Gruppe, die sich gewöhnlich nicht mit bloßer Sicherheit oder dem Status quo zufriedengibt. Im Gegenteil, Frauen, die an Burn-out leiden, sind ehrgeizig und leistungsbereit und haben hohe Erwartungen an sich selbst und ihre Umwelt.

Wenn Sie sich also in Ihrer Lebenslage erschöpft, enttäuscht oder schuldbeladen fühlen, verlieren Sie nicht den Mut. Ihr Leben muß keine Serie von Sieben-Minuten-Rennen sein, und Sie müssen nicht allein damit fertigwerden. Irgendwo zwischen bloßem Durchhalten und völliger Resignation gibt es Vorbeugemaßnahmen gegen den Burn-out – nicht nur die Hoffnung, sondern auch konkrete Lösungen.

Burn-out bei Frauen – eine Definition

Burn-out ist ein Zustand, der sich langsam, über einen Zeitraum von andauerndem Streß und Energieeinsatz entwickelt. Um gänzlich zu verstehen, warum soviele Frauen an Burn-out leiden, kann es sinnvoll sein, eine Definition dieses Begriffs heranzuziehen:

Burn-out ist ein Energieverschleiß, eine Erschöpfung aufgrund von Überforderungen, die von innen oder von außen – durch Familie, Arbeit, Freunde, Liebhaber, Wertsysteme oder die Gesellschaft – kommen kann und einer Person Energie, Bewältigungsmechanismen und innere Kraft raubt. Burn-out ist ein Gefühlszustand, der begleitet ist von übermäßigem Streß, und der schließlich persönliche Motivationen, Einstellungen und Verhalten beeinträchtigt.

Im Licht der besonderen Position, die Frauen in unserer Gesellschaft haben, gewinnt diese Definition unerwartete Nuancen. Viele Frauen haben sich so an den Streß und die Zwänge ihrer Rolle gewöhnt, daß für sie der Erschöpfungszustand der Normalzustand ist. Klagen über Müdigkeit, mangelnde Motivation und schwindenden Elan werden weggeschoben, als seien sie integraler Bestandteil des Frauseins – man darf sie nicht so ernst nehmen. Doch gerade diese Klagen sind entscheidende Hinweise auf ein Burn-out-Syndrom.

Burn-out und Verleugnung bei Frauen

Verleugnung ist ein Hauptmerkmal von Burn-out. Dieser Mechanismus erlaubt es, die Augen vor der Realität zu verschließen und sich vor zahlreichen unangenehmen Gefühlen, Wahrnehmungen und Erfahrungen zu schützen. Wenn Sie sich für Burn-out-gefährdet halten, können Sie sicher sein, daß Sie in entscheidenden Lebensbereichen eine Verleugnungshaltung einnehmen. Sie erleben Ihre bedrückende Lage, belastende Ereignisse oder Beziehungen nicht so, wie sie wirklich sind. Wahrscheinlich schieben Sie den körperlichen und seelischen Druck beiseite und behaupten, »das ist einfach nicht so«. Wenn Sie Ihre Frustration, die Bedrohungen Ihrer Position, Ihre Verwirrung, Belastungen, Ihren Streß, Ihre Vereinsamung oder Ihre Wut andauernd verleugnen, dann sind Sie auf dem »besten« Weg zum Burn-out. Wenn Sie sich weiter selbst mißhandeln, indem Sie Ihren Wunsch nach Erholung und Vergnügen – Lachen, Geselligkeit, Intimität, Nähe oder einfach Raum zum Nachdenken – verleugnen, droht Ihnen mit Sicherheit eine schwere Erschöpfung.

Achten Sie sorgfältig auf das, was Sie sagen. Wenn Sie sich für eine Burn-out-Kandidatin halten, sollte es in Ihrem Kopf klingeln, wenn Sie sich einen der folgenden Sätze aus dem Repertoire der Verleugnung sagen hören:

- »Was Jane passiert ist, kann mir nicht passieren.«
- »Mit der Zeit wird das besser werden und aufhören.«
- »Ich weiß, daß er nicht vertrauenswürdig ist, aber das ist eine andere Sache.«
- »Was du mir da über meinen Gesundheitszustand sagst, stimmt einfach nicht.«
- »Ich habe keine negativen Gefühle.«
- »Ich werde nie krank, unter Druck blühe ich auf . . .«
- »Ich brauch' nur ein paar freie Tage – ein bißchen Urlaub –, und mir geht's wieder gut.«

Wenn Ihre Gespräche und vor allem Ihre Gedanken mit solchen improvisierten Rechtfertigungen durchsetzt sind, dann gibt es in Ihrem Leben Belastungssituationen, die Sie vielleicht ertragen wollen, die Sie aber realistisch betrachten müssen.

Verleugnungsmechanismen

Verleugnen ist ein Prozeß. Beim Burn-out beginnt er häufig mit dem Wunsch, einen bestimmten Gedanken oder ein bestimmtes Gefühl bezüglich der Überbeanspruchung der körperlichen, geistigen oder emotionalen Energie wegzuschieben. Wenn Sie auf etwas Unangenehmes stoßen, leuchtet in Ihrem Geist ein großes »NEIN« auf, das als

Barriere zwischen Ihnen und der Realität wirkt. Mit der Zeit hat dieses wiederholte »NEIN« einen kumulativen Effekt und verwandelt sich in eine automatische Abwehrreaktion gegen unbequeme oder unangenehme Tatsachen. Doch das ist nur die Anfangsphase, eine primitive, schwache Form der Verleugnung. Die »NEIN«-Empfindung verwandelt sich bald in raffiniertere Fallen, und mit der Zeit entwickeln sich daraus subtilere, akzeptablere Methoden zur Verleugnung der Realität.

– *Unterdrücken* ist einer der wichtigsten und am weitesten verbreiteten Verleugnungsmechanismen: Sie verleugnen bewußt Informationen, d. h., Sie erkennen Tatsachen oder kommen zu Einsichten, die Sie nicht wahrhaben wollen, und Sie verhehlen oder unterdrücken das, was Sie wissen, vor sich selbst und anderen.

– *Verschiebung* ist ein unbewußter Verleugnungsmechanismus: Sie übertragen Ihre unangenehmen Gefühle auf eine weniger wichtige Sache, Person oder Situation. Es ist beispielsweise leichter, auf ein Kind oder einen Kollegen böse zu sein, als sich einzugestehen, daß Ihre Ehe zu scheitern droht oder daß die Arbeit, in die Sie soviel Zeit und Energie investiert haben, sich als Sackgasse entpuppt. Und es ist leichter, sich in Arbeit »zu vergraben«, als sich seine Einsamkeit einzugestehen, oder ganz in einer Beziehung »aufzugehen«, wenn Ihre Arbeit unbefriedigend ist.

– *Ironisierung* ist ein etwas schwerer zu fassender Verleugnungsmechanismus. Er dient häufig dazu, einen gefährlichen Zustand oder eine ernste Lage zu verschleiern. Wenn Sie sich über Ihre Müdigkeit, Einsamkeit oder Wut lustig machen, dämpfen Sie Ihre Angst und bringen nebenbei besorgte Freunde noch von der Fährte ab.

– *Projektion* ist ein weiterer Mechanismus, mit dem manchmal Schwierigkeiten umschifft werden. Indem Sie jemand anderem Schuld zuweisen (»Wenn er verläßlicher wäre, müßte ich nicht für zwei arbeiten!«), verleugnen Sie Ihren übermäßigen Energieeinsatz und übernehmen keine Verantwortung für die Veränderung der Situation.

– *Phantasien und Tagträume* sind noch subtilere Verleugnungsmechanismen. Wenn Sie eine Welt nach Ihrem Geschmack erfinden, müssen Sie sich nicht der Wirklichkeit aussetzen.

– *Selektives Gedächtnis* ist häufig ein Ausdruck von Verleugnung. Dabei trübt sich Ihr Gedächtnis in einer Weise, daß Sie vor sich selbst verleugnen können, wie müde Sie vor kurzem waren. Sie neigen dazu, zu vergessen, was gestern, letzte Woche, letztes Jahr gewesen ist, und wenn Sie sich an diese Gefühle des Ausgelaugtseins erinnern sollten, nehmen Sie vielleicht Zuflucht zu Lügen.

– *Lügen* ist ein bewußter Verleugnungsmechanismus und dient einem doppelten Zweck. Es hält Ihnen besorgte Freunde und Familienmitglieder, vielleicht sogar Kollegen vom Hals, und Sie können sich damit kurzfristig selbst vormachen, Sie seien nicht unterzukriegen und hätten alles im Griff.

– *Sich selbst abstempeln* ist ein Verleugnungsmechanismus, der Ihre Erschöpfung oder Reizbarkeit erklären und entschuldigen soll. »So bin ich eben«, sagen Sie vielleicht ganz locker dahin, »ich bin neurotisch, arbeitssüchtig, eine Perfektionistin, eine Irre, eine Verrückte, eine Katastrophe . . .«, alles, was Ihnen einfällt, um nicht von Ihrem Weg zum Burn-out abweichen zu müssen. Zusätzlich können Sie mit Ihren Symptomen fertigwerden, indem Sie sie Ihrem Charakter, Ihrer Persönlichkeit oder Ihrem Lebensstil zuschreiben; Sie erklären anderen: »Ich bin der harte Typ«, »Ich bin schon immer schnell explodiert«, »Ich kriege im Sommer unweigerlich Kopfschmerzen«, »Ich bin eben eine Einzelgängerin . . .«

– *Selektives Nichtverstehen* ist ein Mechanismus, mit dem Sie abwehren können, was andere zu Ihnen sagen; Sie weigern sich, sie »zu verstehen«: »Ich verstehe nicht, was du meinst, wenn du sagst, ich sei gar nicht mehr ich selbst«,

»Das mußt du mir erklären. Ich kapier's einfach nicht«, »Wie meinst du das, ich bräuchte ›Nähe‹?« Indem Sie auf stur schalten, können Sie diese selbstzerstörerische Verleugnung bis zum Burn-out fortsetzen.

Verleugnung als Gewohnheit

Wenn Verleugnungsmechanismen zur Gewohnheit werden, kann das schlimme Folgen haben. Die Verleugnung hat einen Zweck: Sie können mehr und länger arbeiten, eine sterbende Beziehung am Leben halten, sich weiter mit dem verheirateten Mann treffen, sich mehr berufliche Verantwortung aufbürden, ehrenamtliche Aufgaben übernehmen etc., obwohl Sie sich schon erschöpft fühlen, weiter rauchen, weiter trinken, Ihre Müdigkeit mit Amphetaminen verscheuchen, Angst und Streß mit Tranquilizern zudecken, keine Bedürfnisse mehr haben und ohne Liebe leben. Weil die Gewohnheit bald alles erfaßt, verleugnen Sie schließlich auch, daß überhaupt eine gefährliche Situation besteht. Sie reagieren auf angstbesetzte Situationen vielleicht mit »reaktivem Mut« und machen sich und anderen eine Furchtlosigkeit vor, die gar nicht existiert, nur um Ihre Ängste zu verleugnen. Durch die Verleugnung wächst in Ihnen allmählich die Überzeugung, Sie seien stärker als andere, energiegeladener, widerstandsfähiger gegen streßbedingte Erkrankungen oder gegen Isolation. Zugleich macht sich gewöhnlich eine Verleugnung des Alters breit. Indem Sie Ihr Alter verleugnen, verleugnen Sie auch Ihre körperlichen Grenzen und bürden sich unrealistische Belastungen auf. Sie machen sich vielleicht übermäßige Sorgen wegen der äußerlichen Anzeichen des Alterns – Falten um Mund und Augen, das leichte Absinken der Kinnlinie, der nachlassende Muskeltonus –, doch nicht wegen der innerlichen Veränderungen. Häufig trübt die Verleugnung des Alters auch die Zeitwahrnehmung. Sie harren auf Ihrer undankbaren Position aus, stellen Ihren Kinderwunsch zurück, unterdrücken Ihre Sehnsucht nach einem Gefährten oder ignorieren Ihre wachsenden Sorgen um Ihre Altersversorgung. Wenn Sie in gefährlichen Verleugnungsmustern gefangen sind, kreisen Ihre Sorgen meist um die Gegenwart – die Zukunft ist zu bedrohlich, und deshalb verleugnen Sie sie.

Welche Gefühle sind mit Verleugnung verbunden?

Anfangs versuchen Sie vielleicht, durch Verleugnen mit Gefühlen wie Enttäuschung, Einsamkeit oder Ohnmacht fertigzuwerden. Daraus folgt, daß Sie auch die physische, emotionale und geistige Erschöpfung verleugnen müssen, und das macht Sie zu einer perfekten Burn-out-Kandidatin. Wenn Sie anfangen, sich die Fürsorge für sich selbst – Regeneration oder Erholung – vorzuenthalten, wird Ihr Selbstwertgefühl auf subtile Weise untergraben. Sehr bald verzerrt sich Ihr Wertsystem, und Sie entfremden sich von sich selbst. Zugleich verstärkt sich die Verleugnung, und Sie nehmen wahr, daß Sie sich innerlich von Ihrer Arbeit, Ihren Freunden oder Ihrem Partner entfernen. Innere Distanz zu äußeren Verbindungen aber fördert Gefühle von Depersonalisation – der Kontakt zu Ihrer eigenen Innenwelt ist abgerissen. Sie fühlen sich mehr als Ware denn als Person, trösten sich jedoch über Ihre sich auflösenden Bindungen mit dem Vorsatz hinweg, »morgen darüber nachzudenken«. Natürlich ist dieses Scarlett O'Hara-Syndrom trügerisch: Es zeugt von festen, aber sehr vergänglichen Vorsätzen. Wenn Sie sich physisch und emotional nicht regenerieren, macht sich bald ein Gefühl der Leere breit, und das Leben erscheint Ihnen sinnlos. Eine Depression kündigt sich an, doch weil die Verleugnung jetzt zur Gewohnheit geworden ist, treiben Sie sich selbst weiter bis zum Burn-out.

Die Verleugnung steckt hinter dem nagenden Gefühl, daß »irgendwas fehlt«. Es kann sein, daß Sie dieses »irgendwas« abwechselnd anerkennen und wegschieben, obwohl Sie vielleicht krank werden oder sich selbst emotional mißbrauchen. Sie nehmen zwar die Symptome wahr – »ich weiß, daß ich Kopfschmerzen habe, häufig erkältet bin, oft weinen muß, Schlafstörungen habe« –, doch Sie spüren die Gründe nicht mehr; die Verbindung zwischen Wissen und Spüren »fehlt«. Diese Verbindung wollen Sie unbewußt oder bewußt nicht wahrhaben. Wenn Sie zugeben würden, daß dieser Zusammenhang besteht, wäre eine tiefgreifende Änderung Ihres Lebensstils nötig, und schon der Gedanke an solche Veränderungen verunsichert stark.

Kurz, die Verleugnung ist der Wegbereiter des Burn-out, und es ist daher verständlich, daß Sie Ihre Konflikte und Ihre Erschöpfung herunterspielen oder sogar bewußt unterdrücken möchten. Eine Frau, die gewohnheitsmäßig unangenehme Gefühle verleugnet – von Trauer bis zur Wut –, leugnet und verdrängt auch den Streß, den sie tagtäglich erfährt. Dieser Streß bedroht ihren Idealismus und ihre Leistungsfähigkeit. Wenn Sie ein Ziel erreichen wollen und dieses Ziel in Ihrem Leben Vorrang hat, dann wird die Müdigkeit zum Feind. Es ist leichter, sie zu verleugnen, als das Ziel loszulassen.

Eine Frau, die monatelang unter Streß stand, berichtete typischerweise folgendes: »Ich weiß, daß ich erschöpft bin, doch das ist eine vorübergehende Situation. Ich muß mich nur mal richtig ausschlafen, dann bin ich wieder auf dem Damm.« Erschöpfung, die mit »einmal richtig ausschlafen« kuriert werden kann, ist kein Symptom für ein Burn-out, sondern für eine situationsbedingte Überlastung, die rasch wieder auszugleichen ist. Deshalb muß man sich immer wieder klarmachen, daß nicht jede Frau, die über Erschöpfung klagt, kurz vor dem Burn-out steht. Man muß sich jedoch auch vor Augen halten, daß, wenn diese »vorübergehende Situation« wochen-, monate- oder jahrelang anhält, Verleugnung am Werk ist und die Erschöpfung ernsthafte Aufmerksamkeit verdient.

Oft ist die einzig sichere Methode, die Verleugnung zu durchbrechen, ein körperlicher Zusammenbruch. Sie leugnen so lange, bis Sie kurz vor dem Burn-out stehen. Wenn der Körper zusammenbricht, müssen Sie alle Pläne und jede Tätigkeit aufschieben. Wir hoffen – falls Sie zu den Burn-out-Kandidatinnen gehören –, daß Sie der Verleugnung und ihrer Eigendynamik zuvorkommen, bevor Sie diesen kritischen Zustand erreichen.

Streß und Burn-out bei Frauen

Der tägliche Streß ist ein wesentlicher Aspekt des Burn-out bei Frauen. »Streßüberlastung« macht aus einem Menschen eine gereizte, reizbare Person. Da jedoch Streß unser Leben auch positiv beeinflussen kann – er ist der zündende Funke, ein Anreiz zu wachsen, zu lernen, produktiv zu sein, Verbindungen herzustellen –, müssen wir unbedingt zwischen »gutem« und »schlechtem« Streß unterscheiden. »Schlechten« oder negativen Streß erkennt man erst, wenn man sich durch übermäßige Beanspruchung verschlissen fühlt. Wenn der negative Streß zum Lebensstil wird, verkleidet er sich als Normalität. Man »sieht den Wald vor lauter Bäumen nicht«, das heißt, vor lauter Streß kommt man gar nicht dazu, den Streß zu erkennen. »Aber ich dachte, so müßte ich mich eben fühlen«, erklärte eine Frau, die wegen Burn-out in die Therapie kam. »Ich glaubte, das sei der Normalzustand – so habe ich immer gelebt.« Erst als ihr klar wurde, daß sie sich in ihrem äußeren und inneren Leben selbst aufrieb und daß sie sich viel zu wenig regenerieren konnte, konnte sie ermessen, wie groß und tief ihre innere Erschöpfung war.

Wie Streß entsteht und verstärkt wird

Wir kennen alle bestimmte Situationen, die eindeutig Streß auslösen und die man nicht vermeiden kann – zahlreiche alltägliche Pflichten, ein krankes Kind zu Hause, kränkliche Eltern, der Verlust eines Zuhauses, die Trennung von einem guten Freund oder einer guten Freundin, einem Ehemann oder Geliebten. Streß entsteht auch bei einer beängstigenden Arbeit oder einem bedrohlichen Angriff. Diese Erfahrungen können aus dem Rahmen fallen, doch die sie begleitende Woge von Streß ist für unser Nervensystem weder unerwartet noch fremd. Der Kampf- oder Fluchtreflex wird aktiviert; Sie »kämpfen« um Ihre Stelle oder »flüchten« vor Gefahr. Das sind uralte Überlebensmechanismen. Der Körper versucht, sich auf diese »Stressoren« einzustellen und trifft die nötigen Vorbereitungen. Es gibt jedoch andere, nicht so klar umrissene Streßfaktoren, die zu einem Burn-out beitragen. Wir bezeichnen sie als Streßverstärker. Jedes starke Gefühl, das permanent verleugnet oder vernachlässigt wird, verstärkt den »normalen« Streß des Alltagslebens.

– *Zurückgehaltene Wut:* Von Kindheit an lernen Frauen, daß sie ihre Wut verstecken müssen. Wenn sie ihr dennoch Ausdruck geben, dann verstohlen und selten direkt der Person gegenüber, die sie betrifft. Die Wut wird aufgestaut und bricht unkontrolliert heraus, was persönliche und berufliche Beziehungen zusätzlich belastet.

– *Verleugnete Aggressionen:* Betroffen sind Frauen, die sich nie erfolgreich mit autoritären Vätern oder Müttern auseinandergesetzt haben und die zusätzliche Last unterdrückter oder nicht ausgedrückter Feindseligkeit mit sich herumtragen. Die Aggression wird verleugnet und dann auf jemand anderen oder etwas anderes verschoben oder in exzessiver Aufopferung, Ordnungsstreben oder Perfektionismus sublimiert.

– *Vernachlässigte Bedürfnisse:* Traditionsgemäß wird ein

Mädchen dazu erzogen, fürsorglich und »nett« zu sein und seine Bedürfnisse hintanzustellen. Im Erwachsenenleben wird es daher zu einer zuverlässigen Quelle von Aufmerksamkeit und Dienstbereitschaft für andere, sich selbst jedoch vernachlässigt es. Wenn Sie von Ihrem Mann, Geliebten, Ihren Kollegen, Familienmitgliedern oder auch Ihrem Arbeitgeber keine Gegenleistungen erhalten, bleibt Ihre eigene Abhängigkeit davon unberücksichtigt und unbefriedigt. Sie fühlen sich allein gelassen, und das treibt Ihren Streßindex weiter hoch.

– *Schuldgefühle:* Wenn Sie verheiratet sind und Kinder haben, und beide Partner arbeiten, oder wenn Sie eine geschiedene, alleinerziehende Mutter sind, haben Sie möglicherweise Ihren Kindern gegenüber Schuldgefühle, weil Sie sie wegen Ihrer Arbeit allein lassen. Um die alte, verinnerlichte Einstellung, was eine »gute« Mutter sei, zu beschwichtigen, arbeiten sie ganztägig und erfüllen weiter alle häuslichen Pflichten. Die Schuldgefühle lassen Sie ständig »über Ihren eigenen Schatten springen« und hindern Sie daran, Ihren Ehemann oder Ihre Kinder mit einzuspannen.

– *Niedriges Selbstwertgefühl:* Ihr persönlicher Familienhintergrund kann illustrieren, wie ein niedriges Selbstwertgefühl auf besonders heimtückische Weise Streß verstärkt. Ihre Eltern waren vielleicht sehr kritisch und abwertend, so daß Sie jetzt als Erwachsene unter einem negativen Selbstbild leiden. Das Gefühl, nicht wertvoll zu sein, treibt Sie zu unrealistischem Streben nach Leistung und Anerkennung und verstärkt den Streß in Ihrem Leben.

Diese verborgenen Streßverstärker werden oft übersehen, doch sie sind genauso bedeutsam für einen Burn-out bei Frauen wie die leichter erkennbaren Stressoren im Alltag. Wenn Sie sich für Burn-out-gefährdet halten, sollten Sie anfangen, das Ausmaß Ihres verborgenen Stresses zu untersuchen.

Streßbedingte Krankheiten und »falsche Therapien«

Es überrascht nicht, daß die Zahl von Frauen, die an streßbedingten Krankheiten leidet, in den letzten beiden Jahr-
zehnten sprunghaft gestiegen ist. Stressoren und Streßverstärker können des Immunsystem angreifen und die
Abwehrkräfte schwächen. Frauen, die ihre Gefühle und
Bedürfnisse ständig unterdrücken, sind anfällig für körperliche Beschwerden, die sich in verschiedenen Symptomen
und Krankheiten ausdrücken.

Spannungs- und Migränekopfschmerzen sind weit verbreitet, ebenso Magen- und Rückenschmerzen. Häufige, hart-
näckige Erkältungen, Verstopfung oder Durchfall, Reizko-
lon, Hautkrankheiten, Benommenheit, Schlaflosigkeit oder
narkoleptische Schlafanfälle, Magengeschwüre, manchmal
Colitis ulcerosa und sogar Herzkrankheiten sind typische
Beispiele für Krankheiten von Frauen (und Männer) unter
Dauerstreß.

Bei dem Versuch, die Angst, die starker Streß hervorruft,
zu vermindern, stellen Sie vielleicht fest, daß Sie Zuflucht
zu »falschen Therapien« nehmen: Alkohol, Zigaretten,
Tranquilizer und Amphetamine, Koffein, übermäßiges Essen oder Hungern. Wenn Sie extrem gestreßt, übermüdet
oder ganz einfach erschöpft sind, verzerren sich Ihre Wahrnehmungen und Urteile. Gefühle wie Verfolgungswahn
und Wertlosigkeit tauchen auf; Ihr Gefühl für Zeit und
Identität verwirrt sich; Sie handeln masochistisch. Sie greifen zu einer »falschen Therapie«, um Ihre Innenwelt zu
ändern, sie bewohnbar zu machen und die Symptome zeitweise zu maskieren. So können Sie den Weg in den Burn-
out mit Verbissenheit weiter beschreiten und merken nicht,
daß die »falsche Therapie« Ihren eigentlichen Zustand nur
verschleiert und verschärft. Mit diesen »Problemlösungen«
machen Sie sich selbst blind dafür, daß Sie sich tiefer in den
Burn-out-Zyklus hineintreiben und sich weiter von dem
entfremden, was Sie wirklich brauchen.

Der Burn-out-Zyklus und die Burn-out-Stadien

Frauen brennen aus, wenn der Streß sie überwältigt und sie ihre Erschöpfung verleugnen. Nun mögen Sie wie viele Frauen die berechtigte Frage stellen: »Wann beginnt denn nun Burn-out?« oder »Woran soll ich erkennen, daß das, was ich erlebe, Burn-out ist? Schließlich sind alle, die ich kenne, gestreßt.«

Es gibt natürlich keine unfehlbare Methode, um den Augenblick zu erkennen, in dem der Prozeß einsetzt. Unglücklicherweise gibt eine Burn-out-gefährdete Frau kaum zu, daß sie mit dem Druck in ihrem Leben nicht zurechtkommt, noch viel weniger, daß sie sich überfordert fühlt.

Da gerade diese Frauen stolz sind auf ihr Durchhaltevermögen und ihre Fähigkeit, mit ihren vielen Rollen fertigzuwerden, gestehen sie sich die innere Erschöpfung nicht ein, bevor sie körperlich krank werden. Erst dann suchen Frauen Hilfe, Rat oder reale Lösungen.

Sie können ihre Situation anhand von zwölf erkennbaren Stadien innerhalb des Burn-out-Zyklus einschätzen. Diese Stadien kann man wie folgt umreißen:

1. Der Zwang sich zu beweisen
2. Verstärkter Einsatz
3. Subtile Vernachlässigungen eigener Bedürfnisse
4. Verdrängung von Konflikten und Bedürfnissen
5. Umdeutung von Werten
6. Verstärkte Verleugnung der aufgetretenen Probleme
7. Rückzug
8. Beobachtbare Verhaltensänderungen
9. Depersonalisation/Verlust des Gefühls für die eigene Persönlichkeit
10. Innere Leere
11. Depression
12. Völlige Burn-out-Erschöpfung

Wenn Sie an Burn-out leiden, erleben Sie an sich vielleicht gleichzeitig Symptome aus verschiedenen Stadien. Die Stadien gehen oft ineinander über; Sie können in einem Stadium »steckenbleiben« oder zwischen verschiedenen Stadien hin- und herspringen. Die Auswirkungen eines Stadiums entgehen Ihnen vielleicht, während ein anderes Sie so mitnimmt, daß es kaum zu bewältigen ist. Dauer und Intensität dieser Stadien hängen ab von Ihrer individuellen Situation, Ihrer Persönlichkeit, Ihren Neigungen, Ihrer Vorgeschichte und Ihrer Fähigkeit, mit Streß fertigzuwerden.

In Kapitel 4 »Burn-out-Symptome bei Frauen« diskutieren wir die verschiedenen Stadien ausführlicher und anhand von Beispielen, damit Sie Ihre eigenen Symptome leichter identifizieren können. Hier wollen wir nur soviel sagen: Ihre Symptome verschlimmern sich, wenn Sie sie übergehen, verleugnen oder mit »falschen Therapien« zudecken. Aus diesem Grund sollten Sie es vermeiden, in »dieses Hamsterrad der Verleugnung« hineinzugeraten, wie es eine Frau einmal treffend genannt hat.

Ist es Burn-out oder Depression?

Viele Frauen, die schon tief im Burn-out-Zyklus stecken, beschreiben sich anfänglich als »depressiv«. Wie Sie der Liste entnehmen können, wird Stadium 11 mit »Depression« umschrieben. Eine Burn-out-Depression und eine chronische Depression unterscheiden sich jedoch beträchtlich. Hier herrscht oft Verwirrung, und zuviele Frauen, die über Energiemangel, innere Distanz zur Welt und zynische Einstellungen klagen, werden wegen Depressionen statt Burn-out behandelt. *Das ist eine entscheidende Fehldiagnose.*
Chronische Depressionen und Burn-out-Depressionen manifestieren sich in ganz ähnlichen Gefühlslagen, doch die Ursachen und die Behandlungsmethoden unterscheiden sich sehr. Burn-out wird von übermäßigem Streß und tief-

reichender Müdigkeit hervorgerufen und ist gekennzeichnet durch einen fortschreitenden Verfall Ihrer Energie und
Ihrer Werte. Mit der Zeit verändern der unablässige Druck
und die Unfähigkeit, Ihre Umwelt zu kontrollieren oder
mit den Ansprüchen und inneren Erwartungen fertigzuwerden, Ihre Gefühle und Wahrnehmungen. Depressionen jedoch werden verursacht durch ein oder mehrere Ereignisse,
die mit einem Verlust zu tun haben. Sie sind gekennzeichnet durch Niedergeschlagenheit, Schwäche und Gefühle
von Trauer. Der Tod eines Ehegatten oder Elternteils, eine
Scheidung oder die Trennung von einem Partner, ein Umzug in eine andere Stadt, eine Entlassung, ein traumati-
scher Unfall, eine Verletzung oder sonst irgendein plötzli-
ches, erschütterndes Ereignis kann Sie in eine Depression
stürzen.

Wenn Sie Burn-out-gefährdet sind, widern Sie vielleicht die
Arbeit oder Ihr Zuhause an, und Sie sind lustlos oder desillusioniert – nicht aber in Gesellschaft. Oder Sie brennen
bei der Arbeit aus, leben aber auf, wenn Sie mit guten
Freunden oder Freundinnen zusammen sind. Es gibt verschiedene Kombinationen. Eine Depression jedoch beeinträchtigt Ihre Gefühle und Ihre Stimmung immer und überall. Sie haben an keiner Rolle oder Funktion mehr Freude.
Empfindungen wie Wertlosigkeit, Ekel oder Kummer ver-
düstern Ihr ganzes Leben. Ein depressiver Mensch neigt
zum Aufgeben. Das ist beim Burn-out nicht der Fall. Eine
Burn-out-gefährdete Person nimmt möglicherweise Zuflucht zu Drogen oder Alkohol, um den Energieverlust auszugleichen und ihren ursprünglichen Idealismus, ihre anfängliche Motivation neu zu entfachen. Eine depressive
Person konsumiert Drogen oder Alkohol, um ihre schmerzlichen, depressiven Gefühle zu verleugnen. Sie sucht Erleichterung und Ruhe – keinen neuen Idealismus. Diese
Unterschiede auszumachen ist die Schwierigkeit, wenn eine
Frau in das Burn-out-Stadium 11 – Depression – hinein-
rutscht. Dann muß man sich vor Augen halten, daß die

Depression ein Symptom des Burn-out ist – ein Ergebnis anhaltenden Stresses – und kein eigenständiges Phänomen. Wenn Sie zwischen beiden Zuständen unterscheiden wollen, sollten Sie damit anfangen, Ihre persönliche Geschichte zu untersuchen.

Wenn Sie an einer chronischen Depression leiden, finden sich in Ihrem Leben bestimmte erschütternde oder demoralisierende Ereignisse, die vielleicht ganz plötzlich über Sie hereingebrochen sind. Jetzt fühlen Sie sich immer noch, als ob Sie trauerten. Sie können kaum arbeiten oder essen, können sich schlecht konzentrieren und artikulieren und nur mit großer Anstrengung reagieren. Sie fühlen sich, als ob Sie langsam dahinschwänden und Ihrem inneren Kummer hilflos gegenüberstünden.

Wenn Sie unter Burn-out-Erschöpfung und der damit zusammenhängenden Depression leiden, haben Sie sich zu lange angestrengt, um bestimmte Ziele oder Belohnungen zu erreichen, die entweder ausbleiben oder nicht Ihren Erwartungen entsprechen. Oder Sie haben sich selbst zu lange befriedigende Beziehungen vorenthalten und den unmittelbaren Kontakt zu sich selbst verloren. Wahrscheinlich haben sich Ihre Persönlichkeit und Ihr Verhalten im Lauf dieser Zeit verändert: Statt ruhig und ausgeglichen reagieren Sie jetzt wütend und gereizt; statt vertrauensvoll sind Sie zynisch: Sie nehmen die Welt als gefährlich statt als sicher wahr; Sie urteilen einseitig statt vernünftig.

Die Depression im Rahmen des Burn-out kann und sollte als eines seiner Symptome behandelt werden. Mit Hilfe dieser Unterscheidungen können Sie höchstwahrscheinlich den Grund der Depression herausfinden und sich dann Methoden der Burn-out-Verhütung und der Erholung zuwenden.

Wenn Ihre Zweifel weiterbestehen und Sie hinsichtlich Ihres Zustands unsicher sind, müssen Sie vielleicht einen Spezialisten aufsuchen – einen Psychiater, Psychoanalytiker oder Psychologen.

Dauer-Burn-out und akuter Burn-out bei Frauen

»Ich fühle mich, als ob ich schon mein ganzes Leben lang ausgebrannt wäre.«

»Ich glaube, ich bin eine Burn-out-Persönlichkeit.«

»Burn-out-Gefühle gehören mittlerweile zu meinem Leben ...«

Finden Sie sich in diesen Aussagen wieder? Falls ja, leiden Sie vielleicht an einem Dauer-Burn-out. Frauen, die sich so beschreiben, haben meist erst vor kurzem begriffen, daß sie einen Großteil ihres emotionalen und physischen Lebens, vielleicht viele Jahre, damit verbracht haben, gegen Burn-out-Symptome anzukämpfen.

»Es kommt mir vor, als wäre ich die meiste Zeit meines Lebens Hirngespinsten nachgejagt«, erzählt eine Frau. »Ich bin niemals ganz entspannt. Meine Gedanken laufen immerzu weiter, in meinem Kopf dreht sich alles, und sogar wenn ich glaube, entspannt zu sein, bin ich es nicht. Ich mache im Geist Listen, sorge mich, versuche, mein Aussehen zu verbessern, meine Persönlichkeit, meine Fähigkeiten, meine Beziehungen ... ich meine, das ist doch verrückt! Jedes Ereignis löst bei mir Hektik aus ... ich reibe mich auf. Ich sehe keinen Ausweg. Manchmal denke ich, ich bin ausgebrannt fürs Leben ...« Dauer-Burn-outer suchen ständig nach einem »Ausweg« aus ihrem aufzehrenden Innenleben. Ihre Bewältigungsmechanismen werden immer uneffektiver; sie sprechen oft davon, »fertig« oder »ausgepowert« zu sein. Sie verschleißen ihre Energie ständig und geraten in die gefährlicheren Stadien des Burn-out-Zyklus. Wenn Sie den Verdacht haben, in einem Dauer-Burn-out-Muster gefangen zu sein, suchen Sie bewußt oder unbewußt nach neuen Bewältigungsmechanismen, mit denen Sie die erlebten Verletzungen und Enttäuschungen mildern können, doch Ihre Wahl bringt Ihnen selten, was Sie wirklich brauchen. Wegen Ihrer ständigen geistigen Überaktivität erleben Sie extreme Umschwünge in Ihren Einstellungen. Eine Woche richten Sie Ihre Frustration nach außen – Sie leugnen Ihre Gefühle (»Ich bin nicht wütend!«) und schieben Ihre Probleme auf Ihre äußere Situation (»Diese Wohnung macht mich fertig – ich muß umziehen ...«), andere Menschen (»Daran sind nur diese Flaschen schuld ...«) und leiden unter fast paranoiden Empfindungen (»Hier kannst du doch keinem trauen ...«). In der anderen Woche wenden Sie sich gegen sich selbst und kämpfen mit Selbstzweifeln, Selbstvorwürfen und Selbstkasteiungen. Vielleicht schwanken Sie unbewußt zwischen diesen Zuständen hin und her und begreifen nicht, daß Sie vor sich selbst davonrennen und daß Sie, wenn Sie so weitermachen, nie das bekommen, was Sie zu einem zufriedenen Leben brauchen.

Die meisten Frauen mit Dauer-Burn-out haben einen Großteil ihrer Energie darauf verwendet, andere zu umsorgen und ihnen Aufmerksamkeit und Zuneigung zu schenken. Häufig beruht diese Fürsorge auf einem »Gib, dann wird dir gegeben«-Syndrom, das durch unsere Erziehung von Anfang an verstärkt wird. Jetzt ist es wie eine gelernte Reaktion auf das, was Sie aufgrund Ihrer Intuition für die Bedürfnisse anderer halten. Häufig können Frauen die Fürsorge, die sie selbst bräuchten, gar nicht annehmen. Auch befürchten Sie vielleicht, die Menschen, an denen Ihnen etwas liegt, zu verlieren, wenn Sie sie darum bitten. Oder Sie glauben, Sie seien völlig unabhängig und nicht auf Fürsorglichkeit von außen angewiesen. Um das auszugleichen, suchen Sie sich symbolische »Befriedigung« – Alkohol, Zigaretten, Eßanfälle, Konsumrausch, Parties, obwohl Sie übermüdet sind, oder viele sexuelle Abenteuer –, doch Sie fühlen sich immer leerer und sich selbst entfremdet. Ihre Erschöpfung verschärft sich, und der heimtückische Zyklus der Burn-out-Symptome dreht sich weiter.

Tatsächliche oder unterstellte Erwartungen sind die Hauptschuldigen am Dauer-Burn-out. Wenn niemand Anforderungen an Sie stellt, schaffen Sie sich selbst welche. Der

Zwang, sich zu beweisen oder etwas zu leisten, und zwar perfekt, wird allumfassend und unterschiedslos. Wenn Sie etwas wegen Erschöpfung, persönlicher Grenzen oder aus Zeitmangel nicht schaffen, wird diese »Niederlage« zum vernichtenden Urteil über Ihre gesamte Persönlichkeit.

Der Dauer-Burn-out entwickelt sich oft aus einer Familien-dynamik, die die Unterdrückung der eigenen körperlichen und emotionalen Bedürfnisse gefördert hat. Die meisten Frauen mit Dauer-Burn-out sorgen sich ständig, ob sie »es schaffen« – nämlich die Bedürfnisse und Launen derer um sie herum vorauszuahnen –, und setzen sich damit unter Druck. Die Streßverstärker – Schuldgefühle, Wut, Aggression, niedriges Selbstwertgefühl, vernachlässigte Bedürfnisse – halten sie fest im Griff, und so schleppen sie viele überflüssige seelische Lasten mit sich herum.

Der akute Burn-out ist *kein* durchgängiges Muster im Leben einer Frau, sondern ein Zustand, der aus einer oder mehreren Situationen entsteht, die sie sich entweder ausgesucht hat oder die ihr auferlegt worden sind. Arbeit, Beziehungen, finanzielle Belastungen, Kinder, Familie, Krankheit oder sonst etwas kann Sie in einen akuten Burn-out treiben. Sie mögen sich der Herausforderung mit hohen Idealen und Erwartungen stellen, doch nach einer gewissen Zeit schwinden Ihre Energie und Ihr Elan für die Aufgabe dahin. So kann beispielsweise Ihre Arbeit so in den Mittelpunkt rücken, daß sie Ihre sozialen Bedürfnisse völlig verdrängt. Oder Sie gehen so in Haushalt und Familie auf, daß Sie vergessen, daß Sie Zeit für sich brauchen. Wieder vermischt sich das, was Sie wünschen, mit dem, was Sie brauchen, und schließlich verschwimmen Ihre wahren Bedürfnisse bis zur Unkenntlichkeit. Während des akuten Burn-out bemühen Sie sich, alle äußeren Notwendigkeiten zu erfüllen – doch keines Ihrer entscheidenden inneren Bedürfnisse.

Anders als beim Dauer-Burn-out sind der Frau im akuten Burn-out die Symptome nicht vertraut. Ihr Leben war bisher keine »Serie von Rennen«. Sie hat vielleicht schon mal was von Burn-out gehört und weiß, daß er mit Erschöpfung zu tun hat, doch diesen wiederholten Tiefstand von Gefühlen und Einstellungen kennt sie nicht. Eine Frau, die wegen akutem Burn-out in Therapie kam, formuliert das so: »Ich habe mich noch nie in meinem Leben so gefühlt ... ich gebe und gebe und fühle überhaupt nichts mehr. Ich hatte mich noch nie so wenig im Griff ... ich will einfach nur noch in Ruhe gelassen werden. Ich kann mich nicht mehr konzentrieren, möchte alle anschreien, mein Mann und ich zanken uns entweder oder reden überhaupt nicht miteinander, und meine Arbeit interessiert mich nicht mehr ... ich fühle mich wie ein Zombie ... Ich kenne mich gar nicht mehr ...«

Frauen mit akutem Burn-out kennen das Gefühl nicht, erdrückt zu werden, und sie sind es auch nicht gewohnt, dafür Lösungen zu suchen; sie haben bisher keine solche Desorientierung erlebt. Sie glauben, daß sie »das Ding schaukeln« können, und sind überzeugt, daß der Druck bald nachläßt oder verschwindet und sie wieder wie vorher werden. Doch anders als Frauen im Dauer-Burn-out wissen sie gewöhnlich nicht, daß sie dringend emotionale Unterstützung und Aufmerksamkeit von außen brauchen.

Bei beiden Burn-out-Formen spielen reale und vorgestellte Erwartungen und Urteile eine Rolle, doch leidet die Frau mit akutem Burn-out gewöhnlich nicht unter denselben Streßverstärkern. So hat sie selten mit vergangenen Familienkonflikten zu kämpfen. Und bevor sie nicht in die letzten Stadien des Burn-out-Zyklus gerät, faßt sie ihre Niederlagen selten als Urteil über ihre Person auf.

Manche Frauen mit akutem Burn-out erleben jedoch später eine Wiederholung der Burn-out-Erfahrung, normalerweise aufgrund eines anderen Auslösers. Eine dieser Frauen formuliert das so: »Letztes Jahr hatte ich einen Burn-out wegen meiner Beziehung ... ich habe alles hineininvestiert und mich selbst verloren. Alles drehte sich um ihn, und die Beziehung ging an der Intensität kaputt. Keiner von uns konnte es ertragen. Ich habe mir geschworen, mich niemals wieder jemandem so mit Haut und Haaren zu verschreiben. Und dieses Jahr brenne ich in meiner Arbeit aus. Wenn ich genau nachdenke, sind die Symptome genau die gleichen, nur daß ich sie diesmal früher kriege ...«

Denken Sie einmal kurz darüber nach, ob Sie unter Ihren speziellen Lebensumständen mehr zum Dauer- oder zum akuten Burn-out neigen. Versuchen Sie, sich vor Augen zu halten, daß beide Formen rückgängig zu machen sind. Sie lernen im folgenden Methoden kennen, mit denen Sie wieder eine Einheit zwischen dem, was Sie wollen, und dem, was Sie brauchen, herstellen können. Damit können Sie die für Sie passenden Lösungen finden, auch »Wie Sie das Verleugnen ›verlernen‹ können«.

Kapitel 2
Warum Frauen ausbrennen

»Ich glaube, daß wir im Grunde alle in einem Konflikt zwischen unserer Erziehung und der Realität da draußen stehen ... Für Frauen gibt es immer zwei Maßstäbe – was man von ihnen erwartet und wer sie wirklich sind.«
Cynthia L.

Überfürsorglichkeit

»Meine Mutter hat mir immer gesagt, ›Wärme zieht Wärme an‹, und damit mich alle mögen, sollte ich ihnen ein gutes Beispiel geben. Sie brachte mir bei, höflich und freundlich zu sein und mich um andere zu kümmern ... Manchmal wünsche ich mir, sie hätte das nicht getan – ich reibe mich auf, um anderen ihre Wünsche von den Augen abzulesen. Ich habe Schuldgefühle, wenn ich nein sage oder jemanden kritisieren muß – einschließlich meinem Mann und meiner Freunde. Aber ich muß das ändern, besonders im Beruf. Als ich zum ersten Mal einer Kollegin sagen mußte, daß sie entlassen sei, war das fürchterlich für mich. Sie kam am nächsten Tag wieder zur Arbeit. Ich hatte die Sache so verklausuliert, daß sie nichts kapiert hatte.« *Jenny, 28*

Vereinsamung

»Wenn man sehr viel arbeitet und sich ausgebrannt fühlt, ist es sehr schwierig, zu Hause niemanden zu haben. Mit der Zeit wird das immer schlimmer ... man fängt an, sich nach Wärme und Nähe zu sehnen. Ich bin jahrelang rumgerannt, auf Parties gegangen, habe mich verabredet, mit vielen Männern geschlafen ... und dann ging mir die Puste aus. Ich war erschöpft vom Planen und Anleiern eines Soziallebens – Einladungen zum Abendessen, Männerbekannt-schaften machen, und das alles allein. Jetzt verbringe ich zuviele Abende allein, und ich habe Angst, daß das den Rest meines Lebens so bleibt. Als ich groß wurde, war es einfach unvorstellbar, daß eine erwachsene Frau allein lebt. Niemand redete davon ... daran dachte einfach niemand von uns ...« *Dorothy, 35*

Ohnmachtsgefühle

»Ich bin ganz sicher nicht hilflos – aber ich empfinde all-mählich so eine Art Ohnmacht bei der Arbeit. Man hat mir immer gesagt, daß, wenn man gute Arbeit leistet, koopera-tiv und talentiert ist, man auch was dafür bekommt: Man gehört dazu. Aber ich habe es mit einer Männerclique zu tun, und egal, was ich auch mache, ich komme einfach nicht rein. Das läuft alles ganz unterschwellig ... du glaubst, du gehörst zum Team, und dann merkst du, daß sie dir keinen Ball zuwerfen. Der Kapitän redet mir dir in der Kabine, aber bevor du es weißt, sitzt du auf der Bank. Das ist nicht das richtige Umfeld für mich. Dieses Ausgeschlossensein macht micht fertig ...« *Katherine, 41*

Selbständigkeit und Abhängigkeit

»Es ist schwierig, selbständig, selbstsicher, selbstbeherrscht zu sein ... Ich fühle mich manchmal sehr abhängig, und das macht mir Angst. Es ist, als ob ich Dreck an den Stiefeln hätte – wenn ich ihn nicht wegwische, bricht meine Fassade zusammen und stößt die Leute ab. Ich brauche viel Ener-gie, damit ich nicht abhängig wirke ... ich arbeite daran, mich anderen gegenüber richtig durchzusetzen. Aber es kommt mir vor, als ob ich den andern meine Selbständig-keit nur vormache. Mit mir passiert etwas, das mir über-haupt nicht paßt ... Ich lache überhaupt nicht mehr, so wie früher. Ich renne nur von Rolle zu Rolle, wechsle die Iden-titäten und halte alles zusammen. Ich glaube, daß wir im Grunde alle in einem Konflikt zwischen unserer Erziehung und der Realität da draußen stehen ... Für Frauen gibt es immer zwei Maßstäbe – was man von ihnen erwartet und wer sie wirklich sind.« *Cynthia, 26*

Diese Frauen leiden alle unter Burn-out-Symptomen, und jede sucht nach Erklärungen. Die Probleme, die sie ansprechen, wurzeln in einer gemeinsamen Frage: Wie kann ich den neuen gesellschaftlichen Anforderungen gerecht werden und trotzdem ich selbst bleiben? Als Frauen sind Sie mit bestimmten Erwartungen großgeworden, die sich je nach den unterschiedlichen Familiengeschichten, Persönlichkeiten und Neigungen in Ihrem Leben widerspiegeln. Sie sind nicht plötzlich in Ihre jetzige Situation hineingekommen; Sie sind von einer Familie, der Gesellschaft, der Politik, den Medien beeinflußt worden. Was die meisten Frauen, die mit Burn-out kämpfen, so verwirrt, fassen diese Ausagen zusammen; die Frauen wollen wissen, wie sie ihre alten Werte mit ihrem neuen Bewußtsein vereinbaren sollen. Dieses Problem betrifft fast ausschließlich Frauen.

Ob sie nun verheiratet oder alleinstehend sind, geschieden oder verwitwet, Kinder haben oder nicht – Frauen in jedem Stadium des Burn-out-Zyklus sehen sich im Grunde als Mängelwesen. Gewöhnlich suchen sie den »Fehler« zuerst bei sich und bemühen sich dann, ihn zu beseitigen. Der »Fehler« weist oft auf den Konflikt zwischen alten, tief verwurzelten Einstellungen und veränderten gesellschaftlichen Rollenmustern hin. Da es leichter ist, das äußere Verhalten zu ändern als eine innere Einstellung, konzentrieren viele Frauen ihre Energie auf Veränderungen ihres Verhaltens. »Ich muß selbstsicherer werden«, sagt die eine, »ich bin viel zu zaghaft andern gegenüber.« »Ich muß objektiver werden, weniger emotional«, sagt eine andere. Eine dritte berichtet, sie habe »versucht, schneller zu denken und weniger zu sagen, um mein Leben besser in den Griff zu kriegen«, während wieder eine andere meint: »Ich glaube, ich bin zu selbstsicher geworden – ich muß mich etwas zurücknehmen. Ich schrecke die Leute ab.«

Diese Frauen kämpfen mit einander widerstreitenden Vorstellungen hinsichtlich des richtigen Verhaltens und hinsichtlich der Rollen, die sie einnehmen sollten oder nicht. Die meisten Frauen haben von Haus aus eine gewisse Passivität gelernt – doch die Gesellschaft verlangt von ihnen, selbstsicher zu sein, für ihre Rechte und Überzeugungen einzutreten und zu »sagen, was auf den Tisch muß«. Für viele Frauen stellt dieser Rollenkonflikt einen »Dauerstressor« dar, der ihre Energien aufzehrt. »Ich versuche, alles auf einmal zu sein«, sagt eine junge Kauffrau. »Ich versuche, Mensch zu bleiben und mich um alle zu kümmern; ich versuche, mir durch Leistung einen guten Ruf zu erarbeiten; ich versuche, mich selbständig und gewandt zu verhalten; ich versuche, trotzdem ein Privatleben zu führen, das mir guttut. Ich schaff' es nicht . . . ich bin viel zu angespannt und kurz vorm Platzen.«

Es sind schwerwiegende Zwänge, die viele Frauen abzuschütteln versuchen. Diese Konflikte zwischen alten und neuen Werten können jedoch analysiert und auf Lösungsmöglichkeiten hin untersucht werden. Merken Sie, daß Ihnen oft wie selbstverständlich die Funktion der Beziehungsarbeiterin – der »geborenen Umsorgerin« zugewiesen wird? Erschrecken Sie das Alleinsein und die Einsamkeit, die sich in Ihr Leben eingeschlichen haben? Durchzieht ein Gefühl von Hilflosigkeit und Ohnmacht Ihr berufliches und/oder Privatleben? Haben die Vorstellungen von Selbständigkeit und Abhängigkeit Sie in frustrierende, emotionale Verwirrung gestürzt? Die wichtigste Frage lautet jedoch: Inwiefern zehren diese vier Probleme an Ihren Energiereserven und treiben Sie in den Burn-out?

Burn-out und die Umsorgerin

Ist Ihr Hauptproblem das Bedürfnis, zu umsorgen und umsorgt zu werden, vielleicht sogar das Recht auf diese Gefühle? Falls ja, dann kann das gewohnheitsmäßige Geben so fest in Ihrem Verhaltensstil verankert sein, daß Sie Ihre »Dienste« kaum von Ihrer Selbstdefinition trennen können. Wenn Sie eine Umsorgerin sind, haben Sie wahrscheinlich gelernt, für Männer, Kinder und eine Unzahl nachgeordneter Personen die Beziehungsarbeiterin zu spielen, und Sie fürchten, das zu verlieren, was Sie als Ihren wahren Wert betrachten, wenn Sie diese Leistungen verweigern. Manche Frauen fühlen sich unsicher und verletzlich, wenn sie anfangen, ihrer Arbeit oder Karriere Aufmerksamkeit zu widmen. Andere fühlen sich desorientiert, wenn sie nur den Arbeitsplatz haben, um ihre Fürsorglichkeit anzubieten. Diejenigen, die sich auf den Arbeitsmarkt begeben, nachdem sie eine Familie gegründet haben, beschwichtigen ihre Schuldgefühle oft durch verdoppelte Fürsorge zu Hause und zugleich gesteigerte Leistung im Beruf. Sie dampfen mit voller Kraft in den Untergang. In diesem Kampf werfen sie ihr eigenes Bedürfnis, umsorgt zu werden, über Bord – vielleicht verleugnen sie sogar, daß sie es überhaupt haben –, gehen emotional auf Distanz und spüren schließlich Streß, Müdigkeit und die ersten Stadien des Burn-out.

Das Problem wird verwickelter, wenn die Frauen nichts annehmen können. Die eine hat das Gefühl, ihre einzig wahre Funktion werde bedroht, das Vorrecht der Fürsorge werde ihr genommen. Eine andere hält ihre Fürsorgeleistungen für vermarktbare, emotionale Handelsware, die sie eintauschen kann. Wieder einer anderen ist die Position der Nehmenden äußerst unangenehm – sie widerspricht ihrem Selbstbild, oder sie fürchtet, daß sie dann irgendwie verpflichtet sei und die Kontrolle aus der Hand gibt. Meist jedoch kann eine Umsorgerin gar nicht um Hilfe bitten und weiß nicht einmal, ob das, worum sie bitten würde, möglich oder politisch richtig wäre. Und so gibt sie weiter und ist sich dabei einer inneren Leere bewußt, obwohl ihr Verhalten und die Rollenverteilung ihr ganz richtig vorkommen.

Manchmal erleben andere Fürsorge jedoch als ein »Hineinstopfen«. Jenny, eine 28jährige Frau, die oben über ihre Probleme mit der Entlassung einer Kollegin gesprochen hat, berichtet über ihre Mutter:

»(Sie) war nie mit dem zufrieden, was man von ihr angenommen hat oder was sie gab. Es mußte immer mehr sein. Beim Essen mit Gästen ruhte sie nicht eher, als bis jeder Gast drei Portionen genommen hatte ... Sie bestand darauf, sie seien noch hungrig und tyrannisierte unsere Gäste. ›Wenn Sie nicht mehr nehmen, denke ich, es schmeckt Ihnen nicht‹, sagte sie und nötigte ihnen noch eine Portion auf. Das war sehr autoritär, doch es schien ein tiefes Bedürfnis in ihr zu befriedigen ...«

In diesem Fall ist die Fürsorge – oder das »Nähren« – eine Methode, wie sich ein ansonsten untergeordneter Mensch über einen bestimmten Bereich Macht verschafft. Hier lag für Jennys Mutter das einzige Ventil für ihr Bedürfnis, Stärke zu demonstrieren. Andere Frauen verschaffen sich durch ihr Umsorgen Bedeutung, Einfluß oder Präsenz. Wenn das Geben übertrieben wird, bekommt es einen manischen Zug. Die Frau verliert ihren Maßstab. Sie fühlt sich nur lebendig, wenn sie gibt, denn wenn sie aufhört, ist sie mit dem Entsetzen darüber konfrontiert, wie wenig sie zurückbekommt. Die meisten Frauen haben dieses Verhalten so früh gelernt, daß sie es bewußt oder unbewußt tief verinnerlicht haben.

Sehen wir uns näher an, wie eine Umsorgerin erzogen wird.

A. Die Anatomie einer Umsorgerin

Die Rolle der »Gebenden« ist Frauen nicht neu. Als eine der ersten Lektionen – entweder als bewußte Information oder als unbewußte Botschaft – lernt ein Mädchen, emotionale Zustände intuitiv zu erspüren und vorauszuahnen. Diese Lektion trägt es dann huckepack sein ganzes Leben mit sich herum.

Das Mädchen lernt meist durch das Vorbild der Mutter. Obwohl die Mutter ihre eigenen Bedürfnisse hat, die manchmal unbefriedigt bleiben, weiß sie, daß eine ihrer Funktionen darin besteht, sich um ihr Kind zu kümmern und ihrer Tochter die Unterstützung zu geben, die sie braucht, um sich selbst zu einer »richtigen Frau und Mutter« zu entwickeln.

Kinder beiderlei Geschlechts nehmen sich selbst zunächst einmal als diejenigen wahr, die umsorgt werden, doch ein Mädchen lernt zusätzlich, daß es später einmal selbst andere zu umsorgen hat. Es sieht seiner Mutter zu und beginnt vorauszuahnen, was gebraucht wird und von wem. Bald spürt es intuitiv, wer zornig ist, wer Aufmerksamkeit braucht, wann es still sein muß und wann lieb. Mädchen erfahren durch ihre Mütter, daß »Richtige Frauen« freundlich, liebenswert, fröhlich, interessant, oft kokett und manchmal komisch sind. Schon kleine Mädchen lernen mit Gefühlen umzugehen, häufig auch sie zu manipulieren. Als zukünftige Umsorgerinnen erwerben Sie einen feinen Sinn für die Bedürfnisse anderer, nicht notwendigerweise jedoch auch die Verantwortung oder die Fähigkeit für die Gestaltung Ihres eigenen Umfelds. Vielleicht haben Sie erfahren, daß Sie sich durch logisches Denken weder Ihren Platz noch Ihre Identität schaffen können, doch daß Ihnen Ihre sogenannten »weiblichen Eigenschaften« einen gewissen Einfluß sichern. Das bedeutet, auch die geringste Spur von Wut oder »niedrigen Beweggründen« hinunterzuschlucken. Es bedeutet Großzügigkeit, Rücksichtnahme, Weichheit, Sanftheit und Aufopferung für andere. Sie durften vielleicht eine »kesse Lippe riskieren«, mußten sich jedoch davor hüten, als »freches Balg« zu erscheinen. Wenn solche Verhaltensweisen belohnt werden, prägen Sie sich dem Bewußtsein unauslöschlich ein – als brauchbare Methoden der

Selbstbehauptung, manchmal sogar des schlichten Überlebens.

Mädchen, die zur Umsorgerin erzogen werden, wissen, daß sie nur dann belohnt werden, wenn sie die Stimmungen der wichtigen Personen vorausahnen. Sie müssen ein feines Gespür für Mimik, Körpersprache, Kleidung, Stimmfärbungen und alle anderen sichtbaren und unsichtbaren Zeichen entwickeln. Eine Frau beschreibt ihre Kindheit im Interview so:

»Ich erkannte an der Krawatte meines Vaters, ob er schlecht geschlafen hatte oder gut. Wenn der Knoten noch richtig saß, wenn er heimkam, konnte ich ihm entgegenlaufen und ihm einen Kuß geben. Wenn er offen oder auch nur locker war, lief ich in mein Zimmer und wartete ab ... Und am Geklapper der Töpfe in der Küche erkannte ich, wie meine Mutter sich verhalten würde. Ich wußte, daß sie sich streiten würden, wenn sie sie ein Dezibel lauter auf den Herd setzte ...«

Das also ist der Kern des Vorausahnens: zuerst die Signale – die Launen und Wünsche der anderen um Sie herum – interpretieren und danach entscheiden, welche Reaktion richtig ist. Das ist eine Hauptpflicht der Umsorgerin. Doch *in keiner Weise berücksichtigt diese Lektion das eigene Bedürfnis nach Fürsorge oder ihre Fähigkeit, darum zu bitten oder sie anzunehmen.*

Wenn die kleine Umsorgerin heranwächst, bereichert sich ihr Repertoire um immer mehr Nuancen. Sie integriert die feinen Unterschiede von Menschen in ihre Wahrnehmungen und wird zur Expertin bei der Vorhersage ihrer emotionalen Reaktionen auf Situationen und Ereignisse. Da ihre Intuition alles außer ihren eigenen Bedürfnissen umfaßt, bietet sie sich und ihre Dienste anderen an und entwickelt eine ausgetüftelte Choreographie des Gebens, die sich durch ihr ganzes Leben zieht. »Mir geht es gut, danke«, wird zu einer Standardfloskel, gefolgt von: »Mach dir keine Sorgen um mich« und: »Kann ich dir was zu essen bringen?« Draußen klettert sie vielleicht auf Bäume und spielt Fußball, doch drinnen behält sie ihre Phantasien für sich und »lebt« sie durch Lesen und das Bedienen anderer »aus«. Wenn sie wütend ist, schluckt sie den Ärger hinunter, weil sie aufgrund der Dynamik in ihrer Familie nur allzu gut weiß, daß sie, wenn sie ihn herausließe, die emotionale Unterstützung ihrer Mutter, ihres Vaters oder ihrer älteren Geschwister verlöre. Wenn man ihr weh tut, schlägt sie normalerweise nicht zurück – diese impulsive Reaktion könnte zu schrecklichen Konsequenzen führen. Vielmehr wendet sie den Schmerz gegen sich selbst und fragt sich, während sie die Tränen zurückhält, was sie falsch gemacht hat.

Kommen Ihnen diese Kindheitserfahrungen bekannt vor? Dann erinnern Sie sich vielleicht auch, daß Sie hinsichtlich Ihrer psychischen Stabilität völlig abhängig waren von Ihren Eltern und allmählich gelernt haben, emotional nicht bedürftig zu wirken und Ihre Gefühle zu kontrollieren. Sie haben vielleicht gemerkt, daß Sie keine Zuneigung erhielten, wenn Sie fordernd wurden. Infolgedessen haben Sie gelernt, Ihr wahres Selbst nur verschlüsselt auszudrücken. Sie geben Ihrer Unzufriedenheit vielleicht durch Sarkasmus oder unterschwellige Demütigungen anderer Ausdruck. Doch solche Ausdrucksformen sind schwache Akte der Selbstbestätigung.

Als scharfe Beobachterin ist Ihnen wahrscheinlich aufgefallen, daß zwischen Frauen eine spezielle Intimität besteht – zwischen Ihrer Mutter und ihren Freundinnen etwa. Die Frauen sprachen wahrscheinlich sehr offen und freimütig über ihr Privatleben, aber Sie wußten vielleicht nicht, wie sie ihre Werte und Erfahrungen in ihre Leben integrieren sollten. Was Sie gehört haben, waren vielleicht eher Klagen als Taten, eher gesellschaftliche Normen als ureigenster, persönlicher Ausdruck. Und Sie haben beim Zuhören vielleicht insgeheim gespürt, daß Sie ganz anders dachten als diese Frauen, daß Ihre eigenen Wünsche viel größer waren.

Trotzdem fürchteten Sie vielleicht schon damals, Sie hätten nicht das Talent, die Fähigkeiten, die Energie, ja vielleicht nicht einmal die Intelligenz, es zu schaffen. Jenny erzählt von ihren Phantasien mit 14:

»Wenn ich mich verletzt, betrogen oder übergangen fühlte, setzte ich mich in die Badewanne und plante meine Zukunft. Ich würde einen nützlichen, bewundernswerten und irgendwie glänzenden Beruf haben – vielleicht sogar Filmstar werden ... doch wichtiger war, daß ich einen Mann haben würde, der mich auf Händen trug. Ich würde nicht so leben wie meine Mutter – ich würde um meiner selbst willen anerkannt und geliebt werden. Ich würde *verstanden*, einen Mann haben, der mich achtete und anbetete, und dann würde ich hinausgehen und die Welt erobern. Ich erinnere mich, daß ich glaubte, mich um alles und jeden kümmern zu können, und weil *ich* so verständnisvoll war, würden auch andere *für mich* dasein. Ich würde nie mehr übergangen ... Meine ›Zukunft‹ war mein Zufluchtsort. Ich wußte einfach nicht, wie ich die anderen dazu bringen sollte, mich *jetzt, in der Gegenwart* zu verstehen ... Ich glaubte, ich wäre nicht klug genug, vielleicht auch nicht hübsch genug ... ich weiß es nicht. Was auch immer es war, ich hatte es nicht.«

Irgendwann endet für viele Töchter die Fürsorge, die sie als Kinder bekommen haben, und dann werden Anerkennung und Lob wichtig. Bekanntlich ist Anerkennung begehrt und stärkt das Selbstwertgefühl. Doch häufig reicht sie nicht aus, um das Maß an Wärme und Liebe zu vermitteln, das der inneren Bedürftigkeit entspricht. Obwohl es Ihnen manchmal gelang, die Anerkennung anderer zu ergattern, machte das doch die Vernachlässigung nicht wett. Daraus schlossen Sie, daß Sie sich nicht genug anstrengten. Äußerlich schien sich niemand so zu fühlen wie Sie, also vermuteten Sie, Ihre Erwartung, getröstet zu werden, sei egoistisch. Sie haben sich noch mehr bemüht, andere zu umsorgen, und sich manchmal dabei gewundert, wieso Sie sich überhaupt noch steigern konnten. Vielleicht, so dachten Sie, sollten Sie Ihre Bedürfnisse ganz abwürgen und ganz bewußt auf Ihre intellektuellen und geistigen Fähigkeiten bauen. Möglicherweise konnten Sie so diesen störenden Sehnsüchten, die Sie schon als »falsch« interpretierten, die Spitze nehmen.

Ab jetzt waren Sie voll auf andere eingestellt, nicht jedoch auf die Wahrnehmung Ihrer eigenen Bedürfnisse.

B. Die Umsorgerin und der Arbeitsplatz

Als junge Erwachsene, die ihren Platz selbst bestimmen wollte, haben Sie sich vielleicht für einen interessanten, aufstiegsorientierten Beruf entschieden. Sie sehnen sich jedoch immer noch nach etwas, das Sie nicht genau in Worte fassen können. Die Fähigkeiten, die Sie als Beziehungsarbeiterin in der Familie erworben haben, bieten jetzt keine Sicherheit mehr. Sie stellen sogar fest, daß es nicht immer vorteilhaft ist, durch umsorgerische Qualitäten zu glänzen. Mit hohen Erwartungen an sich selbst (und infolgedessen auch an andere) arbeiten Sie hart, um sich als kompetent und vertrauenswürdig zu beweisen. Am Arbeitsplatz ahnen Sie voraus, was Ihre Kollegen brauchen, was Ihr Chef braucht, was die Kunden brauchen. Um Ihre aufsteigenden Versagensängste zu bezwingen, verdoppeln Sie Ihre Anstrengungen und hetzen sich ab unter dem Zwang, sich zu legitimieren. Sie übernehmen mehr Arbeit, als Sie schaffen, machen Überstunden, arbeiten am Wochenende, helfen anderen bei deren Arbeit – doch Sie merken bald, daß Ihre Bemühungen nicht belohnt werden. Ihre Leistung wird für selbstverständlich genommen. Und die Gefühle, die aus dieser Situation entstehen, ähneln verdächtig denen aus Ihrer Mädchenzeit.

Audrey, eine Marketingassistentin bei einem Konfektionshersteller, beschreibt diese Erfahrung:

»Ich habe hart gearbeitet, um kompetent und beliebt zu werden; das ist mir so gut gelungen, daß ich die Arbeit von anderen genausogut machen kann wie meine eigene. Also verläßt sich jeder auf mich. Wenn es hart auf hart geht, wissen die anderen Assistenten, daß, wenn sie nicht da sind, ich ihre Arbeit mache. Manchmal schleichen sie sich von der Arbeit weg, weil sie wissen, ich bin ja da . . . und ich falle immer drauf rein. Manchmal werde ich gebeten, ein Projekt zu übernehmen, das nicht in mein Gebiet fällt, weil diese Person weiß, daß ich es besser kann als sein oder ihr Assistent. Eine Zeitlang kam ich mir dann ganz toll vor, doch jetzt fühle ich mich nur ausgenutzt – für selbstverständlich genommen . . . Ich weiß nicht, wie ich ihre Einstellung zu mir ändern soll . . . Mir hängt das alles zum Hals raus . . .«

Wenn Sie in der gleichen Lage sind wie Audrey, spekulieren Sie vielleicht auf Ihre Beliebtheit und hoffen, daß Sie früher oder später die Anerkennung und die Früchte Ihres guten Willens ernten werden. Doch diese Früchte reifen selten. Das ist besonders frustrierend, wenn jemand, der nicht das »brave Mädchen« ist, über Ihren Kopf hinweg die Position bekommt, die Sie verdienen.

Dann verstärkt sich gewöhnlich der Leistungsdruck. Vielleicht merken Sie allmählich, daß Sie sich gar nicht mehr zurücknehmen können – Sie haben nicht gelernt, zwischen Bindung und Gefesseltsein zu unterscheiden. Es wird deutlich, daß zuviel Bindung gefährlich ist, weil das die Abhängigkeit von anderen und daraus folgend die Selbstverleugnung fördert. Zuwenig Bindung jedoch macht Ihnen Angst: Sie assoziieren ein Selbstbild, das definiert ist durch Kälte, Zurückgezogenheit und Distanz. Zwischen den beiden Extremen hin- und herzuspringen, ermattet Sie – Sie können kein Gleichgewicht finden. Schließlich ersetzt Erschöpfung das Engagement. Sie spüren, daß etwas nicht stimmt, haben aber immer weniger Energie und klagen allmählich darüber, daß Sie sich ausgebrannt fühlen.

Alleinlebende Frauen sind nicht die einzigen, die prädestiniert sind für die Konflikt- und Streßdynamik der berufstätigen Umsorgerin. Als verheiratete Frau übertragen Sie vielleicht Ihr Verantwortungsgefühl für die Familie auf Kollegen. Wenn Sie sich zu Hause emotional vernachlässigt fühlen – weil es in Ihrer Ehe Streit und Entfremdung gibt –, bieten Sie vielleicht der »Firmenfamilie« verstärkt Ihre Dienstleistungen an; sie stellt dann eine Ersatzbeziehung dar, in der Sie Befriedigung für Ihre zu kurz gekommenen Bedürfnisse suchen. Und wenn Sie nach längerem Aussetzen auf den Arbeitsmarkt zurückkehren oder wenn eine lange Ehe plötzlich zerbricht, sehen Sie vielleicht diese »Firmenfamilie« als einziges Feld für Ihr Bedürfnis, gebraucht zu werden. Wenn Sie eine Umsorgerin sind, kann Ihre Arbeit zur einzigen Grundlage Ihres Selbstwertgefühls werden. Wahrscheinlich stellen Sie dann fest, daß Ihre Ausdauer abnimmt, daß Sie eine ärgerliche Müdigkeit befällt und daß Alarmsignale in Form körperlicher Symptome auftauchen, die auf drohenden Burn-out hinweisen.

C. Die Umsorgerin und der Partner

Die Anerkennung, die eine Umsorgerin sucht, findet sie vielleicht in ihrem Privatleben. Sie begegnet einem Mann (oder einer Frau), und die ersten sechs Wochen ihres Zusammenseins sind eitel Sonnenschein. Das ist das Paradies, auf das sie gewartet hat. Jemand geht direkt auf sie ein – auf ihre Bedürfnisse, Gedanken, Handlungen und auf ihre Liebe. Sie schwören beide, alle Probleme offen und ehrlich auszudiskutieren, für den anderen »dazusein« und niemals zornig schlafen zu gehen. Ihre fürsorglichen Impulse waren also nicht ganz »daneben« – ihr neuer Partner genießt ihre Aufmerksamkeit und gibt Gleiches zurück. Doch dann stellt sie fest, daß die Aufmerksamkeit ihres Partners nachläßt. Sie ist bestürzt, daß sich das Blatt so wendet, und eine neue Welle der Angst überflutet sie; wahrscheinlich verdoppelt sie wiederum ihre Bemühungen – ahnt Stimmungen, Launen, Wünsche voraus – und hofft, daß durch ihr Beispiel auch ihre Wünsche verstanden werden. Bald jedoch entdeckt sie, daß sie auch hier nicht mehr anerkannt wird. Wenn sie versucht, ihre Bedürfnisse zu artikulieren, reagiert ihr Partner vielleicht mit Rückzug oder Aggression. Was sie befürchtet hat, bestätigt sich: Ihr fehlt etwas. Warum sollte sie sonst so unfähig sein, sich verständlich zu machen? Sie fixiert sich immer nur auf die Angst, die Beziehung zu verlieren (auch wenn sie sie nicht mehr im Geringsten glücklich macht) und versucht sie zwanghaft »in Ordnung zu bringen«.

D. Die Fürsorgerin und die Freundin

Als alleinlebende Frau haben Sie vielleicht eine Freundin oder Mitbewohnerin, die in ähnlicher Weise mit ihren Fürsorgeimpulsen zu kämpfen hat. Auch wenn Sie beide Ihr Arrangement als zeitlich begrenzt betrachten, bauen Sie sich eine kleine intime Welt auf, von der Sie beide abhängen. Doch dann findet Ihre Freundin einen Partner, und Sie sind plötzlich Samstagabends allein und erstaunt über den Zorn und die Kränkung, die an Ihnen nagen. Sie ärgern sich, daß Sie sich so betrogen fühlen – schließlich sind Sie nur befreundet, und Sie haben oft darüber gesprochen, daß Sie beide einen Liebhaber möchten. Sie sollten gute Miene dazu machen, doch Sie fühlen sich im Stich gelassen. Jetzt haben Sie auch noch Schuldgefühle. Sie distanzieren sich entweder von Ihrer Freundin oder reagieren Ihren Gefühlen genau entgegengesetzt; Sie spielen die »Bilderbuchfreundin« und verleugnen Ihre Neid- und Verlustgefühle. Diese Gefühle zu zeigen, hieße, eine Gemeinheit zu begehen, die für alle Umsorgerinnen tabu ist. Ihre Verleugnung und Ihre Fürsorgeimpulse wachsen jetzt zu gleichen Teilen. Bald halten Sie sich für einen »minderwertigen« Menschen und fühlen sich ausgebrannt.

E. Die Umsorgerin als alleinerziehende Mutter

Als alleinerziehende Mutter ist Ihre Rolle als Umsorgerin klarer umrissen, jedoch noch komplizierter. Obwohl Sie sich das sicher nicht gewünscht haben (Sie haben sich nie vorgestellt, Ihre Kinder allein großzuziehen), fühlen Sie sich vielleicht gezwungen, Ihre beträchtlichen Ängste dadurch zu überwinden, daß Sie sich für Ihre Kinder aufopfern. Irgendwann entwickelt sich Ihr Bedürfnis nach einem Privatleben. Doch wenn Sie mit Männern ausgehen und neue Freundschaften mit Frauen aufbauen, wachsen Ihre Schuldgefühle. Sie sind frustriert, weil Sie zu wenig Zeit für sich selbst haben, zu wenig Intimsphäre für sexuelle Beziehungen, weil Sie die versprochenen, aber unregelmäßigen Unterhaltszahlungen eintreiben müssen, weil Sie arbeiten, einkaufen, Babysitter und Kindergarten organisieren müssen, und dann spüren Sie wieder diese gefürchteten Aggressionen. Gelegentlich explodieren Sie, doch danach überfällt Sie die Reue. Um diese »Ausrutscher« wiedergutzumachen, verstärken Sie das »Bemuttern« und fangen wieder an, Ihre Bedürfnisse zu verleugnen.

F. Die Umsorgerin und die Doppelbelastung

Als verheiratete und berufstätige Frau befinden Sie sich, besonders wenn Sie ein Kind haben, wahrscheinlich in diametralem Gegensatz zu den Werten Ihrer Mutter. Die Rolle der »guten Umsorgerin«, die Sie in Ihrer Erziehung verinnerlicht haben, wird jetzt durch Anforderungen von außerhalb in Frage gestellt. Wenn Sie eine Karriere verfolgen, dann erleben Sie das vielleicht so, als ob Sie Ihre Familie im Stich ließen, und bekommen Schuldgefühle. Ihre eigenen Ambitionen kämpfen gegen das, was Ihnen Ihre Mutter eingeimpft hat, und verwandelt sich in Wut auf sie. Das Schuld-Wut-Syndrom stellt eine weitere seelische Belastung dar. Jedesmal wenn Sie Ihren Mann bitten, Ihnen eine Hausarbeit abzunehmen, und jedesmal wenn Ihr Kind sagt: »Mußt du wieder gehen, Mami...«, bestätigt sich, daß Sie »auf dem falschen Weg« sind. Um das Gefühl zu kompensieren, Sie könnten Ihre freiwillig gewählten Rollen nicht ausfüllen und genügten Ihrem Kind, Ihrem Mann und der Stimme Ihrer Mutter nicht, werden Sie zu einer Supermutter und -ehefrau. Sie versuchen, so wenig wie möglich zu »jammern« (Unzufriedenheit auszudrücken hieße, eine Niederlage einzugestehen), ernsthaft guten Willen zu zeigen und es allen recht zu machen – außer sich selbst. Diese fortgesetzte Selbstverleugnung erzeugt Angst und hält Sie psychisch immer auf dem Sprung. Mit der Zeit stellen Sie fest, daß Sie Ihr Leben gänzlich desillusioniert betrachten und sich ausgebrannt fühlen.

Natürlich sind dies nur einige wenige Beispiele für die Dynamik im Leben einer Umsorgerin. Ihre »Dienstleistungsfunktionen« weisen Ihnen eine Unzahl von Aufgaben zu. Wahrscheinlich fühlen Sie sich auch gezwungen, eine gute Zuhörerin, für jeden emotionalen Notfall zuständig zu sein, Geld und Kleider zu verleihen, zwei Teller zur Party mitzubringen, wenn jeder einen mitbringen soll, immer mit Hilfe, Unterstützung, Rat – und aufschlußreichen Beobachtungen – zur Verfügung zu stehen und zwischen den Menschen in Ihrem Umkreis eine herzliche Atmosphäre zu schaffen. Als fürsorgliche Frau meinen Sie – was wiederum nicht überrascht –, Sie hätten kein Recht, »nein« zu sagen oder etwas für sich selbst zu erbitten – auch nicht als Gegenleistung. Wenn die Fürsorge jedoch erwidert wird, sind Sie wahrscheinlich völlig ratlos, was Sie damit anfangen sollen. Vielleicht sind Sie überwältigt von Unsicherheit, Dankbarkeit oder Gewissensbissen, weil Sie nicht stärker und unabhängiger waren, als Sie es tatsächlich sind.

Kurz, Umsorgerinnen neigen zum Dauer-Burn-out. Manchmal erwarten sie Gegenleistungen, doch wie wir oben festgestellt haben, haben sie diese Rolle als Standardverhalten verinnerlicht. So ist es nicht schwer zu verstehen, warum die Frau, die sich über ihre Fürsorge definiert, die Burn-out-Kandidatin schlechthin ist.

Burn-out: Alleinsein und Einsamkeit

Zahlreiche Frauen, die enorme Energie und Konzentration verschleudern, haben nichts oder niemanden, von dem sie selbst umsorgt werden. Wenn ihnen keine Krankheiten zusetzen, dann oft Ermüdung, Verzweiflung, Kontaktmangel oder Einsamkeit. Wenn eine Frau aktiv alle außer sich selbst umsorgt, verwandelt sich die emotionale Vernachlässigung in Vereinsamung und dann in Entfremdung – eine Erfahrung, die sehr schmerzlich und belastend ist.

Wenn Sie allein leben, verwitwet, geschieden oder getrennt sind, realisieren Sie vielleicht gerade, daß Sie die alleinige Verantwortung tragen für Ihr finanzielles, soziales und häusliches Auskommen, eventuell für den Rest Ihres Lebens. Dieses Wissen fordert einen hohen emotionalen Preis, besonders von einer Frau, die immer davon ausgegangen ist, ihr Leben mit einem Partner zu teilen.

Wie sollen Sie es allein schaffen, wenn Sie für etwas ganz anderes erzogen worden sind? Vor allem zwei Ängste stellen sich jetzt ein. Die erste ist die vor Einsamkeit, das heißt fehlendem vertrauten Umgang mit anderen; die zweite ist die vorm Alleinsein, was sich als fehlende Nähe zu sich selbst darstellt. Diese Ängste lösen oft Panik aus. Wenn eine Frau glaubt oder zu spüren bekommt, daß sie auf sich selbst gestellt ist, muß Sie schlagartig ihre Prioritäten und Optionen neu bewerten.

Lisa, eine Assistentin in der Pharmaforschung, beschreibt diesen schockierenden Augenblick so:

»Ich war gerade 35 geworden und hatte mit einem Mann gebrochen, mit dem ich eine Zeitlang zusammengelebt hatte. Ich dachte mir, daß ich bald einen anderen finden würde, doch allmählich merkte ich, daß das falsch war, daß es keine Männer gab, die in Frage kamen. Ich stand ohne intime Beziehung da. Das traf mich wie ein Schlag. ›Du lieber Gott‹, dachte ich, ›ich bin für mein Leben selbst verantwortlich, und wahrscheinlich bleibt das so! Ich verdiene nicht sehr viel, und es besteht die ganz reale Möglichkeit, daß ich nie heirate.‹ Ich wußte, daß ich mich selbst durchbringen mußte ... ich mußte mich ganz schnell neu arrangieren! Da überfiel mich die Panik erst recht.«

Frauen, die zu Burn-out neigen, trifft die Möglichkeit, daß es in ihrem Leben nie einen Partner geben könnte, der ein Freund für sie ist, mit dem sie Bett und Tisch teilen, den sie lieben, sehr hart; sie stürzen in Seelenqualen, die ihre Furcht und ihre Zukunftsangst verschärfen. Die Pennerin verkörpert die Endstation dieser Ängste – Elend, Obdachlosigkeit, Lieblosigkeit, völliges Im-Stich-gelassen-Sein.

Um sich dagegen zu schützen, umgeben Sie sich vielleicht mit einem Freundeskreis, über den Sie Ihre Fürsorge ausschütten und in dem Sie sich deshalb geschätzt und sicher fühlen können. Sie ersticken die drohende Isolation in einem Wirbel von Aktivitäten. Allzu häufig übernehmen und erschöpfen Sie sich durch Ihren unausgesetzten Einsatz für alle möglichen Freunde. Dorothy, eine 35jährige Publizistin, kennt diese Erfahrung gut:

»Ich bin lange herumgerannt, habe jede Lücke ausgefüllt und dafür gesorgt, daß ich nie allein war. Ich hatte Dutzende Freunde, und mein Telefon klingelte unablässig. Abends waren manchmal 15 Anrufe auf meinem Anrufbeantworter ... so fühlte ich mich beliebt und sicher. Wenn nur ein oder zwei Anrufe kamen, verfiel ich in Panik. Ich habe andauernd beraten und getröstet – ich wußte, wer was machte und vorhatte. Ich arrangierte auch ständig Verabredungen, Parties, Essen ... ich hielt es nicht aus, allein zu sein. Solange ich gebraucht wurde, mußte ich mich mit diesem Problem nicht herumschlagen ... ich war einfach zu beschäftigt. Ein Wrack war ich ... Dann bin ich kürzer getreten – ich habe aufgehört, mich um alles und alle zu kümmern ... Ich fühlte mich ausgebrannt, was Freunde betraf. Doch ich zog mich zu weit zurück und war plötzlich viel allein. Ich komme mit dieser Panik oder der Einsamkeit noch nicht zurecht ... und mit meinem leeren Bett auch nicht. Ich mag es einfach nicht. Was soll werden, wenn ich keinen finde ...?«

Dorothys Konflikt ist sehr real. Irgendwo zwischen dem »Herumrennen und Lückenfüllen« und der »Quarantäne« liegt das Gleichgewicht, das sie finden möchte. Manches, was sie will, hat sie schon – Karriere, Freunde, wohl auch finanzielle Sicherheit –, doch sie hat nicht, was sie braucht – Wärme, Nähe, diese besondere, intime Beziehung zu einem Mann. Ihre Zuversicht für die Zukunft wird durch das Fehlen dieses Partners ständig untergraben.

Die Angst vor der alleinigen Verantwortung verstärkt sich, wenn, wie es Lisa schilderte, eine wichtige Beziehung zerbricht und die Frau ohne die Bezugsperson dasteht, auf die hin sie eigentlich erzogen worden ist. Sie hat nicht nur die Gemeinsamkeit in ihrem Leben verloren, sondern auch die Quelle der Fürsorge für sie selbst. Sofort ist ihr Leben gekennzeichnet durch Anforderungen von fürchterlichen Ausmaßen. Jede Entscheidung trägt die Züge eines Notfalls. Sie muß sich rasch einen sicheren Zufluchtsort schaffen. Sie muß genügend Geld verdienen, Karriereentscheidungen treffen, eine Gehaltserhöhung fordern oder die Stelle wechseln, Kinder unterbringen, ein für sie befriedigendes Sozialleben aufbauen und vor allem mit einer sehr realistischen, doch nichtsdestoweniger einschneidenden Umgestaltung ihrer Zukunftspläne leben lernen.

Die Vorstellung, in Zukunft allein oder einsam sein zu müssen, kann statt mit plötzlicher Klarheit auch sehr langsam und schleichend aufkeimen. Bei Frauen, in deren Leben Verleugnungsstrategien eine maßgebliche Rolle spielen, löst oft ein Urlaub tiefe Einsamkeitsgefühle aus. Glenda, eine 42jährige Frau, die seit sechs Jahren geschieden ist, berichtet:

»Als ich ein Mädchen war, drehte sich in den Ferien alles um unser Haus. Meine Mutter und ich kochten für eine ganze Truppe ... Wir luden Freunde ein und andere Leute, die meine Mutter ›Heimatlose‹ nannte. Das waren Leute, die nirgendwo hingehen konnten und keine Familie hatten. Ich war immer besonders nett zu den ›Heimatlosen‹; ich verstand nicht, wie sie es schafften, so allein zu sein. Als ich heiratete, drehte sich auch alles um mein Haus, und in den Ferien ›wurde ich wie meine Mutter‹. Ich machte es genauso, lud alle nahen Freunde ein und alle ›Heimatlosen‹, die ich kannte. Nach meiner Scheidung wurden Feiertage und Ferien zu einem Alptraum. Die zweiten Weihnachten allein luden mich Freunde zu sich ein – ein Ehepaar. Da wußte ich, daß auch ich eine ›Heimatlose‹ geworden war, und diese Erkenntnis war brutal . . .«

Andere Frauen werden zu einer Neubewertung ihres Lebens und ihrer Zukunft genötigt, wenn die Zeit des Kinderkriegens herankommt und wieder vergeht. Wieder andere erkennen plötzlich, daß ihre Arbeit ihnen nicht das Gemeinschaftsgefühl gibt, das sie brauchen, um ihre Einsamkeit in anderen wichtigen Lebensbereichen auszugleichen. Manche sind alarmiert, weil sie keinen Geliebten haben und ihre Chancen schwinden sehen. »Ich weiß nicht, wie ich Männer treffen soll, und ich habe das Suchen satt« ist eine vertraute Klage vieler alleinlebender Frauen. Lisa erzählt:

»Nach der Trennung sagten mir alle, ich müsse ›rausgehen‹. Das hab ich getan . . . ich ging zu jeder Feier, Party, Veranstaltung . . . am Wochenende ins Museum, wie mir meine Freunde sagten – ›Man weiß nie, wo man einen trifft, Lisa‹ . . . ich lernte, wie man auf einer Party an Telefonnummern rankommt, rief auch an und ging ein paarmal aus. Aber mir lag das nicht. Ich halte mich für emanzipiert, aber ich glaube, tief drinnen bin ich konservativ. Der Rollenwechsel ist mir unangenehm . . . ich bin einfach nicht so erzogen. Ich zwinge mir da was auf . . . ich zwinge mich zu einem Verhalten, das mir nicht richtig vorkommt . . . ich fühle mich ganz ausgebrannt von dieser Partnersuche.«

In Lisas Klage könnten viele Frauen einstimmen. Diese Frauen sind hin- und hergerissen zwischen einer alten Prä-

gung und einem neuen, gerade aufkeimenden Verhaltens-
codex und fühlen sich durch den Kampf oft belastet und
ausgelaugt. Trotzdem halten sie das andere Extrem – warten, bis »man« sie fragt, warten, bis »man« sie erwählt,
warten, bis »man« sie anruft – häufig für eine »moralisch
schwächere Position«. Nur wenige Frauen sind bereit, sich
mit diesen alten Verhaltensmustern zu bescheiden, und begehren zu Recht gegen diese passive Haltung auf. Doch die
gesellschaftlichen Normen halten sie gefangen, und so investieren sie viel Energie, um »ausgebucht« zu bleiben und
der Angst vor der Einsamkeit zu entfliehen. Einsamkeitsgefühle sind Sehnsucht nach Nähe – dem Bedürfnis, zu jemandem oder etwas zu gehören. Wenn Ihr Bedürfnis nach
Fürsorge unerfüllt bleibt, investieren Sie vielleicht Ihre gesamte Energie in eine Beziehung, die Ihnen nichts bringt –
Ihnen vielleicht sogar schadet. Sie suchen sich einen Mann
(oder eine Frau), der abhängig und extrem hilfsbedürftig
ist, etwa einen Alkoholiker oder Drogensüchtigen, dem Sie
»helfen«, den Sie »unterstützen« oder »in Ordnung bringen« können. Manche Frauen sagen, sie fühlten sich in ihrer Ehe oder Partnerschaft ausgebrannt. Die Angst »allein
dazustehen« verlängert diese Beziehungen – die Frauen
klammern sich an die Illusion von Nähe, um sich nicht einer
ungewissen Zukunft auszusetzen. Und wenn sie keinen
Partner haben, dann konzentrieren sie aus Angst vor Einsamkeit häufig ihre ganzen Energien auf ihren Beruf. Er
soll dazu dienen, Isolationsgefühle zu vermindern.
Jede dieser »Therapien« kann die Art zwanghafter, geistiger oder körperlicher Aktivität hervorrufen, die zum Burn-
out führt. Weil die meisten Frauen nicht gelernt und nicht
damit gerechnet haben, allein zu leben, und weil unsere
Gesellschaft sich bisher kaum auf alleinlebende Frauen eingestellt hat, müssen die Voraussetzungen zur Herstellung
von Nähe überdacht werden. Wenn Sie Ihre Einsamkeit zu
lange verleugnen, kann sie Sie in die bedenklicheren Stadien des Burn-out-Zyklus treiben.

Burn-out und Ohnmacht

Viele Gründe für Burn-out hängen mit gesellschaftlichen
Erwartungen zusammen und entspringen einem Mangel
an Fürsorge – dem Ablehnen von Abhängigkeitsbedürfnissen –, dem Alleinsein, der Einsamkeit und der Ohnmacht im
Leben von Frauen. Hier erleben sie die Konflikte zwischen
ihrem wahren Inneren (Gefühle und Bedürfnisse) und ihrem erworbenen, äußeren Stil (Verhalten und Erscheinung
nach außen). Normalerweise haben Sie in Ihrer Sozialisa-
tion außer der Umsorgerinnenrolle gelernt, daß Sie, wenn
Sie Ihre Sache gut bzw. perfekt machen, als Belohnung
Anerkennung und Bestätigung erwarten dürfen. Doch Ihre
Erfahrung muß nicht unbedingt mit dieser Botschaft übereinstimmen. Sie stellen vielleicht oft fest, daß Aufrichtigkeit und Einsatz nicht belohnt werden, und noch öfter, daß
Inhaber von Machtpositionen (insbesondere im Beruf,
doch genausooft zu Hause) Verhaltensweisen ablehnen, die
ihren Rang und Status nicht bestätigen.

Frauen werden oft von Machtpositionen ferngehalten und
müssen schwer kämpfen, um sich Zutritt und Präsenz zu
verschaffen. Oder sie glauben, sie müßten nicht nur ein-
wandfrei, sondern doppelt so gut wie ihre männlichen Kollegen sein, um zu beweisen, daß sie ein Recht auf ihre Position haben. Katherine, eine Frau, die viele Jahre lang
einen solchen beruflichen Kampf ausgefochten hat, schildert ihn so:

»Ich glaube, Frauen glauben noch wirklich, daß der ›Tüch-
tige freie Bahn‹ hat: Wenn sie gut ist, wird sie schließlich
belohnt und anerkannt. Ich bin nicht so sicher, daß das
tatsächlich so ist. Die Machtstruktur ist gegen Eindring-
linge gut gesichert; das bekommen unzählige berufstätige
Frauen jetzt zu spüren ... Es macht einen fertig ...«

Groll und Enttäuschung zu unterdrücken und dabei makel-
los zu arbeiten, ist ein Streß, der Sie blockiert. Wenn Sie
versagen, stürzen Sie sich mit noch größerer Hartnäckigkeit

und gesteigertem Perfektionismus in die Sache. Anders als Ihr männlicher Kollege machen Sie sich zuerst selbst Vorwürfe für Ihr Versagen. Sie haben schließlich schon immer gewußt, daß Ihnen etwas Undefinierbares fehlt. Sie werden verwirrt, dann ratlos, beginnen, an Ihren Fähigkeiten zu zweifeln, stellen Ihre Kompetenz in Frage. Schließlich werfen Sie sich Ihre vermeintliche Unfähigkeit vor. Nicht selten glaubt eine Frau, sie mache solche beruflichen Erfahrungen als einzige. Angesichts Ihrer Arbeitsbelastung behaupten Sie jedoch vielleicht, daß Sie keine Zeit hätten, mit anderen Frauen über ihre Zweifel und Ängste zu sprechen, oder daß Sie anderen einfach nicht genügend trauen, um sich die nötige Rückversicherung zu holen. Wenn Sie sich aber mit Ihren Geschlechtsgenossinnen verständigen und feststellen, daß sie alle diese Ohnmachtserfahrung machen, können viele Ihrer Ängste schwinden. Sie leiden aber weiterhin unter Ihren Minderwertigkeitsgefühlen und lassen sich weiter von Ihrem Perfektionismus beherrschen.

Manche Frauen meinen, wenn sie wie die Inhaber der Machtpositionen »werden«, würden sie als gleichwertig anerkannt und, wenn auch nicht völlig akzeptiert, so doch befördert und entsprechend bezahlt. Die Identifikation mit der Machtstruktur mag Ihnen eine Zeitlang die Illusion von Macht vermitteln und Ihnen helfen, Ihre Verletzlichkeit zu verbergen. Vielleicht rät man Ihnen sogar, Ihren Stil zu ändern – Ihr Tempo, Ihre Sprechweise, Ihre Kleidung, Ihren Sinn für Humor. Vielleicht versuchen Sie wild entschlossen sich anzupassen, doch bald merken Sie, daß Sie die Orientierung verlieren und »eine ganz andere« werden. Auch wenn es Ihnen gelingt, die Aggressivität, die raffinierten Konkurrenzmanöver, die schlauen Manipulationen nachzuahmen und in der Firmenpolitik mitzumischen, heimsen Sie die erwartete Belohnung meist immer noch nicht ein. Vielleicht steigen Sie auch auf, doch dann stellen Sie fest, daß Sie nicht soviel verdienen wie Ihre männlichen Kollegen, und die Ohnmacht betäubt Sie.

Wie auch immer, Sie bleiben unterschwellig aus dem »Männerverein« ausgeschlossen und merken das auch. Katherine erzählt: »Ich bin bei Gesprächen mit Kunden sehr präsent, doch in den Pausen werde ich höflich und systematisch geschnitten. Die Männer haben ihre eigene, private Kultur. Wenn sie mich nicht in den Witz miteinbeziehen, ›vergessen‹, mich über den Ausgang einer Verhandlung zu informieren oder sich bei den Aufgaben zu bestimmten Grüppchen zusammentun, spüre ich eine deutliche Entfremdung. Nach einer gewissen Zeit macht einen dieses Ausgeschlossensein einfach fertig ...«

Diese Ohnmacht verwandelt sich in Zorn, Verbitterung und ein alles durchdringendes Gefühl der Sinnlosigkeit. Viele Frauen können das Problem nicht lösen und nehmen den Ausschluß als Kritik an ihrer Person; wieder suchen sie den »Fehler« bei sich. Diese fehlgeleitete Selbstanklage verstärkt die Triebkraft des Burn-out.

Burn-out und der Gegensatz von Abhängigkeit und Selbständigkeit

Viele Frauen haben versucht, ihre Ohnmacht und Hilflosigkeit zu überwinden, indem sie zu klären versuchten, wieviel Abhängigkeit akzeptabel und wieviel Selbständigkeit notwendig ist. In den letzten Jahren wurde »Selbständigkeit« ein Synonym für »Rettung« und »Abhängigkeit« zum Schimpfwort. Colette Dowlings *Cinderella-Komplex* konkretisierte nicht nur die Minderwertigkeitsgefühle der Frauen aufgrund ihrer finanziellen Abhängigkeit von Männern, sondern auch ihre verborgenen Abhängigkeitswünsche. Wenn sie also über ihr Leben selbst entscheiden wollten, mußten sie ihre »Hilflosigkeit verlernen«, ein eigenständiges, spontanes menschliches Wesen werden und schließlich lernen, sich selbst zu lieben.

Viele Frauen sahen Dowlings Konzept der Befreiung von allen Abhängigkeiten als Lösung für die Konflikte, unter denen sie litten. Die emotionale Befreiung würde sich über einen guten Job und finanzielle Eigenverantwortung einstellen. Wenn die Frauen ihrem Ehrgeiz freien Lauf ließen, würden sie den richtigen Weg zur Überwindung alter, unterwürfiger Verhaltensweisen finden und könnten dann frei von Ohnmacht leben. Dowlings Analyse war richtig, doch sie griff zu kurz. Viele Frauen verwechseln inzwischen Selbständigkeit mit »alles allein machen« und Abhängigkeit mit dem Bedürfnis zu »klammern«.

In den letzten Jahren erwies sich, daß diese Probleme komplexer sind als erwartet. Für viele Frauen ist die Vorstellung von Selbständigkeit attraktiv, doch die generelle Zurückweisung ihrer Abhängigkeitsbedürfnisse schreckt sie ab. Neue, nicht vorausgeahnte Konflikte, Zweifel und Widersprüche tun sich auf. Die durch Berufstätigkeit erreichte finanzielle Selbständigkeit hat vielleicht einigen Frauen die Last erleichtert, doch der Kontext – in dem Frauen notwendigerweise funktionieren müssen – hat sich nicht immer als vereinbar mit ihren Werten oder ihrer Erziehung erwiesen. Dasselbe gilt für den Privatbereich: Die persönlichen Beziehungen haben nicht Schritt gehalten mit dem sich entwickelnden feministischen Bewußtsein. Während die Frauen nach Selbständigkeit strebten und die Machtverhältnisse in ihren persönlichen Beziehungen ändern wollten, sind viele emotionale Bedürfnisse auf der Strecke geblieben. »Wie soll ich zugeben, daß ich mich verletzt oder bedroht oder vernachlässigt fühle, wenn ich versuche, unabhängig und selbständig zu sein?« sagt eine Frau. »Das ist eine echte Zwickmühle. Ich weiß, daß ich im Einklang mit mir selbst sein muß, wenn ich ernstgenommen werden will, doch ich fühle mich nicht im Einklang mit mir ... Diese ständige Wachsamkeit ist sehr ermüdend ...« Sie hat Angst vor den möglichen Folgen ihrer widersprüchlichen Gefühle und versucht herauszufinden, welche Kompromisse sie sich erlauben kann, ohne einen – vermeintlichen – Rückschritt zu machen. Manche Frauen sagen, sie schämten sich. Wenn sie alles getan haben, was »richtig ist«, fühlen sie sich immer noch unzulänglich, zornig und häufig verängstigt. Andere belasten die Ansprüche, die aus dem Selbständigkeitsprinzip folgen, und trotzdem ist es ihnen peinlich, daß sie das fehlende Etwas immer noch brauchen. Sie fürchten, daß dieses Etwas – das grundlegende, menschliche Bedürfnis nach Nähe und Gemeinschaft – die alte, verhaßte Abhängigkeit ist, die ihnen nachjagt.

Wenn Sie sich Ihre emotionalen Bedürfnisse – die Sie als Feinde der Unabhängigkeit wahrnehmen – nicht zugestehen können oder wollen, verleugnen Sie wahrscheinlich Ihre wahren Empfindungen und geben vor, den offenbar akzeptierten Verhaltensnormen zu entsprechen. Wenn Sie das jedoch nicht schaffen, schämen Sie sich und machen sich Selbstvorwürfe. Cynthia, eine 26jährige, seit gut einem Jahr berufstätige Finanzberaterin, berichtet eine Episode, die diesen Konflikt beleuchtet:

»Ich glaube, es ist mir gelungen, mir in der Arbeit ein professionelles Image zuzulegen ... ich weiß, wenn ich das Büro betrete, wer und wie ich zu sein habe. Doch ab und zu sagt jemand etwas, das mich fast aus den Socken haut. Letzte Woche meinte ein Kollege: ›Ich glaube, du wirst so eine von diesen Karrierefrauen, die nie heiraten.‹ Das jagte mir einen Riesenschreck ein. Ich fürchtete, ich hätte mich zu unabhängig gemacht – sehen mich die Leute so? Doch dann ist das auch wieder genau das Bild, dem ich in der Arbeit entsprechen will – geschäftlich gesprochen muß das mein Kapital sein. Aber was das Persönliche betrifft ... da hat er mich kalt erwischt ... Ich bin furchtbar durcheinander.«

Cynthias Geschichte ist nicht ungewöhnlich. Wie viele Frauen kämpft sie mit ihren verschiedenen Rollen und ihrem Wunsch nach einem erfüllten beruflichen und privaten Leben. Doch das so sorgfältig stilisierte Bild ist anfällig gegen äußere Kritik. Die Frauen schwanken zwischen der Furcht, »zu unabhängig« zu sein, und der, »bedürftig und verzweifelt« zu sein, und so wird das Spiel der Verleugnung immer härter. Das Bedürfnis, das diese Frauen verhehlen möchten, ist vor allem die Sehnsucht nach Nähe – zu einem Menschen, vielen, einer Gemeinschaft. »Alles allein machen« klingt nach verbissenem Individualismus, der jedoch genau dieses Bedürfnis nicht befriedigt. Der Wunsch, verstanden, wahrgenommen, angehört zu werden, dazuzugehören oder sich einfach manchmal an jemanden anzulehnen, ist so sehr mit abhängigem »Klammern« identifiziert worden, daß sich viele Frauen vor ihrem Bedürfnis nach Nähe fürchten und sogar ein phobisches Mißtrauen gegenüber den eigenen Gefühlen entwickelt haben. Damit ist der Konflikt vorprogrammiert: Um selbständig zu werden, müssen Sie sich von Ihren grundlegenden Bedürfnissen – und damit Ihrer Menschlichkeit – unabhängig machen. Genau das ist die Basis des Burn-out. Wenn heute eine Frau ihren tiefen Wunsch nach einem Partner zugibt – ihr Gefühl, daß sie sich unvollständig fühlt und Nähe braucht, weil sie weiß, daß sie das stärkt –, dann kann ihr das peinlich sein. Ihre »Politik« stimmt nicht mit ihren Gefühlen überein. Sie glaubt, sie müsse, um wirklich selbständig zu sein, in kühler Souveränität leben und sich ihrem männlichen Gegenüber anpassen, der seine tiefen Bedürfnisse allzuoft auch mißachtet.

Wenn Sie auf der Suche sind nach dem Gleichgewicht zwischen Ihren Zielen – dem Recht auf Entscheidungsfreiheit oder Selbständigkeit – und Ihren Bedürfnissen – dem Recht auf befriedigende Beziehungen zu anderen oder Abhängigkeit –, kann es sein, daß Ihnen Ihr Leben verfahren vorkommt, daß Sie nicht wissen, was Sie tun sollen, und daß Sie sich zwischen den Gewinnen und Verlusten, die jede Entscheidung mit sich bringt, hin- und hergerissen fühlen. Selbständigkeit ist sowohl erstrebenswert als auch bedrohlich; sie verspricht Ihnen Stärke und Selbstsicherheit, kann

Sie aber auch in die Vereinsamung katapultieren. Abhängigkeit in unserer Definition ist zugleich abstoßend und wünschenswert. Sie mag Sie früher zu einem Opfer gemacht haben und gehört doch wesentlich zu nahen, vertrauten Beziehungen. Können Sie unabhängig sein und doch die Fürsorge erhalten, die Sie brauchen? Dürfen Sie sich auf andere verlassen, ohne die Position zu verlieren, die Sie erreicht haben?

Diese unbeantworteten Fragen können Sie anfällig für die Ansprüche machen, mit denen Sie von außen und von innen konfrontiert werden. Schon jede Anforderung im Licht der neuen gesellschaftlichen Regeln zu prüfen, kann Sie erschöpfen. Vielleicht entschließen Sie sich deshalb dazu, Ihre Konflikte – bestenfalls – zu verleugnen und zu verdrängen oder – schlimmstenfalls – sich vor jeglicher Intimität überhaupt zu hüten. Wenn Sie das über längere Zeit durchexerzieren, sind Sie auf dem direkten Weg in den Burnout.

Da die Frauen sich von ihren früheren, untergeordneten Rollen zu lösen beginnen und die alten Normen sich langsam wandeln, verschwimmen die Grenzen, innerhalb derer sich frühere Generationen definiert haben. Was ist für Sie möglich und machbar? Was ist »normal«? Und was ist zuviel? Wann sollten Sie kürzer treten, und wann sollten Sie sich ein größeres Stück vom Kuchen nehmen? Die Analyse dieser Fragen und damit zugleich der Gründe für Burn-out ist sehr schwierig, weil Sie die Anforderungen an Sie genau unterscheiden müssen. Dabei zeigt sich, daß es eine gesunde, »normale« Herausforderung gibt und die Übertreibung, die Burn-out fördert.

Wenn Sie immer wieder gegen eine Wand rennen und sich den Kopf anstoßen, ohne auch nur einen Deut voranzukommen, sind Ihre Erwartungen wahrscheinlich »übertrieben«, und Sie sind vermutlich eine Burn-out-Kandidatin. Wenn Sie aber merken, daß Sie diese Wand nicht durchbrechen können, einen Schritt zurücktreten und nach Alternativen suchen – etwa drüberklettern, sich darunter durchgraben oder, wenn das nicht geht, in eine ganz andere Richtung gehen –, dürften Ihre Erwartungen realistisch sein und Ihre Bemühungen auf einer gesunden Herausforderung beruhen.

Katherine beschreibt das so:

»Es ist psychologisch sehr ermüdend, immerzu dranzubleiben. Doch du glaubst nicht eher, als bis du an diese Wand stößt, daß du scheitern kannst, zumindest bewußt. Das bedeutet, daß du, wenn irgendeine Beziehung – in der Arbeit oder in der Liebe – zu scheitern droht, sie ändern oder beenden mußt. Es ist wie bei einer Affäre auch nur eine Frage der Zeit, bis du weg vom Fenster oder ausgebrannt bist.«

Der Unterschied zwischen einer gesunden Herausforderung und dem Burn-out-Prozeß bemißt sich an Ihrer Rigidität oder Flexibilität, Ihrem Einsatz sowie Ihrer Selbstbeherrschung und Urteilsfähigkeit oder Ihrer inneren Beteiligung. Wenn Sie sich für Burn-out-gefährdet halten – sei es wegen Überfürsorglichkeit, Einsamkeit, Ohnmacht oder zuviel Selbständigkeit –, ist der einzige Maßstab, den Sie anwenden können, Ihre eigene innere Stimme.

Kapitel 3
Die Familiendynamik des Burn-out
bei Frauen

*»Erst in den letzten paar Jahren habe ich manchmal gedacht,
es wäre schön, eine Tochter zu haben. Es wäre wundervoll,
wenn ich ein kleines Mädchen hätte, das jetzt aufwachsen
kann statt zu der Zeit, als ich groß wurde ...«*
Barbara A.

Hatten Sie schon das Gefühl, in Ihrem Inneren wiederhole
sich auf eine belastende Weise Ihre Kindheit, obwohl Sie
eine Erwachsene in einer Welt von Erwachsenen sind? Die
Art und Weise Ihres Burn-out kann gewöhnlich auf die spe-
zifische Familiendynamik zurückgeführt werden, in der Sie
aufgewachsen sind. Nehmen Sie sich jetzt etwas Zeit für
den folgenden kleinen Fragebogen. Bevor Sie antworten,
rufen Sie sich alle wichtigen Beteiligten und typischen Szenen möglichst genau ins Gedächtnis zurück:
1. Haben es Ihnen Ihre Eltern schwergemacht, selbständig
zu denken?
2. Waren Ihre Eltern übermäßig kritisch und anspruchsvoll?
3. Verhielt sich Ihre Mutter so, als ob sie weniger wichtig sei
als Ihr Vater?
4. War Ihr Vater distanziert, abweisend oder gefühlskalt?
5. Waren Ihre Mutter oder Ihr Vater alkohol- oder drogen-
abhängig, schwer neurotisch oder gestört?
6. Haben Sie sich Ihrer Mutter oder Ihres Vaters oder beider geschämt?
7. Bestand Ihre Mutter darauf, daß Sie alles genau so machten, wie sie es machte?
8. Hatten Sie einen Bruder, der Ihnen gegenüber bevorzugt
wurde?

9. Hatten Sie eine Schwester, mit der Sie in einem Konkurrenzverhältnis standen?

10. Waren Sie das einzige oder bevorzugte Kind, das vorzeitig eine Erwachsenenrolle übernehmen mußte?

11. Wurden Sie als »Nesthäkchen« oder bevorzugtes Kind dafür belohnt, wenn Sie »süß« oder »lieb« waren?

12. Scheuten Sie sich, Ihren Eltern Gefühle wie Verletztsein, Enttäuschung oder Traurigkeit offen zu zeigen?

13. Hatten Sie das Gefühl, Sie müßten Ihre Phantasien und Wünsche für sich behalten?

14. Durften Sie kaum für sich allein sein?

15. Waren Sie oft auf sich selbst angewiesen, und neigten Sie infolgedessen dazu, Ihr Verhalten strengen Maßstäben zu unterwerfen?

16. Behauptete man von Ihnen, Sie seien unbeholfen, faul, häßlich, dumm oder unfähig?

17. Wenn Sie etwas für sich haben wollten, warf man Ihnen dann Egoismus und Selbstsucht vor?

18. Hatten Sie Schuldgefühle, wenn Sie klüger waren als andere Familienmitglieder, und haben Sie Ihre Intelligenz versteckt?

19. Fand man Sie nie »gut« genug?

20. Haben Sie sich eine Fassade zugelegt, hinter der Sie Ihre wahren Gefühle verbargen?

Wenn Sie auf mehr als sechs oder acht Fragen mit »Ja« geantwortet haben, dann versickert heute wahrscheinlich viel von Ihrer Energie in inneren Kämpfen mit der Vergangenheit. Wenn Sie erkennen, wie die Interaktion in Ihrer Familie funktionierte und wie diese Interaktion Sie damals beeinflußt hat und heute noch beeinflußt, dann können Sie einen Großteil der *unsichtbaren Burn-out-Aktivität* in Ihrem jetzigen Leben identifizieren und abstellen.

Wir alle handeln nach der Prägung durch unsere Familie. Ob Sie nun eine Frau sind, die mit der Tradition gebrochen hat oder nicht, diese Prägungen und Botschaften von Müttern, Vätern, Schwestern und Brüdern sind zäh und langlebig. Eine Familie ist eine eigene, kleine Gesellschaft mit eigener Sprache und eigenen Gesetzen. Sie hat ihre eigene, ungeschriebene »Philosophie«, die die Atmosphäre Ihres Zuhauses durchdrang und Ihnen einimpfte, auf welche Weise Sie in der Welt draußen überleben würden. Diese Philosophie umfaßte die Loyalitätsbündnisse zwischen Familienmitgliedern, die Rollen, die jeder einnahm, die Art der Kommunikation und die ausgesprochenen oder unausgesprochenen Prinzipien der Familie für »richtiges« Benehmen. All diese komplexen, wechselseitigen Verbindungen formten Ihr gegenwärtiges Verhalten, Denken und Fühlen vor. Leider funktionieren viele dieser Einstellungen in der Erwachsenenwelt nicht. Manche beruhen auf Angst und Furcht; wenn sie auf neue Situationen und Leute in der Gegenwart übertragen werden, bringen sie nicht (mehr) den erwarteten Lohn.

Haben Sie manchmal das Gefühl, daß Ihre eigenen Reaktionen auf Menschen und Ereignisse in Ihrem Leben Sie schwächen? Ein Teil dieses inneren Verschleißes geht darauf zurück, daß alte Familienthemen ständig wieder aufleben. Diesen Vorgang der Anwendung alter Einstellungen und Gefühle auf Menschen und Situationen der Gegenwart nennt man Übertragung.

Übertragung und Burn-out

Die oben erwähnte, unsichtbare Burn-out-Aktivität beruht häufig auf Übertragungen. Die Hauptrolle bei diesem psychologischen Phänomen spielen Gefühle gegenüber einem anderen Menschen, die sich nicht wirklich auf ihn beziehen, sondern auf eine Person der Vergangenheit. Die Übertragungsreaktion ist gewöhnlich unangemessen, unpassend und mit der Situation schlecht vereinbar. Ob Sie nun über- oder unterreagieren: Wenn »historische« Reaktionen die

Situation verzerren, handelt es sich um ein Problem unklarer oder mißverstandener Identität – so als ob Sie nach einem Umzug das neue Schloß mit dem alten Schlüssel aufsperren wollten.

Übertragungsreaktionen sind nicht nur schwer in den Griff zu bekommen, sie sind auch schwer zu identifizieren. Sandra, eine 42jährige Frau mit Kindern aus erster Ehe, versucht, ihre Probleme mit John, ihrem Verlobten, zu analysieren. Sie erzählt folgende Episode:

»Wir haben immer beide recht. Egal, wer schließlich nachgab, während unserer Auseinandersetzungen wollte keiner von seiner Position abrücken. John sagte zu mir, ich würde reden wie meine Mutter, und ich konterte, er würde reden wie seine. Dann schrie er: ›Ich bin nicht dein Vater!‹ und ich schrie zurück: ›Nein, du bist *deiner*!‹ Eines Abends kabbelten wir uns, und ich hatte plötzlich das Gefühl – obwohl nur er und ich da waren –, es seien eigentlich sechs im Zimmer: seine Eltern, meine Eltern und wir. Wir sahen uns nicht mit unseren realen Verschiedenheiten, sondern wir sahen unsere Eltern vor uns und spulten alte Verteidigungsmechanismen ab, um uns vor neuen Bedrohungen zu schützen ... Seine Furcht vor mir war wie ein Durchschlag seiner Vergangenheit, und mein Zorn auf ihn war viel älter als unsere Bekanntschaft. Wir haben reale Differenzen, aber wir bemühen uns jetzt beide, uns mit den gegenwärtigen Problemen zu befassen ...«

Übertragungsreaktionen sind nicht auf Liebesbeziehungen begrenzt. Sie zeigen sich am Arbeitsplatz gegenüber Autoritätspersonen, konkurrierenden Kollegen, Freunden und anderen, die über Einfluß verfügen. Und sie sind nicht immer Wiederholungen von Zweifeln, Wut und Angst, sondern manchmal auch von Wunscherfüllung. Die meisten von uns wissen, wo sie in ihrer Kindheit Vernachlässigung erlebt haben. In dem Versuch, die Vergangenheit zu korrigieren, werden Übertragungsreaktionen manchmal von einer Person oder Situation ausgelöst, die durch die Brille der Vergangenheit zum »Retter« hochstilisiert wird. In diesem Fall ist das Urteilsvermögen getrübt, und häufig folgen Enttäuschung, Verletztheit und das Gefühl, betrogen worden zu sein. Viele ausgebrannte Frauen berichten, daß sie immer wieder die »falsche« Wahl treffen, wenn sie sich verlieben oder sich jemandem anvertrauen. Andere erzählen, daß sie immer wieder in gleicher Weise auf ältere Frauen, Männer mit Macht, offiziell oder gebieterisch auftretende Personen, Reichere oder Ärmere als sie oder introvertierte und zurückhaltende Menschen reagieren. Wir könnten die Aufzählung unbegrenzt fortsetzen. Wichtig zu wissen ist jedoch, daß Ihr spezielles Problem analysierbar ist. Wenn Sie sich durch Ihren »Wiederholungszwang« immer wieder selbst hereinlegen und nicht vorankommen, sollten Sie sich Ihre Übertragungsreaktionen ansehen.

Ein Ansatzpunkt ist die Frage, welche Menschen aus Ihrer Familie Sie besonders an sich gebunden haben und wie diese Beziehungen Ihre heutigen Einstellungen beeinflussen.

Familiäre Loyalität und Burn-out

Denken Sie über die Loyalitätsverhältnisse in Ihrer Familie nach. Häufig beruhen sie auf unsichtbaren »Bündnisverträgen«, die früh geschlossen und dann ausgearbeitet wurden, bis sie schließlich unerschütterlich waren. Diese Verträge bestimmten, wie loyal oder illoyal Sie sich verhalten durften, und beruhten wahrscheinlich auf der Identifikation mit dem Elternteil, der die meiste Macht über Sie hatte oder Sie am meisten unterstützte. Zum Beispiel: War Ihre Mutter diejenige, die Wärme, Zuneigung und Verständnis gab? Wenn das so war, dann schlugen Sie sich als Tochter bei einem Streit vielleicht nie auf die Seite Ihres Vaters und waren doch innerlich zerrissen, weil Sie sich verzweifelt nach seiner Anerkennung sehnten. Es entstand also ein Konflikt. Wenn Ihr Vater dagegen ermutigend und großzügig war, Ihre Mutter hingegen kritisch und mäkelig, besagte der unsichtbare Vertrag vielleicht, daß Sie loyal zu Ihrem Vater zu stehen hatten, zum Nachteil der häufigeren, alltäglichen Kontakte zur Mutter. Wenn der Konflikt übermächtig wurde, hatten Sie vielleicht einen unsichtbaren Vertrag mit sich selbst, das Gleichgewicht in der Familie dadurch aufrechtzuerhalten, daß Sie sich loyal zu beiden Eltern (oder zu keinem) verhielten und Ihre eigenen, abweichenden Ansichten für sich behielten. Das sind nur einige Beispiele. Es gibt auch unsichtbare Verträge zwischen Geschwistern und anderen Familienmitgliedern. Die Kombinationen sind vielschichtig; sie legen eine Präferenz oder sogar ein Muster für Ihren späteren Umgang mit Situationen und Menschen fest. Wenn Sie sich Ihre eigenen Verträge mit Mutter und Vater ins Gedächtnis zurückrufen, dann denken Sie daran. Die Geschichte wiederholt sich.

Die unten aufgeführten Einstellungen können eine Reaktion auf solche früheren Bündnisse darstellen:

– Wenn sich zwischen einer Frau und einem Mann ein Streit entzündet, neigen Sie dazu, sich aus einer alten Loyalität und Sympathie für Ihre Mutter, sofort auf die Seite der Frau zu schlagen, egal ob sie recht hat oder nicht.

– Am Arbeitsplatz fühlen Sie sich emotional zu dem Mann mit der größten Macht hingezogen; in der Übertragungsreaktion versuchen Sie, die Anerkennung Ihres »Vaters« zu gewinnen.

– Sie fühlen sich »abtrünnig« und schuldig, wenn Sie in einer öffentlichen Diskussion nicht mit einem Freund oder einer Freundin übereinstimmen.

– Um zu vermeiden, in einen Konflikt hineingezogen zu werden, verhalten Sie sich still, wenn zwischen Freunden oder Kollegen eine Auseinandersetzung ausbricht.

Wie Sie sehen, überträgt sich die Dynamik der Familienloyalitäten auf die Gegenwart und wirkt als Streßverstärker. In Ihrem Leben als Erwachsene werden die Verträge konfliktträchtig und führen infolgedessen zu Belastungssituationen, aus denen Sie sich zurückziehen müssen.

Familiäre Rollen und Burn-out

Erinnern Sie sich, welche Rollen jedes Familienmitglied einnahm oder zugewiesen bekam? Waren sie starr fixiert oder wechselten sie je nach Erfordernissen der Situation? Im Familienleben sind die Rollen oft spezifisch und zum großen Teil von kulturellen Normen bestimmt.

Wer war bei Ihnen für den Haushalt verantwortlich? Und wer für die Aufgabenverteilung? Bekamen auch die männlichen Familienmitglieder Arbeiten zugewiesen? Waren die Finanzen – sowohl das Verdienen als auch das Ausgeben – Sache Ihres Vaters, oder teilten sich ihre Eltern diese Aufgaben? Mußte Ihre Mutter um Haushalts- oder Taschengeld bitten? Wie verhielt es sich mit den sozialen Funktionen? Wer plante Freizeitaktivitäten; wer lud Freunde ein; wer nahm Einladungen an? Mußte ein Elternteil zu einer Familienunternehmung gewöhnlich gedrängt oder überredet werden und dann dazu, sie zu genießen? Die Aufteilung von Rollen und Arbeiten in Ihrem Zuhause hat zweifelsohne Ihre Auffassungen von »Sollen« und »Müssen« stark beeinflußt – ob Sie nun mit der Familientradition gebrochen haben oder sie fortsetzen.

Während diese Rollen meist von vornherein feststehen, sind andere Rollen nicht so klar umrissen und trotzdem sehr gewichtig. Denken Sie daran zurück, wie Sie sich selbst definiert haben und wie andere Familienmitglieder Sie definierten. Das Erinnern fällt Ihnen vielleicht leichter, wenn Sie daran denken, wie die gemeinsamen Mahlzeiten abliefen.

Waren Sie die »Friedensbewahrerin« der Familie, die Streit

oder drohenden Streit schlichtete, indem Sie Forderungen nachgab? Waren Sie die »Neutralisierin«, die Schwierigkeiten vorausahnte und sie durch Demonstrationen guten Willens abwendete? Wenn Sie die »Schiedsrichterin« waren, haben Sie vielleicht gelernt, auf die Regeln der Fairness zu achten und bei Tisch für ein Gleichgewicht zu sorgen. Vielleicht waren Sie auch die »Umsorgerin«, auf deren einfühlsame Unterstützung sich alle anderen verließen. Manche Frauen bezeichnen sich als »Stimmungskanone« der Familie, das heißt, sie fesselten und entwaffneten ihre Eltern durch ein übersprudelndes Gehabe und unterhaltsame Geschichten. Andere spielten den »Familienclown«, der mit Humor Konfrontationen, Unterstellungen und Ärger abwandte. Am anderen Ende des Rollenspektrums findet sich das »schwarze Schaf«, das die Aufmerksamkeit der Familie durch Provokationen erlangte, und die »Türenknallerin«, die ihre Position dadurch festigte, daß sie bei sich ankündigendem Unheil mit einem schnellen Abgang drohte. Manche Frauen erzählen, sie seien »stille Dulderin« gewesen, deren Schweigen die anderen als Zustimmung deuteten. Dieses stille Leiden kann der späteren, mangelnden Fähigkeit oder Bereitschaft, die eigenen Interessen zu vertreten, den Weg bereitet haben – oft zu Ihrem Nachteil. Dies sind die nichtspezifischen Rollen in einer Familie, die manchmal aus Kooperations- und Gemeinschaftsgeist übernommen werden, doch mindestens genauso oft, um sich eine Identität zu schaffen, Angst abzuwehren oder ein Bedrohungsgefühl zu dämpfen. Wenn Sie darüber nachdenken, bestimmen diese Rollen Ihre Beziehungen noch heute. Sie streben vielleicht jetzt noch mit den gleichen Zwischentönen wie bei jenen Familienmahlzeiten nach Anerkennung von Männern und Frauen. Kommen Ihnen die folgenden Reaktionen bekannt vor?

– Wenn eine Person oder Situation Angst auslöst, spielen Sie »Stimmungskanone« und drehen auf, um die Kontrolle zu behalten.

– Bei geschäftlichen Besprechungen konzentrieren Sie Ihre Aufmerksamkeit auf diejenigen, die unter Beschuß stehen, und Sie verwenden mehr Zeit darauf, sie innerlich zu beruhigen, als auf die anstehenden Themen.

– Wenn eine Auseinandersetzung droht, neigen Sie dazu, sich zu entschuldigen und sich zu entfernen.

– Obwohl Sie unter anderen Umständen gesellig sind, verstummen Sie angesichts bedrohlicher Auseinandersetzung und tun beinahe so, als seien Sie gar nicht da.

Die alten Rollen sind jedoch Ihren heutigen Lebensbedingungen nicht mehr angemessen. Im Gegenteil, wenn Sie unter neuen Bedingungen immer wieder auf die alte Weise reagieren, wird Ihre Spontaneität gehemmt. Sie sind so verstrickt, daß Sie Ihre Energie aufbrauchen und verschleißen.

Familiäre Kommunikation und Burn-out

Die Art und Weise der Kommunikation in Ihrer Familie ist entscheidend für das Verständnis Ihres Energieeinsatzes heute. Die Kommunikation zwischen Familienmitgliedern beruht im wesentlichen auf den Intimitäten, in die man Sie eingeweiht oder die man Ihnen vorenthalten hat. In der Familie werden Gefühle ausgedrückt, indem man Zuneigung zeigt oder verweigert, redet oder schweigt, diskutiert oder spielt. Sie erhalten Hinweise darauf, wer sich mit wem gut verstand, wenn Sie sich genau ins Gedächtnis rufen, wie die einzelnen Menschen miteinander kommunizierten. Funktionierte Ihre Familie als zusammengehörige, unterstützende Einheit? Oder waren die Mitglieder eher ich-bezogen? Gab es einen Interessenausgleich oder dominierte eine Person die Familie und belastete die anderen mit überzogenen Ansprüchen und Kritik? Fühlten Sie sich wirklich voll integriert oder eher als Zuschauer? Führten Diskussionen zu Nähe oder eher zu Isolation und Angst? Wenn Sie wissen, inwieweit Kommunikation gefördert oder zurückgewiesen wurde, können Sie auch erkennen, wieviel Streß Sie in jungen Jahren ausgesetzt waren. Vielleicht wiederholen Sie in der Gegenwart nutzlose und erschöpfende Mechanismen. Versuchen Sie, mit Hilfe der folgenden Übung ein angemessenes Bild der Kommunikation in Ihrer Familie zu zeichnen: Schreiben Sie auf, wie Sie Ihre Familie erinnern. Betrachten Sie jedes Mitglied einzeln, dann in Paaren und in Dreiergruppen. Wie kommunizierten sie mit Ihnen und untereinander? Worum drehte sich ihre Kommunikation im wesentlichen? Verhielten sich die Personen anders, wenn jemand den Raum betrat oder einen Anruf beantwortete? Wie haben Sie sich selbst in bezug auf alle anderen erlebt? Notieren Sie alles, was Ihnen einfällt. Welchen Kommunikationsstil hatten die einzelnen Familienmitglieder? Es gibt viele verschiedene Stile, und nicht alle schließen Sprechen ein. Beispielsweise hatten Ihre Eltern vielleicht ein Repertoire bestimmter »Blicke« oder Gesichtsausdrücke, die Anerkennung, Mißbilligung, Spott, Ärger oder Liebe bedeuteten. Andere setzten Schweigen als »Machtwort« oder Bestrafung ein. Seufzen oder Knurren können Signale für Abweisung, Gleichgültigkeit oder Verschiebung der Reaktion – »ich denke später darüber nach« – gewesen sein. Körpersprachliche »Äußerungen« – verschränkte Arme, gesenkter Kopf, aufgestützte Hände, Fußwippen – konnten verraten, was erreichbar war und was nicht. Manche Frauen berichten, daß ihre emotional distanzierten Väter durch Geschenke und Geld kommunizierten, während ihre Mütter Liebe durch Essen ausdrückten.

Versuchen Sie, sich an den Inhalt der Kommunikation zu erinnern. Der Inhalt ist genauso wichtig wie der Stil. Eltern, die doppelbödige Botschaften sendeten, vermittelten damit Unzuverlässigkeit. Eine ängstliche Mutter hat Ihnen vielleicht verbal mitgeteilt: »Ich liebe dich«, doch ständig kritisiert, wie Sie Ihre Aufgaben ausführten, Ihre Kleidung und Ihr Zimmer pflegten, Ihre Freunde behandelten und Ihren Interessen nachgingen. Sie haben die Botschaft vielleicht so interpretiert: »Ich liebe dich, aber nur, wenn du alles so machst, wie ich es tue.« Unterschwellig war die Botschaft vielleicht herabsetzend: »Denk' nicht selbst – du bist unfähig und wirst es niemals richtig machen.« Ein ängstlicher Vater hat sich vielleicht um Sie persönlich nicht gekümmert, Ihnen jedoch wegen Ihrer Schulleistungen ständig im Nacken gesessen. Diese Botschaft haben Sie vielleicht so verstanden: »Meine Anerkennung wartet um die nächste Ecke ... aber es wird immer eine neue Ecke geben.« Unterschwellig lautete die Botschaft vielleicht: »Deine Bedürfnisse sind unwichtig, vielleicht dumm, vielleicht zu ›weiblich‹ – nur mit Erfolg und Leistung gewinnst du Liebe.« Eine klassische, doppelbödige Botschaft an Frauen ist die einfache Aussage: »Sei nicht egoistisch«, gefolgt von der Weigerung, auf ihre Konflikte einzugehen. Hier lautet die unterschwellige Botschaft: »Deine Empfindungen sind nicht wichtig und daher falsch«, was in vielen Fällen allmählich den Inhalt der eigenen Gedanken und Gefühle verzerrt.

Sagte Ihre Mutter etwas anderes, wenn Sie mit ihr allein waren, als wenn Ihr Vater dabei war? Verbündete sich Ihr Vater mit Ihrer Mutter in deren Anwesenheit, wurde jedoch ein freundlicher Vertrauter, wenn sie weg war? Hatten Sie und ein Bruder oder eine Schwester eine besondere Bindung, die sich in Gegenwart Ihrer Eltern anders darstellte? Gab es feindliche Lager oder Zufluchtsorte in Ihrem Haus? Vielleicht haben Sie gelernt, bestimmten Gruppierungen von Menschen zu mißtrauen und übertragen dieses Mißtrauen jetzt auf neue Beziehungen.

Wie Sie sich in den Beziehungen zu anderen Familienmitgliedern erlebt haben, ist deshalb wichtig, weil sich daraus Hinweise für Ihre heutigen Empfindungen gegenüber Menschen ergeben. Eine Frau empfand sich in der Erinnerung »inkompetent und, ich glaube, faul. Meine Mutter tat alles rasch. Sie war immerzu in Bewegung, putzte, kaufte ein, gärtnerte, kochte. Sie wurde böse, wenn ich las, denn das war ›rumsitzen‹, und ärgerlich, wenn ich nicht mit irgendeiner Hausarbeit beschäftigt war. Ich lief schneller, wenn sie in der Nähe war . . . drehte auf und sah fröhlich aus. Bei meinem Vater fühlte ich mich unwissend und nicht ernst zu nehmen, deshalb fragte ich ihn Sachen über Politik oder Sport, die ich für wichtig hielt. Meinem kleinen Bruder gegenüber fühlte ich mich wie ein Babysitter. Ich war die Älteste und mußte auf ihn aufpassen, doch er hatte mehr Freiheit, weil er ein Junge war.« Eine andere Frau erinnert sich, daß sie in Anwesenheit ihrer Mutter Zorn empfand, weil »sie machtlos war«, Trotz gegen ihren Vater, weil »er die Regeln festlegte«, und Eifersucht auf ihre Schwester, weil »sie die Aufmerksamkeit bekam«. Sie hat noch als Erwachsene an diesen Erfahrungen zu »knabbern« und überträgt die Gefühle auf Männer und Frauen an ihrem Arbeitsplatz, in ihrem Sozialleben und in ihren persönlichen Beziehungen.

Burn-out und gelernte und angewandte Kommunikationsmethoden hängen eng zusammen. Frauen sind häufig »kriegsmüde« von den unausgefochtenen Geplänkeln, wenn nicht sogar regelrechten Kriegen der Vergangenheit und gehen halb erschöpft an eine neue Stelle, eine Ehe, eine Mutterschaft heran. Die in der Familie erworbenen Kommunikationsfähigkeiten sind nicht immer effizient. Doch selbst wenn sie zugunsten neuer, zuverlässigerer Methoden abgelegt wurden, wirken die Botschaften aus der Vergangenheit weiter. Wieder schnappen die Übertragungsreaktionen ein und zwingen Sie, durch Ihr Wahrnehmungsraster aus der Vergangenheit zu »sehen« und zu »hören«. Kommen Ihnen diese Erfahrungen bekannt vor?

– Kritik von einem Vorgesetzten wirkt wie ein »Fertigmachen vor versammelter Mannschaft (= Familie)« und wird als Angriff aufgefaßt.

- Wenn Sie für Ihre Arbeit Ihr »Letztes« geben, werden Sie sich schließlich die Anerkennung Ihres Chefs erwerben, der – da sind Sie sicher – dieselben Kriterien hat wie Ihr anspruchsvollster Elternteil.
- Wenn man Ihnen sagt, daß Sie etwas gut gemacht haben, fühlen Sie sich angenehm überrascht und fragen sich, womit Sie das verdient haben.
- Sie reden ungezwungen mit Ihren Freundinnen, doch wenn ein Mann den Raum betritt, erschrecken Sie.

Das sind nur einige Beispiele, die zeigen, wie sich »falsche« Identitäten entwickeln und wie danach der Streß heimlich und heimtückisch an Ihrer Psyche und Ihrem Körper nagt. Kommunikation ist nicht nur das, was Sie sagen und tun, sondern auch, was Sie hören und sehen und wie Sie diese Botschaften entschlüsseln.

Familiäre Prinzipien und Burn-out

»In unserer Familie heiraten die Frauen immer« ist ein Beispiel für ein familiäres Prinzip mit Burn-out-Potential. »In unserer Familie heiraten die Frauen immer jung« differenziert dieses Prinzip und verschärft den Druck. »In unserer Familie bekommen die Frauen ihr erstes Kind mit 22« erweitert den Anspruch dieses Prinzips noch, und: »In unserer Familie lassen sich die Frauen nicht scheiden« bereitet den Boden für eine zukünftig ausgebrannte Tochter. Alle vier Aussagen informieren über die Regeln, nach denen die Familie akzeptiert und anerkennt. Wenn die in Ihrer Familie gültigen Prinzipien oder Werte dem, das Sie insgeheim glauben (oder von dem Sie befürchten, daß es nicht passiert), direkt entgegengesetzt sind, werden sie oft als Bedrohung oder Tadel erlebt. Wenn Sie etwas tun wollen, das Ihren ureigensten Wünschen entspricht, nehmen Sie sich vielleicht wahr, als lehnten Sie sich heimlich gegen die

Autorität auf, und Ihre Gefühle kommen Ihnen irgendwie »falsch« vor. Auch können Sie sich gehemmt fühlen, so daß Sie Angst haben, selbständig zu handeln.

»Wir wissen, was am besten für dich ist« ist ein familiäres Prinzip mit subtilen, doch tiefgreifenden Folgen. Hier spricht die Stimme der Macht, und weil Sie vielleicht nicht gewagt haben, die Macht in Frage zu stellen, taten Sie bald so, als ob Sie mit ihr übereinstimmten, und glaubten infolgedessen, Ihre eigenen Wahrnehmungen seien verdreht. Wenn Sie ein sensibles Kind waren, wußten Sie vielleicht intuitiv, daß sich die Ängste Ihrer Eltern auf Sie übertrugen, daß Ihre Eltern nicht wußten, was für *Sie* gut war, sondern für *sie* und das *Familienimage*, das sie aufrechterhalten wollten. Diese Dynamik produziert Schuldgefühle bei Kindern. Wenn ein Kind zu verhehlen beginnt, wie es seine Eltern sieht, nimmt es ihnen üblicherweise nicht ab, was sie ihm zu »verkaufen« versuchen. Wenn es nicht zu wissen vorgibt, was es tatsächlich weiß, fängt es an, sich schuldig zu fühlen.

Das falsche und das wahre Selbst

Bei dem Versuch, eine Fassade des Einverständnisses aufrechtzuerhalten und so zu tun, als handelten Sie in Übereinstimmung mit den familiären Prinzipien, fühlten Sie sich zweifelsohne emotional und intellektuell belastet. Im Lauf der Zeit haben Sie dann wahrscheinlich den Kontakt zu Ihren eigenen, wahren Maßstäben und Gefühlen verloren. Geschwächt durch das Gewicht der »Wahrheit« Ihrer Eltern und ausgepumpt durch Ihre eigenen, hilflosen Rebellionen haben Sie die gelernte Täuschung als Realität akzeptieren gelernt. Schließlich glaubten Sie selbst, daß Sie an deren Prinzipien und Werte glaubten – es war einfach leichter so. So entsteht das falsche Selbst.

Das falsche Selbst ist ein Überlebensmechanismus, durch den Sie »lieb« und unbedrohlich bleiben können. Er setzt ein mit der Familiendynamik und dehnt sich bis ins Erwachsenenleben aus. Das falsche Selbst ist schwer zu erschüttern.

Eine Frau erklärt ihr falsches Selbst so:

»Ich sehe es jedesmal, wenn ich ein Lächeln aufsetze, das nichts bedeutet; wenn ich lache und nichts komisch finde; wenn ich wohlgemut tue und Enttäuschung verberge; wenn ich gerade verletzt worden bin und mit trockenen, geistreichen Einzeilern um mich werfe. All diese Verhaltensweisen haben nichts zu tun mit den Leuten, mit denen ich zusammen bin ... ich habe mich als Kind immer so verhalten, und jetzt sind sie einfach automatisch. Manchmal muß ich mich sehr auf meine Gefühle konzentrieren, damit ich merke, was ich wirklich spüre ...«

Als kleines Mädchen hat diese Frau die Familienprinzipien so sehr verinnerlicht, daß sie sich kaum noch an ihre eigenen Überzeugungen oder wahren Gefühle erinnert. Sie weiß jedoch, daß sie Angst hat und ständig versucht, anderen zu gefallen – ob sie sie mag oder nicht.

Ziehen Sie sich diesen »Schuh« an? Können Sie wie auf Befehl lebhaft und »gut drauf« sein?

Wenn Sie sich am Arbeitsplatz, zu Hause, bei Freunden, Geliebten und Familie nach dem falschen Selbst verhalten, kann Sie das in schwere Konflikte bringen. Während Sie innerlich wie besessen versuchen, durch das angenommene falsche Selbst »das Richtige zu tun«, taumelt Ihr wahres Selbst – Ihre eigenen Gefühle und Überzeugungen – immer knapp unter der Oberfläche Ihres Bewußtseins dahin und droht durchzubrechen. Zwischen den beiden »Selbsten« entsteht ein gravierender Konflikt, der sich noch verschärft, weil die Hohlheit des falschen Selbst mit sehr viel Energie überspielt werden muß. Wenn sich das falsche Selbst auf Dauer durchsetzt, sind Sie sehr wahrscheinlich Burn-out-gefährdet. Das falsche Selbst wirkt als ein Gewissen, dessen Stimme Ihre wirklichen Wahrnehmungen und Urteile übertönt. Manchmal fühlen Sie sich, als tanzten Sie nach zwei verschiedenen Rhythmen oder lebten zwei entgegengesetzte Leben. Die Gewohnheit, mit einem falschen Selbst zu leben, zu arbeiten und zu lieben, ist nicht leicht zu überwinden, insbesondere wenn Sie nicht genau wissen, was Ihr wahres Selbst ausmacht, wie Sie sich damit fühlen würden oder ob es überhaupt real ist. Ihrem wahren Selbst nachzugehen, erfordert eine enorme Anstrengung zur Selbstbeobachtung, um die leisen, durchschimmernden Hinweise wahrzunehmen. Doch manchmal bricht das wahre Selbst unabsichtlich durch, besonders wenn Sie ausbrennen und sich von Ihrer Umgebung isoliert zu fühlen beginnen. Der Impuls, jetzt »mal allen die Meinung zu sagen«, wird aber oft unterdrückt. Das wahre Selbst ist in diesem Stadium gewöhnlich zynisch und desillusioniert, weil Sie sich die Erfüllung so vieler echter Bedürfnisse versagt haben. Es kommt also darauf an, die falsche Fassade zu erkennen und sich an Ihren wahren Gefühlen zu orientieren, bevor Sie im Burn-out-Prozeß stecken.

Was Sie durch Ihr falsches Selbst erreichen und leisten, fühlt sich nie ganz »richtig« an. Ihre Siege erleben Sie als Pyrrhussiege – zu teuer erkauft, als daß Sie sich freuen könnten; Sie fühlen sich gezwungen, mehr und immer mehr zu leisten und alle Widrigkeiten zu überwinden. Was Sie wollen – einen sicheren Stand in der rationalen, konkreten Welt –, beginnt zu überdecken, was Sie emotional brauchen. Das falsche Selbst schreibt Ihnen vor, sich peinlich korrekt zu verhalten. Da es aber keine tiefere Befriedigung vermittelt, täuschen Frauen oft vor, glücklich, selbstbewußt und kontrolliert zu sein. Dieses Doppelleben zehrt Energiereserven auf und wird infolgedessen als eine Erschöpfung der Willenskraft erlebt.

Wenn Sie im Burn-out-Zyklus stecken, erkennen Sie die realen Grenzen Ihrer körperlichen und geistigen Fähigkeiten nicht mehr. Sie werden weitgehend vom »Müssen« und

»Sollen« des falschen Selbst beherrscht und überfordern sich permanent. Wenn Sie sich auf Ihr wahres Selbst verlassen würden, ließen Sie sich von Ihrer eigenen Beurteilung der Realität leiten. Sie würden Personen und Situationen genau und »richtig« einschätzen – *Sie wüßten, wann Sie aufhören müssen.*

Wenn Sie eine Dauer-Burn-out-Frau sind, wird es Ihnen schwerer fallen, herauszufinden, wann und wie Ihr wahres Selbst von der falschen Fassade erstickt und überlagert wurde. Als Frau im akuten Burn-out wissen Sie vielleicht nur, daß seit kurzem – vielleicht in den letzten paar Jahren – die alten Stimmen, die Sie auf den »Pfad der Tugend« zurückriefen, die Oberhand gewonnen haben, was bedeutete, alle möglichen Pflichten auf sich zu nehmen und eigene Bedürfnisse zu unterdrücken. Eine große Hilfe im Kampf gegen Burn-out ist das Wissen, daß sich diese Pflichten meist aus Ersatzwerten ableiten, die die Familiendynamik Ihrer Kindheit gefiltert hat. Doch sowohl akuter Burn-out als auch Dauer-Burn-out beruhen auf Reaktionen, die Frauen von Kindheit an verinnerlicht haben. Wenn Sie sich selbst beobachten, können Sie viel darüber erfahren, was Ihr falsches Selbst ausmacht und wie es funktioniert.

Wenn Sie das Gefühl haben, daß Sie nicht mehr in der Lage sind, Ihre eigenen Bedürfnisse zu erkennen, aber wissen, daß ein Großteil Ihres Verhaltens selbstschädigend ist und nicht mit ihren Gefühlen übereinstimmt, dann finden Sie in der zweiten Hälfte dieses Buches Techniken, mit denen Sie sich helfen können. Die unsichtbaren Verträge, die Sie mit Ihrer Familie »abgeschlossen« haben, das Rollenspiel, die Kommunikationsstile und die Verinnerlichung von familiären Prinzipien haben sich zu einem unsichtbaren Netz verflochten, das Sie in hinderliche Schuldgefühle und Ressentiments verstrickt. Diese übertragen Sie auf die Spieler Ihres Erwachsenendramas. Wenn Sie sich aber mit Ihrem wahren Selbst verbündet haben, werden Sie staunen, wie allumfassend Ihre Anpassung an das falsche Selbst war. Wahrscheinlich staunen Sie auch, wenn Sie erkennen, wie müde, ausgelaugt, reizbar und ängstlich Sie waren und daß Sie es so lange geschafft haben, nicht Sie selbst zu sein.

Familiäre Philosophien und Burn-out

Wie schon gesagt, bildet die familiäre Philosophie den allumfassenden Rahmen der Familieneinheit. Betrachten wir zwei Beispiele und untersuchen wir, wie sie bei zwei Frauen innerliche und äußerliche Burn-out-Reaktionen auslösten. Beide sind Dauerausbrennerinnen aus Familien, in denen ein Elternteil einen extrem negativen Einfluß ausübte. Sie werden sehen, wie ihr wahres Selbst vom falschen langsam erstickt wurde, und wie und warum eine Frau dazu gebracht wird, ihre ureigensten Bedürfnisse zu verleugnen.

1.
»Ich hatte es schlecht, warum soll es dir anders gehen...«
(Der Vater von Barbara A.)
Barbara ist eine Dauer-Burn-out-Frau, die seit 17 Jahren verheiratet ist und zwei Kinder hat. Zur Zeit arbeitet sie als Verwaltungsangestellte bei einem Lebensmittelkonzern. Jetzt, mit 37 Jahren verarbeitet sie den Streß, den sie als Kind erlebt hat und der ihre starke Angst, ihre Krankheit und schließlich den Burn-out verursachte. Ihre Eltern waren Einwanderer, die verbittert in die USA kamen. Das Zuhause, das sie Barbara boten, war ziemlich lieblos. Sie erzählt folgendes über ihre Kindheit:
»Meine Eltern waren keine warmherzigen, liebevollen Menschen. Mein Vater konnte nur arbeiten und brüllen. Er war reizbar, launisch und mürrisch. Er liebte mich – das weiß ich jetzt –, doch damals hatte ich davon keine Ahnung... Damals hätte ich es wissen sollen – dann wäre mein Leben vielleicht anders verlaufen. Ich erinnere mich

noch, daß ich einmal ein Zeugnis nur mit Einsen und einer Zwei heimbrachte ... ich war wahnsinnig stolz ... und er sagte: ›Und was ist mit der Zwei?‹ Weil er so ein hartes Leben gehabt hatte, wollte er, daß es uns besser ginge ... doch er war so unsicher und eifersüchtig, daß er nicht wollte, daß wir ›Extrawürste‹ bekamen. Ich entschuldigte mich immer um des lieben Friedens willen, egal ob zu Recht oder nicht, und machte mich entweder so rar wie möglich oder versuchte, beschäftigt und nützlich zu wirken. Meine Mutter war ein freudloser, gequälter Mensch. Sie berührte oder küßte uns nie ... sie konnte einfach nicht aus sich herausgehen. Ich glaube, insgeheim litt sie unter ihrem Leben, und mein Bruder und ich waren nur weitere Bürden und Enttäuschungen. Sie und ich hegten eine stumme Feindschaft ... entweder konnte sie nicht bemuttern oder hatte Angst davor. Doch meine Großmutter, die bei uns lebte, war wundervoll ... mein rettender Engel. Sie drückte ihre Zuneigung nicht verbal aus – ich wußte einfach, daß sie mich liebte. Sie war auf eine stille Weise immer für mich da. Manchmal werde ich gefragt, warum ich nicht in eine eigene Wohnung gezogen bin. Das ist schwer zu erklären. Mein Vater war so tyrannisch, daß ich nur ausziehen durfte, wenn ich heiratete. Sonst hätte ich für ihn als ›Hure‹ gegolten. Ich saß richtig in der Falle. Und es gab soviel Streit in diesen Jahren ... bei jeder Gelegenheit. Ich zog mich einfach zurück oder tat beschäftigt. Das brachte mir meine Mutter bei – sie machte es genauso. Mein Vater holte zu einer Tirade aus, und sie stand dabei und sagte nichts. Das machte ich auch. Ich schwieg und weinte vielleicht ein bißchen.

Ich weine jetzt auch, wenn ich unter Streß stehe. Ich habe eine Menge meiner alten Bewältigungsmuster mit ins Erwachsenenleben geschleift. Als ich geheiratet hatte, war mein Vater immer noch nicht zufrieden, weil ich nicht sofort schwanger wurde. Ich *mußte* ein Kind bekommen ... dazu waren Frauen da. Er plagte mich ständig: ›Bist du immer noch nicht schwanger? Was ist los mit dir?‹ Ich wollte damals noch kein Kind ... einige Jahre später wäre ich bereit dazu gewesen, aber damals nicht. Weil ich mich so unter Druck fühlte und mich so nach seiner Anerkennung sehnte, wurde ich vorzeitig schwanger und infolgedessen selbst eine sehr schlechte Mutter. Ich wußte nicht, was ich fühlte – ich hatte nie Zeit für mich. Ich rannte nur herum und kümmerte mich um alles – daß das Haus sauber war, daß das Baby still war, wenn mein Mann zu Hause war, daß alle was zu essen bekamen, daß ich meine Arbeit tat, daß der Frieden, wie ich ihn mir vorstellte, erhalten blieb. Ich hatte Angst und kam mir dumm vor, und ich deckte diese Gefühle mit leerer Betriebsamkeit zu.

Als ich älter wurde, glaubte ich, daß Frauen, die einen Beruf hatten und klug und intelligent waren, nicht viel von mir halten würden. Ich fürchte mich immer noch ein bißchen vor ihnen und beneide sie immer noch. In meinem Leben gab es keine Frauen, die sich dort bewegten, was für mich die Welt des Mannes war. Ich hatte einige Jobs, doch die bedeuteten mir nie viel. Und doch, daß mein Mann und ich diese ersten Jahre zusammen durchgestanden haben, daß wir eine gute Ehe führen, die so lange gedauert hat, und daß meine beiden Kinder so fröhlich, sogar glücklich sind, das ist schon eine Leistung. Wir haben daran gearbeitet – wir neigen beide zum Ausbrennen und haben gelernt, die Zeichen an uns zu erkennen. Manche von meinen neuen Freundinnen sagen, daß sie ziemlichen Respekt vor uns hätten, weil wir es so lange miteinander geschafft haben. Das ist erstaunlich. Ich fühlte mich fast mein ganzes Leben schon erschöpft.

Ich glaube, so allmählich verstehe ich das alles. Ich weiß, was ich brauche, was ich schätze und vor allem, daß ich nicht schweigen und mich isolieren darf. Aber ich brauchte Hilfe, um das alles zu lernen ... und ich merke wirklich, daß alles besser wird ...«

Als Barbara zur ersten Beratung kam, wirkte sie, als ob sie

sich völlig unter Kontrolle hätte. Sie sagte, sie leide gelegentlich unter Depressionen, wisse aber nicht warum. Bei der Anamnese und der Untersuchung ihrer detaillierten Berichte über ihre täglichen Aktivitäten wurde klar, daß sie sich in einem emotionalen und körperlichen Erschöpfungszustand befand. Ihre Depressionen waren das Ergebnis einer Distanzierung von sich selbst und des Wunsches, die Leere in sich mit unaufhörlicher, geistiger und körperlicher Aktivität zu füllen.

Bevor Barbara wegen Burn-out in Behandlung kam, fürchtete sie sich sehr vor Männern und versuchte, diese Furcht dadurch zu bewältigen, daß sie sich zu einer Art Dienerin für sie machte. Für ihre Chefs war sie unentbehrlich; sie diskutierte nie, machte nie den Mund auf. Ihre Übertragungsreaktionen verwandelten alle Männer in ihren Vater, nach dessen Anerkennung sie sich so verzweifelt sehnte. Und sie wechselte oft die Stelle. Wenn sich eine männliche Autoritätsperson als warmherzig und freundlich erwies, ängstigte sie die Intimität; sie war damit nicht vertraut. Sie mußte gehen, bevor sie ihn enttäuschte, was sie ihrer Meinung nach unweigerlich tun würde.

Am Anfang ihrer Ehe war Barbara schweigsam und konnte sich kein anderes Leben vorstellen, als sich den Bedürfnissen ihres Mannes zu widmen. Sie glaubte, etwas anderes stünde ihr einfach nicht zu. Und er mußte ihr ständig versichern, daß er sie nicht verlassen würde. Das wäre die schrecklichste Strafe gewesen. Da die familiäre Philosophie lautete: »Zieh dich am eigenen Zopf aus dem Sumpf« und: »Mir hat niemand geholfen, und ich helfe dir auch nicht«, gab es keinen Gedanken an Wärme oder Unterstützung. Ihr wahres Selbst wurde völlig blockiert von dem falschen, ängstlichen Selbst, das ihr eine Dienerinnenrolle vorschrieb. In ihrer Familie war kein Platz für Bedürfnisse oder Gefühle. Es ging nur ums Überleben. Frauen, die unter solchen Bedingungen aufgewachsen sind, fühlen sich als Erwachsene im sozialen oder beruflichen Umfeld oft unfähig. Wenn ein Kind stets damit beschäftigt ist, sich vor Schwierigkeiten zu schützen, Zorn abzuwenden und schmerzliche und bestrafende Auseinandersetzungen zu meiden, bleibt ihm wenig Zeit und Ruhe für die Entwicklung von Phantasie, Intelligenz und Kreativität. Auch kann es Einzelheiten keine Aufmerksamkeit mehr widmen. Der verbale und soziale Austausch mit Menschen, Beobachten und Beurteilen sind nie frei von Verzerrungen. Jedoch besteht eine sehr hoch entwickelte, einzigartige Fähigkeit, drohendes Unheil und Gefahr in Beziehungen vorauszuahnen. Frauen, die im Rahmen einer solchen Dynamik aufgewachsen sind, entwickeln als Mittel zum Überleben ein feines Sensorium für die winzigsten Anzeichen drohender Ereignisse. Doch sie entwickeln keine Fähigkeit zu angstfreiem Umgang mit Menschen. Sie wurden einseitig sozialisiert – sie haben kein Vertrauen gelernt. Infolgedessen entwickeln sie ein tiefes Unterlegenheits- und Minderwertigkeitsgefühl, und fast immer fehlt ihnen der Mut, die Realität zu überprüfen. Eine Frau mit diesem Hintergrund reagiert gewöhnlich mit formalistischen, ritualisierten oder rigiden Verhaltensmustern. Sie traut ihren eigenen Impulsen nicht. Sie traut nur ihrem starren, selbstauferlegten System. Selbstgenügsamkeit ist ein Eckpfeiler dieses Systems. Kompetenz, Dienstbereitschaft und Perfektionismus werden zu Hauptbestandteilen ihres Lebens und drücken sich in ihrer Arbeit, ihren alltäglichen Pflichten und ihren zwischenmenschlichen Beziehungen aus. Sie brennt wegen Arbeitsbelastung und Angst häufig aus.

Barbara versteckte ihre Erschöpfung jahrelang tief in sich. Sie arbeitete still, zog ihren Sohn und ihre Tochter groß, half ihrem Mann, die Abendschule durchzustehen und behielt, wie ihre Mutter, ihre Klagen und Bedürfnisse für sich. »Ich war alles für alle«, sagt sie. »Außerdem mußte ich alles allein machen. Ich mußte mich beschäftigen und immer etwas tun. Wenn ich keine Hausarbeit zu erledigen hatte, sah ich fern . . . ich wurde fernsehsüchtig, um meine rasenden Gedanken und Gefühle zu überdecken ... und ich glaube heute auch, um innerlich etwas Ruhe zu kriegen.«

Mit 30 begann sie unter Panikattacken zu leiden:

»Es war furchtbar. Ich spürte plötzlich einen wahnsinnigen inneren Druck, dann Schwindel, und mein Herz schlug wie verrückt. Meine Beine wurden gefühllos, und ich sah verschwommen. Ich dachte wirklich, ich sei körperlich krank oder müßte sterben. Ich dachte, ich dürfte meinen Mann nicht damit behelligen, und wenn ich in der Nacht Panikanfälle bekam, stand ich auf und schrubbte den Küchenboden oder so ... irgendwas, damit ich beschäftigt war. Später wurde ich ziemlich krank ... ich hatte mehrmals eine Lungenentzündung. Der Arzt sagte mir, ich bräuchte dringend Erholung ... ich sei völlig erschöpft.«

Barbaras Geschichte stellt ein Extrem dar, doch als solches illustriert es, wie die frühe Familiendynamik Sie Ihr ganzes Leben lang verfolgen kann, wenn sie nicht bewußt wird. Barbaras »rettender Engel« war ihre Großmutter. Dies war die einzige Person, zu der sie eine liebevolle Bindung hatte. Die anderen ungeschriebenen Verträge in ihrer Familie hielten sie auf Distanz. Vernachlässigung und psychische Mißhandlung waren die Klauseln. Ihre Rolle war die der »stillen Dulderin«, die durch Schweigen Zustimmung signalisiert. Die familiäre Kommunikation bestand in gegenseitigem Anschreien und emotionalem Alleinlassen, und der Inhalt dieser Kommunikation vermittelte ihr, daß sie zu Hause nur geduldet war. Die familiären Prinzipien wurden klar ausgesprochen: »Bis du verheiratet bist, bist du nichts, und wenn du vorher gehst, bist du eine Hure.« Barbaras Übertragungsreaktionen waren gravierend. Sie mußte alle Männer fürchten und allen Frauen mißtrauen – sie waren stillschweigend mit den Männern verbündet.

Barbara schleppte diese Dynamik nicht nur in ihrem Erwachsenenleben mit sich herum, sondern unterwarf sich ihr auch selbst, als sie der grausamen Kritik und den strengen

Urteilen von außen »entronnen« war. Die plötzlichen Panikattacken wirkten jedoch als Signale. Wenn sie sie nicht gezwungen hätten aufzuhören und Hilfe zu suchen, wäre sie in einen wirklich kritischen Zustand geraten. Heute sagt sie:

»Ich habe wirklich viel von dem, was früher mit mir passiert ist, in mein heutiges Leben integriert. Doch manchmal verliere ich es immer noch aus dem Blickfeld, wenn ich zulasse, daß andere mir wehtun ... wenn ich mir selbst wehtue. Ich weiß, daß ich in diesem ausgelaugten Zustand nicht mehr leben kann ... ich muß aufhören, kürzer treten und daran denken, wer ich bin und welche Bedürfnisse ich habe. Ich bin längst nicht mehr so streng mit mir. Ich lasse mich auch nicht mehr so ins Bockshorn jagen ... ich hetze mich nicht mehr so ... ich muß mich nicht mehr ständig beweisen ...«

2.

»Nur so wie ich es mache, ist es richtig ...« (Die Mutter von Julie R.)

Julie beginnt das Interview mit dem Satz: »Ich glaube nicht, daß ich ein Burn-out-Typ bin«, liefert jedoch im Lauf des Gesprächs viele Hinweise auf Burn-out. Sie definiert ihre Symptome – häufige Erkältungen, Rückenschmerzen, Angst und Erschöpfung – als »meine Charakterschwäche«. Wie viele Frauen wußte Julie nicht genug über Burn-out und scheute sich zuzugeben, daß es sie betrifft. Sie meint, wenn sie sich als ausgebrannt betrachte, sei das nur eine Entschuldigung, nicht perfekt zu funktionieren. Ermüdung und Krankheit schiebt sie als unbedeutend beiseite. Sie glaubt, dem nachzugeben, sei »unverantwortliches Handeln«; das hatte ihr ihre Mutter von frühester Kindheit an eingeimpft.

»Meine Mutter war überkritisch und pingelig, fast schon hysterisch. Das Haus war ihr Leben ... alles mußte auf eine ganz bestimmte Weise gemacht werden – daran war nichts zu ändern. Wäsche mußte so und so aufgehängt, Salat so und so gewaschen, Pullover so und so zusammengelegt werden ... Kleider mußten so und so angezogen werden. Sie glaubte sogar, man müßte auf eine bestimmte Weise aufwachen und aufstehen. Es ärgerte sie, wie mein Bruder schlief – die Laken waren morgens zerwühlt.

Sie war wirklich immerzu beschäftigt. Sie begann den Tag mit einer Aufstellung, was zu tun war, und, verdammt noch mal, sie erledigte alles in einer Art absoluter Souveränität! Wenn sie nicht bügelte, kaufte sie ein, wusch Vorhänge, saugte Staub, fuhrwerkte herum. Ich sah sie nie anders als mit einem Schwamm in einer Hand und einem Staubtuch in der anderen. Sie beurteilte die Leute danach, ob ihr Tisch ›nett gedeckt war‹, ob ihre Kinder sauber waren, ob ihr Rasen gut gepflegt war. Sie hatte da viele Regeln ...

Ich versuchte, ihr zu imponieren, indem ich fleißig und glücklich aussah. Dasitzen und Nachdenken wurden nicht gelitten – es wirkte ›faul‹. Lesen war ein aggressiver Akt – wenn es nicht Schularbeiten waren, und die mußte ich in meinem Zimmer machen, sehr ordentlich. Ich traute mich wirklich nicht, vor ihr traurig oder niedergeschlagen zu sein ... ich wußte, daß es sie beunruhigte und ärgerte. Kurz: Solange sie zu tun hatte und ich zu tun hatte und mein Bruder zu tun hatte, war alles in Ordnung. Sie strahlte, und dieses wunderbare Lächeln erschien auf ihrem Gesicht. Aber mit allem Emotionalen kam sie nicht zurecht – mit allem, was mit meinen Gefühlen oder Gedanken zu tun hatte ... ich glaube, ich habe sie einfach begraben ... ich dachte, sie seien falsch.

Mein Vater betete sie an und pries ihre Talente vor uns. Warum auch nicht? Sie stellte keine Ansprüche an ihn – er war eben ›der Mann‹ und, ich glaube aus biologischen Gründen, bevorzugt ... Er konnte sich gehenlassen. Er arbeitete den ganzen Tag als Versicherungsvertreter, und es gab eine sehr deutliche Botschaft: ›Bleibt eurem Vater vom Hals, er hat einen harten Tag gehabt.‹ Wenn er ein Handtuch auf dem Badezimmerboden liegen ließ, lächelte sie wissend, hob es auf und hatte es im Handumdrehen gewaschen und aufgehängt. Mein Vater hatte die Macht bei Nacht – sie hatte sie bei Tag. Er hielt sie für die ideale Frau und sagte oft zu mir, er hoffe, ich würde genau wie sie. Als ich größer wurde, fielen die Vergleiche, zumindest für mich, wirklich erschreckend aus. Ihr gegenüber fühlte ich mich unfähig und unbeholfen. Seine Intimität mit mir beruhte auf meiner Beziehung zu ihr. Wenn ich deprimiert oder traurig war, sprach er sehr persönlich, sehr vertraulich mit mir . . . Er sagte zu mir, was für ein Glück ich hätte, daß ich so eine vorbildliche Mutter hatte. Das waren die einzigen Gelegenheiten, bei denen wir ernsthaft miteinander redeten, doch ich hatte immer das Gefühl, wir teilten ein Geheimnis und deswegen sei ich etwas Besonderes . . . nein, mehr als das . . . in Ordnung.

Mein Vater und ich hatten auch eine Art stillschweigender Übereinkunft. Ich erkannte erst vor einigen Jahren, was das für ein eindeutiger Vertrag war . . . ich machte nie Ärger, war hilfsbereit und ›süß‹, und dann sah er mich auf eine besondere Weise an. Er hatte eine weiche, bezwingende Stimme, und wegen dieses Klanges dachte ich immer, er beschütze mich. Die gesprochenen Worte bedeuteten weniger als die Stimme, denn im Grunde brachte er mir bei, immer ein besserer Mensch zu werden – dankbar und lieb zu sein . . . ich lächelte viel für ihn . . . und für sie. Glücklich sein ist etwas anderes . . .«

Als Erwachsene leidet Julie unter Dauerstreß. Mit 42 raucht sie zwei Päckchen Zigaretten am Tag, und wenn sie abends von der Arbeit nach Hause kommt, braucht sie »etwa drei Wodka-Tonic, um abzuschalten . . .« Julie ist seit vier Jahren geschieden, arbeitet im mittleren Management einer Elektronikfirma und hat zwei Teenager zu ernähren. Den Großteil ihres Lebens als Ehefrau rang sie mit ihrer »internalisierten Mutter« – sie wollte herausfinden, welche Werte ihre eigenen waren und welche man ihr als falsches

Selbst übergestülpt hatte. Das ist eine schwierige Aufgabe. Sie war sich nie ganz sicher, »wo die eine anfängt und die andere aufhört«. Ihre Mutter hatte ihr nie erlaubt, eine eigenständige Person zu sein, ihre eigenen Rhythmen und vor allem ihre eigenen Bedürfnisse zu erforschen.

Wenn Sie wie Julie in einer Familie großgeworden sind, wo kritische Be- und Verurteilung vorherrschte, erleben Sie die Welt ingesamt wahrscheinlich wie starre und fordernde Eltern. Julie vertraut nicht auf sich selbst. Sie findet es schwierig, wenn nicht sogar unmöglich, Entscheidungen für sich oder andere zu treffen. Sie denkt und verhält sich passiv und vorsichtig und fragt immer zuerst, was die anderen meinen. Sie stellt sich ständig in Frage und ist voller Selbstzweifel. Wenn sie sich doch einmal entscheidet, überlegt sie sich wasserdichte Begründungen, »nur falls jemand fragt«.

Nachdem sie das College geschafft hatte, wurde Julie Lehrerin und heiratete. »Kleine Kinder zu unterrichten, schien für mich zu passen«, sagte sie. »Ich kannte den Stoff und konnte die Kinder kontrollieren. Wenn sie mir über den Kopf wuchsen, hielt ich das für eine Charakterschwäche meinerseits. Ich meine, ich dachte, daß ich alles durchstehen können sollte. Ich hatte Schuldgefühle und schämte mich, wenn sie mich ärgerten . . . ich wollte stark sein, sie positiv beeinflussen und ein großes Vorbild sein.« Julie verinnerlichte ihre Mutter nicht nur und maß sich an ihr, sondern »ich wurde meine Mutter« und legte ihren Schülern strenge Verhaltensvorschriften auf. »Ich zwang mich, alle und jedes der Probleme der Kinder im Griff zu haben. In gewisser Weise bevormundete ich sie genauso wie meine Mutter mich.«

Sie schildert folgende Episode aus der Zeit, als sie dann selbst Kinder hatte:

»Als mein Sohn und meine Tochter klein waren, dekorierte ich ihr Zimmer als ›richtiges‹ Kinderzimmer. Sie hatten viele Sachen, mit denen sie spielen durften. Nicht wie in meinem Kinderzimmer, das zum Anschauen da war, aber nicht zum Benutzen. Ich wollte, daß sie es als ihr Eigentum betrachteten. Doch zugleich wollte ich, daß das Zimmer aussah wie aus dem Katalog. Ich hatte ein Bild im Kopf, daß sie ganz lieb und ordentlich auf ihren Stühlchen an ihren kleinen Tischen sitzen sollten. Wenn sie das Zimmer aber ›durcheinanderbrachten‹, bekam ich dieses schreckliche Gefühl von Unordnung – so sollte es einfach nicht sein. Es machte mich nervös und unruhig. Ich räumte zwanghaft auf und verlangte von ihnen, es ordentlich zu halten, *genau wie meine Mutter*.«

Julie strebt ständig nach Perfektion, die, wie sie glaubt, ihr schließlich die mütterliche Anerkennung eintragen wird. Sie fühlt sich als Versagerin und leidet zeitweise unter Burnout-Depression aufgrund ihrer unaufhörlichen Selbstüberforderung. »Ich habe oft ein schlechtes Gewissen gegenüber meinen Kindern«, sagt sie. »Ich meine immer, ich müßte als ›Mutter‹ mehr tun. Zwischen ›Muttersein‹ und dem, was ich wirklich bin, besteht ein Konflikt. Wenn ich bei meinen Kindern nicht streng und gewissenhaft bin, habe ich das Gefühl, sie zu vernachlässigen. Wenn ich streng und kategorisch bin, habe ich das Gefühl, an ihnen herumzunörgeln.«

Dieser fortgesetzte innere Kampf treibt sie in den Burnout. Frauen wie Julie nehmen sich unmögliche Aufgaben vor, die sie dazu verdammen, sich zu verausgaben und Körper und Geist überzustrapazieren. Sie können sich nicht einen Augenblick entspannen und Spontaneität nur aus der Distanz genießen – im Fernsehen, in Filmen oder Büchern. Unvorhersehbare Spontaneität bedroht ihre geistige Ordnung und ihre Kontrolle über die Umgebung. In den Nischen der Gedanken und Gefühle lauert die alte Familiendynamik und droht aufzubrechen, wenn sie einem leidenschaftlichen, aber unkontrollierten Impuls nachgeben wollen. Wie Julie lächeln sie vielleicht viel, doch das Lächeln maskiert den tieferen Wunsch aufzubegehren und den dunklen, aber wahren Gefühlen freien Lauf zu lassen. Weil Julie sich nicht befreien kann, trinkt sie abends, um die Fesseln der Kindheit zu lockern und vielleicht abzuschütteln. Als ihre Ehe zu scheitern drohte, beschloß sie, den Schuldienst zu verlassen und in die Privatwirtschaft zu gehen. Ihre Organisations- und Planungsfähigkeiten waren enorm, doch sie zweifelte an sich. Sie demonstrierte nach außen hin genügend Kompetenz, um ihre gegenwärtige Stelle zu bekommen, doch innerlich fiel es ihr schwer, mit Kolleginnen oder weiblichen Vorgesetzten zurechtzukommen. Weil sie ständig bemüht war zu gefallen, haftete ihren Beziehungen zu Frauen etwas Unechtes an. Sie präsentierte ein falsches Selbst, das zu eifrig, zu aufopfernd, zu unsicher war. Doch sie machte ihre Arbeit gut.

»Ich hatte auf dieser Stelle dieselben Gefühle. Alles mußte sauber, ordentlich und akkurat erledigt werden. Ich bin pingelig im Detail, aber nie sicher, ob ich die Sache überhaupt ›richtig‹ gemacht habe. Ich machte mir jede Nacht Sorgen, wenn ich mit etwas nicht fertiggeworden war, wer das merken könnte. Meine direkte Vorgesetzte war eine tolle Frau, aber ich war in ihrer Nähe immer angespannt . . . ich war sicher, daß sie mich nicht mochte . . . oder mir auf die ›Schliche‹ kommen würde . . . oder mich feuern wollte, wenn sie mich in ihr Büro bat. Zu den Männern im Büro war ich viel freundlicher . . . aber nur zu denen auf meiner Ebene oder darunter . . .«

Jahrelang stand Julie der feministischen Bewegung kritisch gegenüber. Sie meinte, sie würde ein »braves Mädchen« bleiben, wenn sie die gesellschaftlichen Veränderungen ablehnte. Die Leitfiguren dieser Bewegung bedrohten das, was sie erstrebte. Und natürlich warfen ihr ihre Eltern vor, sie sei eine »Emanze«, wenn sie selbstbewußte Vorstellungen äußerte. Ihre Übertragung war so vollständig, daß sie sogar diejenigen, die sie vielleicht unterstützt hätten, durch die kritische Brille der Mutter sah. Ihre Berührungsangst gegenüber Frauengruppen beruhte auf der »weichen, bezwingenden Stimme« ihres Vaters, die forderte, sie solle dankbar und lieb sein. Seine doppelbödige Botschaft verwirrte und erschreckte sie. Er schien ihr väterliche Wärme und Liebe zu geben, doch seine Worte lösten unabhängig vom Verhalten Schuldgefühle aus. Da er der einzige war, bei dem sie Trost oder Unterstützung fand, verinnerlichte sie seine Botschaft und befolgte sie auch später noch.

Natürlich deutete Julies Loyalität zu ihrem Vater auch darauf hin, was sie von Männern erwartete. Sie sucht sich immer noch Männer aus, die emotional offen zu sein scheinen, doch in Wirklichkeit nicht auf ihre Bedürfnisse eingehen können oder wollen. »Ich bin nicht sicher, ob meine Bedürfnisse legitim sind«, sagt sie. »Ich weiß nicht, wie ich meine kindlichen Bedürfnisse von meinen erwachsenen unterscheiden soll oder ob das überhaupt wichtig ist ... ich weiß nicht, was ich verlangen darf, geschweige denn fordern ...« Während ihrer Ehe vermied es Julie, um irgend etwas »Persönliches« für sich zu bitten oder das auch nur anzudeuten, glaubte jedoch, »alle seine Stimmungen vorausahnen und eine gute Zuhörerin sein« zu müssen. Während der Nachwirkungen ihrer Scheidung erkannte sie, daß »er nie wußte, wer zum Teufel ich eigentlich war, und ich wußte es auch nicht«. Doch als sie sich trennten, war sie »am Boden zerstört« und hatte das Gefühl, »abgestorben« zu sein. Als der Mann verschwand, verschwand auch sie selbst, und die kritische Mutter tauchte wieder in ihr auf: Sie war unfähig, »einen Mann zu halten«. Nur die Aufmerksamkeit eines Mannes gibt Julie das Gefühl von Wertschätzung und *Normalität*. Wenn sie keine Beziehung hat, stürzt sie sich in hektische Aktivität, um ihre »schlimmen Gefühle« unter Kontrolle zu halten. Ihre Burn-out-Mechanismen sind leicht auszumachen. Sie rennt unaufhörlich vor ihren inneren Stimmen davon – ob es nun um ihre Arbeit, ihre Kinder, um Männer oder Freunde geht. Nach dem Motto »Ein bewegliches Ziel ist kaum zu treffen« bleibt sie ständig in Bewegung. Sie lebt immer noch die Verträge mit ihrer Familie aus und spielt abwechselnd die Rolle der »Friedensbewahrerin«, »Stimmungskanone« und »stillen Dulderin«. Doch der Zusammenhang zwischen ihren Symptomen – Kettenrauchen, Rückenschmerzen, verkrampfte Muskulatur, häufige Erkältungen, Angst und Erschöpfung – und ihrem Gefühlsleben wird ihr allmählich klar. Sie hört langsam auf, vor ihren wirklichen Gefühlen davonzulaufen.

»Ich versuche, mich selbst zu umsorgen. Ich habe gelernt, mir mehr zu vertrauen – dem zu trauen, was ich fühle –, und der Gedanke, mich zu ändern, erschreckt mich nicht mehr ... Ich stehe immer noch unter diesem Leistungsdruck und dem Zwang zur perfekten Frau, aber ich versuche, Kompromisse zu schließen. Ich sehe ein, daß dieser Druck zu Energieverschwendung führt und daß am Ende nichts so läuft, wie ich es eigentlich wollte. Ich möchte akzeptieren lernen, daß man Dinge auch zufriedenstellend erledigen kann, daß man damit leben kann, daß sie nicht immer perfekt sein müssen. Ich glaube, ich hatte eine Burn-out-Persönlichkeit, aber ich möchte das jetzt alles ändern. Man kann sich nicht ausgebrannt fühlen, wenn man wächst ... das bedeutet nämlich Hoffnung.«

Barbara und Julie kamen aus Familien, in denen Unruhe und Verwirrung sie ihrem wahren Selbst entfremdeten und wo sie lernen mußten, ein bestimmtes Verhalten vorzutäuschen – die Keimzelle der Verleugnung. Um zu überleben, mußten sie die Beziehungsstörungen, die sie bei ihren Eltern wahrnahmen, verleugnen und die Belastung unbewußt in sich aufnehmen. Nicht alle Frauen sind solchen Extremen elterlicher Machtausübung ausgesetzt, doch die meisten können diese Erfahrungen im Kern nachempfinden. Das Ausmaß Ihrer Verleugnung können Sie an dem Kummer ermessen, den Sie erlebt haben.

Die Familiendynamik und die Entwicklung der Verleugnung

Die mit der Verleugnung zusammenhängenden Mechanismen, Gewohnheiten und Gefühle wurden in Kapitel 1 erläutert. Wie jedoch entsteht die Verleugnung überhaupt? Welche Familiendynamik setzt diesen Prozeß in Gang?

Wenn Sie als Kind überbehütet, vor bestimmten Aspekten der Realität bewahrt, vor Konflikten geschützt wurden – zu Hause, bei Verwandten und Freunden oder überhaupt –, waren Sie wahrscheinlich nicht darauf vorbereitet, mit dem üblichen Streß der Erwachsenenwelt oder irgendwelchen unerwarteten Dissonanzen fertigzuwerden. Sie wurden vielleicht zur Verleugnung ermutigt, um sich damit vor der »rauhen Wirklichkeit« zu schützen. Infolgedessen haben Sie eine gewisse Fähigkeit zum Selbstschutz entwickelt, jedoch zugleich gelernt, Ihre Verletzlichkeiten und Grenzen zu leugnen.

Wenn Sie in einer Familie aufwuchsen, wo Gegensätze und Streit dominierten, können Sie wie Barbara die Verleugnung zur Abwehr der Anzeichen von Gefahr entwickelt haben. Um zu überleben, haben Sie gelernt, sich »totzustellen« und den Ängsten zu entgehen, die zu häufig auftraten, als daß sie erträglich gewesen wären.

Vielleicht kommen Sie auch aus einer Familie, in der sich ein oder beide Elternteile als moralische Schiedsrichter aufführten. Vielleicht wurden Ihnen mittels religiöser Prinzipien oder Vorschriften bestimmte Moral- und Ehrbegriffe eingeimpft. Vielleicht stellten sich Ihre Eltern als moralische Vorbilder dar, widerlegten diese Werte jedoch mit ihrem beobachtbaren Verhalten. Diese doppelbödige Botschaft hat Sie vielleicht gezwungen, Ihre Wahrnehmungen dieser »verkehrten Welt« zu verleugnen. Sie haben gelernt, diese widersprüchlichen, elterlichen Botschaften aus Ihrem Bewußtsein zu verdrängen, um Ihr Gleichgewicht aufrechtzuerhalten.

Haben manche Ereignisse in Ihrem Elternhaus Sie überfordert? Trennten sich Ihre Eltern? Mußten Sie sich an immer neue Gesichter gewöhnen – die Freunde Ihrer Mutter, einen neuen Ehemann; die Freundinnen Ihres Vaters, eine neue Ehefrau? Sie kamen vielleicht nicht zurecht mit den schnell wechselnden Persönlichkeiten und ihren aufgeladenen Emotionen oder wußten nicht, zu wem Sie halten sollten. In diesem Fall waren Sie nicht angemessen auf Streßbewältigung vorbereitet. Erst wenn Sie diese rasch wechselnden Szenen verleugneten, fühlten Sie sich nicht entwurzelt und konnten sich die Illusion von Kontinuität vorspiegeln.

Wir alle sind unmittelbar mit den Wechselfällen des Lebens konfrontiert und lernen irgendwie damit zurechtzukommen. Unser Ziel dabei wird manchmal als »gute Anpassung« bezeichnet, das heißt Übereinstimmung zwischen Zielen und Bedürfnissen. Ob Sie bekommen, was Sie wollen und was Sie brauchen, hängt von Ihren Fähigkeiten, Ihrer Kapazität, Ihren Erwartungen an sich selbst, Gelegenheiten und Ihren Bemühungen ab. Wenn diese letzteren erfolgreich sind, bildet sich ein Kompetenzgefühl heraus, das wiederum das Selbstwertgefühl stärkt. Ein solides Selbstwertgefühl braucht Raum zur Reifung und Entwicklung. Nur dann kann der Prozeß des Kompetenzerwerbs zum Abschluß kommen.

Wenn dieser Prozeß jedoch unterbrochen wird, oder wenn Sie keine Sicherheit und Bestätigung erhalten, sind die Weichen zum Burn-out gestellt. Dann entwickeln Sie vielleicht die Neigung, sich selbst zu isolieren, das Fehlen der so wichtigen Unterstützung zu verleugnen, Spontaneität als gefährlich zu betrachten und so zu tun, als ob Sie unverletzbar seien.

Die Verleugnung, die sich aufgrund gestörter Familienbeziehungen entwickelt, begünstigt ein gespaltenes Ichgefühl. Die Verbindung zwischen der Erinnerung und dem Hier-und-jetzt zerbricht. Das Selbst »spaltet sich«. Die Erinnerung an Vergangenes wird bewußt auf das begrenzt, was

Ihren erhöhten Einsatz für Ihre Ziele nicht stört oder Ihnen nicht weh tut. Aufgrund der fest verwurzelten Gewohnheit der Verleugnung merken Sie vielleicht nicht, daß sich Ihre Wahrnehmungen und Beurteilungen der Realität verzerren können und daß Sie sich selbst vermeidbaren Schaden antun. Sie sehen sich wie Julie nicht als potentielle Ausbrennerin, sondern als Frau mit einer »Charakterschwäche« und leisten der Verleugnung unbewußt weiterhin Vorschub.

Die »gute Anpassung« hat nachhaltige Folgen für Burn-out-gefährdete Frauen. Da die meisten Frauen unter geschlechtsspezifischen Einschränkungen großgeworden sind, kann diese »Anpassung« für sie unangenehm sein, also nicht im Einklang mit den Bedürfnissen ihres wahren Selbst. Angstbeladene Probleme – Normen, die festlegen, wie Sie sein sollten und wie nicht, die verinnerlichte »Stimme Ihrer Mutter«, der Aufbau einer Identität in einer männerbeherrschten Welt, das Ausmaß von Selbständigkeit und Abhängigkeit bei der Arbeit und in der Liebe, die Konflikte zwischen Arbeitszeit und Freizeit – können Sie emotional hin- und herzerren. Manchmal entspricht Ihre familiale Erziehung nicht den neuen gesellschaftlichen Möglichkeiten. Frauen, die Dauer-Burn-out kennen, wissen, daß sich hier ernsthaft zu erwägende, sich ständig verändernde Möglichkeiten eröffnen, die nachfolgenden Frauengenerationen hoffentlich eine bessere »Anpassung« gestatten. Wie es Barbara formuliert hat: »Erst in den letzten paar Jahren habe ich manchmal gedacht, es wäre schön, eine Tochter zu haben. Es wäre wundervoll, wenn ich ein kleines Mädchen hätte, das jetzt aufwachsen kann statt zu der Zeit, als ich großwurde . . . Es gibt so viel mehr, das ich ihr gönnen würde . . . Zumindest könnte sie sich frei entscheiden und sich als ganzer Mensch fühlen . . .«

Wenn Sie sich Burn-out-gefährdet fühlen und glauben, daß Sie in alten Verhaltensmustern und Einstellungen befangen sind, helfen Sie sich zuerst damit, daß Sie Ihre Vergangenheit durchforsten, damit Sie unterscheiden können, welche der Werte, die Sie gelernt haben, wahr sind und offenbar »passen« und welche falsch sind und Ihnen nicht entsprechen. Auch nützt es Ihnen, wenn Sie zu klären versuchen, wie sich Burn-out bei Ihnen jetzt darstellt, was Sie fühlen und unter welchen Symptomen Sie leiden. Bedenken Sie: Wenn Sie mit Burn-out kämpfen, ist Selbstachtung der halbe Sieg.

Kapitel 4
Die Symptome des Burn-out bei Frauen

»Ich hatte nur noch einen einzigen Wunsch: in einer Ecke zu sitzen, mir eine Decke über den Kopf zu ziehen und zu sagen: Laß mich in Ruhe, Welt, ich bin nicht da.«
Cass J.

Auf dem Höhepunkt ihres akuten Burn-out hörte Cass auf, etwas zu fühlen.

»Ich dachte, ich wäre innerlich tot. Ich war immer ein gefühlsbetonter, lebhafter, warmherziger Mensch – plötzlich konnte ich nichts mehr fühlen. Ich kam mir nutzlos vor, nur noch ein Klumpen Depression . . . und völlig desorientiert. Ich wußte nicht, was ich mit mir anfangen sollte. Noch schlimmer war, daß ich nicht wußte, was ich wollte. Ich war immer aktiv gewesen, hatte viel vor, jede Menge Verabredungen, doch plötzlich brachte ich alles durcheinander. Ich hatte meinen Terminplan und meine Gedanken nicht beieinander. Was ich für logische Vorstellungen über meine Arbeit oder meine Familie hielt, waren in Wirklichkeit völlig verquere Beurteilungen. Diese Desorientiertheit beunruhigte mich. Zum ersten Mal in meinem Leben hatte ich wirklich Angst . . . Angst und das Gefühl von Sinnlosigkeit.

In diesem Jahr nahm ich viel zu. Ich bin nicht sicher, ob wegen des Burn-out oder weil ich so zölibatär lebte, daß ich aus Frustration aß . . . aber ich fühlte mich einfach tot. Einmal bin ich mit einem neuen Bekannten ausgegangen, den ich sehr anziehend fand. An diesem Abend küßte er mich. Ich fühlte keine Erregung – nichts. Ich hatte jedes Interesse an Männern, an Sex, an Beziehungen verloren.

Außerdem fing ich zum ersten Mal in meinem Leben zu weinen an. Ich meine, bei Beerdigungen oder einem traurigen Film habe ich schon geweint, aber nicht einfach so. Ich fand, eine Frau sollte das vermeiden. Die Männer erwarten, daß wir weinen, und ich wollte keinem diese Befriedigung gönnen. Dann kam mich ein alter Freund besuchen, der sich Sorgen um mich machte. Sobald ich ihn sah, warf ich mich in seine Arme und fing an zu weinen. Während er mich hielt, fiel mir auf, daß ich ausgehungert nach Zuneigung war – ausgehungert nach jemandem, der mir etwas gab ... nach jemandem, der mir über den Kopf strich und sagte ›braves Mädchen‹.

Mein Leben war mir wirklich aus der Hand geglitten. Ich war zerstreut, ruhelos und völlig erschöpft. Ich konnte das nicht verstehen, weil ich doch immer vor Energie nur so gestrotzt hatte. Ich war verheiratet, habe einen Sohn großgezogen, drei Jobs auf einmal gemacht, meine Familie unterstützt ... doch es ist zuviel auf einmal passiert, und das hab' ich nicht in den Griff gekriegt. Meine Mutter erkrankte schwer, und ich mußte sie jeden Tag im Krankenhaus besuchen; ich war gerade mitten in einem Umzug in ein anderes Viertel; ich war geschäftlich viel unterwegs; und dann gab mir mein Freund den Laufpaß ... ich glaube, da kam alles zusammen. Ich konnte mich nicht auf eines konzentrieren, sondern kümmerte mich um alles auf einmal.

Ich bekam häufig Erkältungen, hatte Rücken- und sonstige Schmerzen, konnte aber nicht vernünftig schlafen. Eine Zeitlang dachte ich, ich müßte an Schwäche sterben. Ich kannte mich nicht mehr. Und dann, als ich eines Nachts wieder einmal einzuschlafen versuchte, kam mir mein Alleinsein so richtig zu Bewußtsein. Ich fuhr hoch und hörte mich laut sagen: ›Was mache ich da eigentlich? Ich brauche Hilfe!‹

Doch die einzigen Menschen, zu denen ich mich damals hingezogen fühlte, waren Menschen, die mich brauchten.

Ich interessierte mich nur für Leute, die gerade eine Scheidung durchmachten, aus ihrer Wohnung geklagt wurden, an einer Depression litten. Mir dämmerte, daß die Leute, die mich brauchten, mir das Gefühl gaben, zu etwas nütze zu sein. Ich stopfte ihnen alles, was ich hatte, hinten und vorne rein und sah zu, wie sie wuchsen, doch für mich selbst schaffte ich das nicht. Da war kein ›ich‹ mehr für mich übrig. Wenn mich also niemand um Hilfe bat, fühlte ich mich wieder nutzlos. Ich fühlte mich als Versager an mir selbst, und das tat weh – ich war immer so erfolgreich gewesen. Mein sehr starkes Unabhängigkeitsgefühl war einfach weg ... ich wollte, daß irgend jemand für mich Entscheidungen traf, doch im Grunde traute ich niemandem. Erst dachte ich, ich käme schon früh in die Wechseljahre. Ich glaubte, ich sei einfach fertig und alles wäre vorbei. Dieses Wort schlich sich übrigens immer wieder in meinen Wortschatz ein; das Wort ›Langeweile‹ auch. Ich langweilte mich immerzu. Ich hatte nur noch einen einzigen Wunsch: in einer Ecke zu sitzen, mir eine Decke über den Kopf zu ziehen und zu sagen: ›Laß mich in Ruhe, Welt, ich bin nicht da.‹«

Cass beschreibt hier eine Frau in den letzten Stadien eines *akuten Burn-out*. Sie war immer eine sehr aktive Frau – vital, klug, ungeheuer ausdauernd, fröhlich und humorvoll und getragen von dem echten Bedürfnis, immer in einem Strom von Menschen zu schwimmen. Männer und Frauen zieht es gleichermaßen in ihr warmes, einladendes Heim und in ihre Nähe. Seit ihrem Burn-out jedoch hat sie begriffen, daß sie nicht auf jeden öffentlichen, persönlichen und beruflichen Hilferuf reagieren kann. Sonst erschöpfen sich ihre Energiereserven, und sie selbst bleibt auf der Strecke.

Cass' Symptome begannen etwa ein Jahr vor dem Zeitraum, den sie oben beschrieben hat. Sie setzten langsam, fast unmerklich ein. Als ihre äußeren Lebensumstände zu zerfallen begannen, entwickelten sich die Symptome zu einem dicht verknüpften Netz physischer, intellektueller und emotionaler Rebellionen. Als sie eines Nachts wieder einmal nicht schlafen konnte, schaltete sie den Fernseher an und erwischte eine Gesundheitssendung über Burn-out. »Ich war ganz erleichtert«, sagte sie. »Ich wußte endlich, daß ich nicht abgestorben oder am Durchdrehen war, daß nicht alles ›gelaufen‹ war. Ich erkannte mich in dem Burn-out-Problem sofort wieder.« Am nächsten Tag vereinbarte sie einen Beratungstermin.

Körperlicher und geistiger Burn-out

Nicht alle Frauen, die an Burn-out leiden, sind so aktiv wie Cass, noch sehen sie sich denselben äußerlichen Notwendigkeiten und Zwängen gegenüber. Viele Frauen, die sich in Behandlung begeben, klagen über rastlose geistige Tätigkeit; ihre beruflichen und privaten Aktivitäten sind vergleichsweise eng umschrieben und vorhersagbar.

Eine Frau wie Cass, die aufgrund physischer Überaktivität in den Burn-out-Zyklus geraten ist, redet oft von ihrem Terminplan und meint ihre Selbstzweifel. Ihr Leben ist gespalten. Einmal gibt es ihre äußere, optimistische Fassade, den Oberton von Engagement und Leistungsbereitschaft. Dann gibt es ihren inneren Pessimismus, den Unterton von Zweifel, Unsicherheit und die Angst, bei einer ihrer vielen, wichtigen Funktionen zusammenzubrechen. Sie kann mit dieser Spaltung eine Zeitlang ganz gut zurechtkommen, ohne zu merken, wie sie langsam eine lähmende Müdigkeit überkommt. Wenn jedoch zusätzliche, äußere Belastungen dazukommen, sind die ernsten Stadien des akuten Burn-out nicht mehr weit. Wie bei einem kaputten Schnellkochtopf wirkt der aufgebaute Druck auf sie zurück, und schließlich gibt es eine Explosion.

Eine Frau in den Anfangsstadien des Burn-out spürt normalerweise, daß sie geistig nicht so auf der Höhe ist wie sonst. Sie kann sich schlecht konzentrieren, ihr entgehen Details, sie ist beim privaten Gespräch oder der geschäftlichen Besprechung augenblicksweise abwesend, sie verliert sich in Tagträumerei. Diese Symptome drücken ihren Wunsch nach Rückzug, nach Erholung, nach einer Entlastung von dem anhaltenden Gefühl inneren und äußeren Drucks aus. Andere Frauen leiden nicht unter einem realen äußeren Druck, ringen aber innerlich mit realen oder eingebildeten Erwartungen und Urteilen. Ihre Weltsicht ist geprägt von Mißtrauen; sie müssen sehr gut, wenn nicht sogar perfekt sein; unbestimmte Schuldgefühle lasten auf ihnen. Männer, Geld, Desillusionierung im Beruf oder in einer Beziehung können einer solchen Frau »bestätigen«, daß sie einfach nicht »genügt«: Sie denkt nicht schnell genug, ist nicht intelligent genug, nicht hübsch genug, nicht begehrenswert genug, nicht gewitzt genug. Ihre geistige Anstrengung erschöpft sie außerordentlich, doch das ist ihr nicht neu. *Ihr Lebensstil ist Dauer-Burn-out, und sie leidet darunter.*

Wie Sie bereits wissen, ist Dauer-Burn-out eine Folge einer lebenslänglichen Nichtbeachtung des körperlichen und emotionalen Wohlbefindens. Sie haben sich angewöhnt, nach bestimmten Maßstäben zu »funktionieren«: Das Machen, das Leistungbringen hat absoluten Vorrang, die Folgen Ihrer Anstrengung aber haben Sie nicht bedacht. Dieser Lebensstil beeinträchtigt allmählich auch Ihr Sozial- und Sexualleben, Ihre Kreativität und Ihre Freizeit. Sie nehmen sich zuwenig Zeit für das, was Sie wirklich freut oder aufbaut.

Beide Arten des Burn-out – der körperliche und der geistige – schwächen gleichermaßen. Während die eine Frau ihrem Körper Ruhe gönnen muß, muß die andere ihr Denken überprüfen. Im Normalfall jedoch überlappen sich beide Formen. Die bei den verschiedenen Mischformen von akutem, Dauer-, körperlichem oder geistigem Burn-out erkennbaren Unterschiede liegen in dem Grad der Beeinträchtigung. Alice ist im Gegensatz zu Cass kein ausgesprochener Tatmensch. Sie war schon immer eher nachdenklich, mit einem wachen, aktiven Verstand. Sie arbeitet zu Hause als Graphikerin. Sie ist prädestiniert für Dauer-Burn-out, weil sie schon ihr ganzes Leben unter dem Zwang steht, sich beweisen zu müssen. Jedesmal wenn sie einen neuen Auftrag erhält, treibt sie sich tiefer in den Burn-out-Zyklus. Mit 37 war sie fast arbeitsunfähig:

»Ich kann mich nicht erinnern, mich jemals nicht ausgebrannt gefühlt zu haben – ich wußte damals nicht, wie ich den Zustand nennen sollte. Doch als mich diese ganzen Symptome überfielen, wußte ich, daß ich etwas unternehmen mußte, sonst würde ich die nächsten fünf Jahre nicht mehr erleben. Ich war mit den Nerven fertig und konnte einfach nicht so weitermachen.

Ich hatte grade einen großen Auftrag bekommen; ich sollte Werbeplakate und -broschüren für eine Bank entwerfen. Weil ich Freiberuflerin bin, wollte ich die Werbeagentur natürlich beeindrucken. Erst später habe ich begriffen, daß das für mich keine einzigartige Situation war ... Jeder Auftrag, den ich je bekommen habe, hatte eine ähnliche Wirkung auf mich. Ich wurde zwanghaft und ängstlich, fast gehetzt von dem Bedürfnis nach Anerkennung.

Ich fühlte mich bei dieser Arbeit völlig allein gelassen und dachte nur noch: ›Wenn ich versage, wenn ich Mist baue, ist es aus mit meiner Karriere.‹ Ich konnte damals kaum richtig denken ... Dann bekam ich Brust- und Kopfschmerzen, überging sie jedoch rasch als die üblichen Anzeichen von Streß, wenn man zu lange und zu angestrengt arbeitet. Meine Freunde sagten: ›Du mußt mehr rausgehen‹, doch ich weigerte mich. Das Gerede langweilte mich bloß ... ernste Gespräche auch. Ich konnte nicht zuhören und nicht darauf eingehen. Ich war kurz angebunden, nervös und reizbar. Als ich doch einmal zu einer Party ging, merkte ich, daß ich auf alles überreagierte. Ich lachte zu laut über mäßige Witze und maß beiläufigen Bemerkungen zuviel Bedeutung bei. Ich konnte einfach Wesentliches nicht mehr von Unwesentlichem unterscheiden, weil meine Angst alles überlagerte.

Andererseits ärgerte ich mich über alle. Ich mochte diesen nicht und jenen nicht, meckerte an allen herum, schmollte, aber litt, wenn ein Freund mich mal nicht mit Samthandschuhen anfaßte. Ich hatte eine ziemlich unbedeutende Beziehung zu einem Mann, schrieb ihr aber viel mehr Wichtigkeit zu, als sie verdiente. Er mußte mich anbeten und über alle meine Fehler hinwegsehen . . . doch seine übersah ich nicht . . . Das einzige, woran ich noch Spaß hatte, war Essen und Sex. Ich nahm zu . . . Jedesmal wenn ich einen Entwurf wegschmeißen mußte, stopfte ich mich voll.

Mit meinem Freund wollte ich nicht reden, ich wollte nur mit ihm ins Bett. Ich dachte, ich hätte einfach großen sexuellen Appetit, doch jetzt in der Rückschau weiß ich, daß ich nicht Sex wollte, sondern nur körperliche Nähe . . . ich fühlte mich dann irgendwie menschlicher, wenigstens ein paar Stunden lang.

Tagsüber ertappte ich mich beim Nägelkauen, wippte mit den Füßen, rauchte pausenlos, machte mir Sorgen über meine Arbeit oder ob vielleicht jemand sauer auf mich war oder wen ich nicht angerufen hatte oder wegen des Geldes. Ich hatte jeden Morgen Kopfschmerzen, schluckte Aspirin, trank literweise Kaffee und bekam einen Koffeinrausch, der die Angst noch steigerte. Dann wurde ich benommen und desorientiert, und meine Sorgen begannen um meine Gesundheit zu kreisen. Ich bestand nur noch aus Unsicherheit und Angst . . . Je mehr Sorgen ich mir machte, desto weniger arbeitete ich und desto mehr Gewissensbisse bekam ich. Schlafen konnte ich auch nicht. Ich schrieb morgens um drei Tagebuch – nur negatives und selbstabwertendes Zeug oder Strafpredigten gegen meine Fehler – mein Gewicht, meine Kleidung, meine Sprechweise . . .

Der Zusammenbruch kam, als ich eines Tages völlig erschöpft war und mich einfach hinsetzte und losheulte. Die nächsten Monate weinte ich nur noch. Meine Wahrnehmung trübte sich. Ich war schrecklich matt und fing an, tagsüber zu schlafen. Ich erinnere mich, daß mir im Supermarkt in der Schlange an der Kasse die Knie einknickten. Ich glaube, ich wollte einfach nur noch vergessen. Damals wußte ich das nicht, aber ich war schon fast über das Burnout hinaus. Meine Energiereserven waren völlig aufgezehrt; mein Tank war leer. Und wenn mein Körper nicht klüger gewesen wäre als mein Kopf, hätte ich vielleicht einen Herzinfarkt bekommen ... etwas, das ich nicht auf die leichte Schulter hätte nehmen können.

Im Grunde wollte ich, daß jemand daherkäme und die Verantwortung für mein Leben übernähme – mir sagte, was ich essen und anziehen sollte, wann ich schlafen gehen sollte, was ich sagen sollte. Ich konnte nichts allein tun. Alles, was ich öffentlich tat, war Theater, und ich konnte es kaum erwarten, wieder allein zu sein. Ich wußte, wie ich mich zu benehmen hatte, doch das war alles Fassade. Ich hatte keine echten emotionalen Bindungen.

Als ich endlich wieder schlafen konnte, waren es erst vier oder sechs Stunden, dann zehn, und etwa einen Monat lang schlief ich ab und zu 16 bis 18 Stunden, teils aus Erschöpfung, doch teils, da bin ich sicher, um vor mir selbst zu fliehen. Jedenfalls sagte mir ein Freund, das sei egal – Schlaf ist gesund –, deshalb ließ ich es einfach zu. Ich glaube, ich brauchte die Erlaubnis zum Ausruhen.

Ich habe versucht, einigen Freunden zu erklären, was mit mir los war, doch ich hatte immer so beherrscht, so kompetent und selbstsicher gewirkt, daß sie einfach nicht glaubten, daß ich so fertig war. Wahrscheinlich erschütterte das das Bild, das sie von mir hatten, oder es ängstigte sie. Doch das half mir nicht; es trieb mich nur tiefer in die Isolation. Ich glaube, das war das Schlimmste ... dieses Gefühl, allein, fremd in der Welt zu sein. Dann fängt man an, mit Selbstmordgedanken zu spielen.«

Die freundliche, offene Frau, die diese Geschichte erzählt, zeigt nur wenig von den Symptomen, die sie so drastisch schildert. Die Alice, die sich interviewen läßt, lächelt bereitwillig und geht auf ihre Umwelt ein. Nichts an ihr ist »kurz angebunden«, »reizbar« oder gar »suizidal«. Ihr Kleid aus indianischem Druckstoff und ihre flachen Stiefel stehen ihr sehr gut, und sie spricht reflektiert über ihre lebenslange Neigung zu Selbstzweifeln und Selbstbestrafung für ihr vermeintliches Versagen. »Ich muß mir immer wieder vor Augen halten, daß mir niemand anderes das antut«, sagte sie. »Ich stehe mir selbst im Weg.«

Die Isolation und die Einsamkeit beeinträchtigte Alices Wahrnehmungen und Urteile und trieben sie immer tiefer in den Burn-out-Zyklus. Aufgrund ihrer Isolation konnte sie ihr Denken nicht an dem anderer überprüfen. Aus ihrer zunehmenden Hilf- und Hoffnungslosigkeit erwuchsen ihre Selbsttötungsphantasien. Wie viele Frauen, die einen Beruf gewählt haben, der sie isoliert, räumt Alice ein, daß das Alleinsein ein Berufsrisiko ist, doch sie fügt hinzu, daß sie jetzt gelernt hat, ihre Arbeitssituation durch ein Sozialleben und körperliche Aktivität auszugleichen. Sie verabredet sich jetzt mit Freunden zum Mittag- oder Abendessen, spielt Tennis und macht Aerobic. Und sie hat gelernt, daß Anschluß – persönliche Nähe zu ihren Freunden – entscheidend zum inneren Gleichgewicht beiträgt.

Viele Ärzte hätten ihre Erschöpfung als Depression diagnostiziert und auch so behandelt. Wie in Kapitel 1 dargelegt wurde, ist das häufig ein Fehler. Eine Depression kann als Symptom des Burn-out auftreten, macht jedoch nicht seinen Kern aus. Der Grad von Erschöpfung, auf dem Alice angelangt war, ging in gewisser Weise schon »über das Burn-out hinaus«, wie sie es formulierte. Sie hatte über einen langen Zeitraum Raubbau an ihren Energiereserven getrieben. Als sie endlich Hilfe suchte, war bereits ihre Überlebensfähigkeit bedroht.

Alices Symptome hatten schon ihr ganzes Leben durchdrungen, doch sie waren ihr zu nahe, als daß sie sie hätte klar erkennen können. Ihre angstgeprägten Denk- und Verhaltensmuster gehörten für sie zum normalen Leben dazu. »Ich führte so eine Art Doppelleben«, sagt sie. »Das eine kannte niemand außer mir. Wenn ich Freunden von meiner andauernden Anspannung – dem Zwang, perfekt zu sein, Leistung zu bringen, besser zu sein – erzählte, hatte ich das Gefühl, nicht damit aufhören zu können. Wissen Sie . . . in unserer Gesellschaft eine Frau zu sein, ist nicht leicht. Es gibt da immer den unterschwelligen Anspruch, stark und beherrscht zu sein und alles unter Kontrolle zu haben.«

Nicht jede Frau, die zu Burn-out neigt, macht die außergewöhnlichen Erfahrungen von Cass oder Alice. Da der Begriff des Burn-out mittlerweile in unsere Alltagssprache vorgedrungen ist, können viele Frauen ihre Symptome deuten, bevor sie derartig eskalieren. Heutzutage sind viele Frauen besser geschult und nehmen den Punkt wahr, ab dem sie ihren Körper und ihren Geist überfordern und mißbrauchen. Es ist nicht ungewöhnlich, eine Frau sagen zu hören: »Ich glaube, ich bin Burn-out-gefährdet.«

Trotzdem wissen zahllose andere Frauen noch nicht, worin die Burn-out-Falle besteht und an welchem Symptom oder welcher Symptomgruppe sie sie erkennen können. Sie sitzen dem Perfektionismus auf und fühlen sich gejagt von ihren widersprüchlichen Gedanken und Erfahrungen. Das beklagenswerte Ergebnis ist, daß sie auch die offensichtlichsten Anzeichen des Burn-out bestenfalls als vorhersagbare Entwicklungen des normalen Lebens wahrnehmen oder schlimmstenfalls als Anzeichen, daß sie nach den Maßstäben dieses Jahrzehnts nicht mithalten können. Sowohl Frauen mit akutem als auch Frauen mit Dauer-Burn-out fallen auf das herein, was Alice als »unterschwelligen Anspruch, stark und beherrscht zu sein und alles unter Kontrolle zu haben« bezeichnete. Es ist nicht ungewöhnlich, daß Frauen, die sich von äußeren und inneren Anforderungen überlastet und zermürbt fühlen, sich plötzlich einen Knöchel verstauchen und sonstwie körperlich erkranken und zu einer Ruhepause gezwungen werden. Der Körper bricht unter Streß *wirklich* zusammen. Wenn Sie sich weigern, den Signalen Ihres Bewußtseins zu folgen, und sich nicht zurückziehen, nicht kürzer treten und keine Ihrer Belastungen abgeben, gibt Ihnen Ihr Unterbewußtsein paradoxerweise das Signal, krank zu werden, damit Sie überleben. Der Geist bleibt willig, doch das Fleisch wird schwach. Der Körper verweigert sich den Forderungen des Geistes und versagt den Dienst. Manchmal muß sogar ein Unfall die nötige Ruhepause erzwingen.

Der Burn-out-Zyklus

Das Fortschreiten des Burn-out bei Frauen läßt sich am besten an dem unten beschriebenen, zwölfstufigen Zyklus demonstrieren. Diese Stufen sind nicht klar voneinander abgegrenzt, sondern vermischen und überlagern sich oft unbewußt. Die Stadien gelten sowohl für akuten als auch für Dauer-Burn-out. Der Schweregrad und die Dauer jedes Stadiums hängen von den besonderen Lebensumständen der Frau ab – von ihrer Persönlichkeit, ihrem Selbstbild, ihrer Vorgeschichte und ihrer Fähigkeit zur Streßbewältigung. *Merken Sie sich bitte Folgendes:* Sie müssen sich darüber klar sein, daß Sie die hier geschilderten Symptome häufig als Teil Ihres Lebens wahrnehmen. Viele können auch normale menschliche Reaktionen auf bestimmte Ereignisse sein. Sie erleben vielleicht *keinen* Burn-out, sondern einen Rückschlag – eine Enttäuschung, eine Krankheit, einen Verlust oder einen anderen Schicksalsschlag, wie er jede/n treffen kann. In diesem Fall leiden Sie vielleicht eine Zeitlang unter einem oder mehreren dieser Symptome. Die Symptome sind hier zu einem Kontinuum zusammengefaßt und verdichtet, um den Prozeß des Burn-out zu beschreiben. Sie müssen nicht notwendig alle auftreten. Sie werden feststellen, daß Sie den Prozeß mit bestimmten Sofortmaßnahmen bremsen oder umkehren können.

Wenn Sie den Verdacht haben, vor dem Burn-out zu stehen, geraten Sie nicht in Panik. Wenn Sie den Grund Ihrer mißlichen Lage identifizieren können, haben Sie den Kampf schon halb gewonnen. Wenn Sie wissen, daß Sie an Burn-out leiden, haben Sie die Chance, in Ihrem Leben das zu verändern, was den Streß verstärkt. Wenn Sie gelernt haben, die Zeichen des Burn-out zu erkennen, können Sie zudem anderen helfen, die unter den gleichen Symptomen leiden, sie aber noch nicht interpretieren können.

Betrachten Sie jetzt zunächst den Zyklus der Burn-out-Symptome sowie die Soforthilfemaßnahmen, und bestimmen Sie dann das Stadium, das Ihren besonderen Erfahrungen und Gefühlen am nächsten kommt.

Stadium 1:
Der Zwang sich zu beweisen

Historisch gesehen wirkte der Wunsch, sich in der Welt zu beweisen, Einfluß auf seine Mitmenschen zu haben, als Leistungsanreiz. Aus diesem Grund ist Stadium 1 im Burn-out-Zyklus am schwierigsten zu erkennen. Der Wunsch sich zu beweisen, mag sich anfangs durchaus positiv auswirken, doch wenn er zuviel Dynamik gewinnt, kann er sich letztlich als selbstschädigend erweisen. Wenn sich nämlich der *Wunsch* in einen *Zwang* verwandelt und Sie ein nagendes Unbehagen spüren, zeichnet sich das erste Stadium des Burn-out ab.

Stadium 1 wurzelt in einer Reihe von Vorstellungen im Zusammenhang mit Selbsteinschätzung, Erwartungen und Werten. Häufig ist es gekennzeichnet durch eine verbissene Entschlossenheit zu Erfolg, Leistung und Eroberung sowie durch Einsamkeitsgefühle, ausgelöst durch übertriebene Erwartungen an sich selbst.

Der Burnout-Zyklus

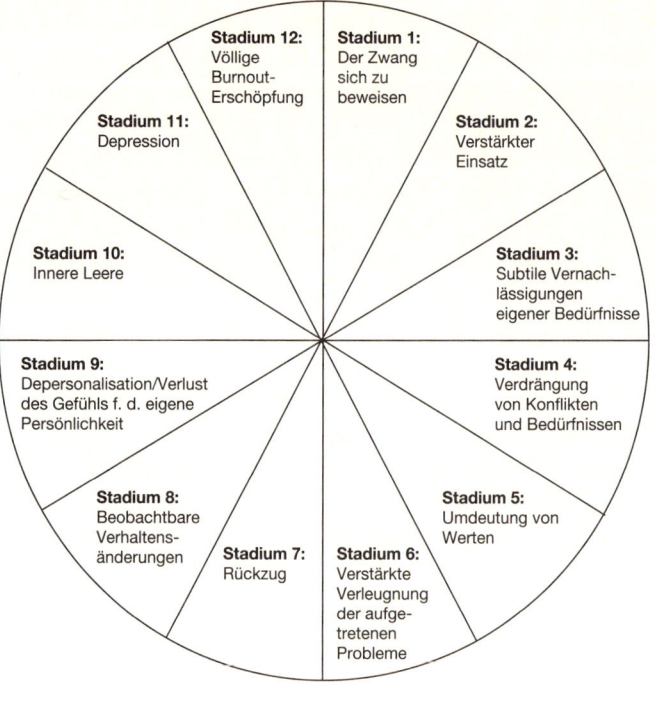

Oft verarbeitet die Betreffende den Anspruch »wahnhaft«, das heißt, sie ist nicht bereit, die Möglichkeit von Grenzen oder Rückschlägen anzuerkennen. Stacey, eine Frau, die vor kurzem die akademische Laufbahn eingeschlagen hat, formuliert das so:

»Ich glaube, meine Zwanghaftigkeit besteht darin, alles richtig machen zu wollen ... eine echte Superfrau zu sein. Die meisten Leute in meinem Fach sind mit ihrer Doktorarbeit fertig und wollen jetzt unbedingt richtig loslegen. Wir neigen alle dazu, zu übertreiben, zuviel zu arbeiten, uns zu sehr zu engagieren und uns zu verausgaben. Es ist so schwer, Grenzen zu setzen, wenn man etwas will.«

Staceys Zwanghaftigkeit ist nicht auf ihre akademische Arbeit beschränkt. Sie ist verheiratet und hat ein Baby – und das Gefühl, »ich müsse für alle eine Superfrau sein. Am Anfang, als ich wieder zur Uni ging und meinen Sohn bekam, hatte ich die Phantasie, alles perfekt zu machen.«

Andere Frauen, die den Burn-out-Zyklus durchgemacht haben, sprechen jetzt – oft mit Bedauern – von ihrem anfänglichen Idealismus und Tatendrang – von ihren hochfliegenden Plänen, zum Musterexemplar zu werden – zur besten aller Mütter, zur warmherzigen Freundin, idealen Ehefrau, sinnlichen Geliebten, klugen Geschäftsfrau, hochbezahlten Spezialistin, zur modischsten, dünnsten, hübschesten, intelligentesten, lustigsten . . . all das auf einmal zu erreichen. Mit der Zeit wurde ihr Denken eingleisig, ihre Sprache durchsetzte sich mit Superlativen. Sie gingen völlig auf in ihrem Ehrgeiz und wollten unbedingt beweisen, daß sie das alles erreichen konnten – um jeden Preis, einschließlich dem ihrer Gesundheit und ihres Wohlbefindens.

Woher kommt dieser Zwang sich zu beweisen? Oft sind solche Wünsche der Ausfluß überzogener Erwartungen, die entweder von anspruchsvollen Eltern an das Kind gestellt wurden oder vom jetzigen, politischen, sozialen oder beruflichen Umfeld an die Erwachsene. Außerdem formen auch die Medien die persönlichen Vorstellungen, was den eigenen Wert bestimmt, durch unrealistische weibliche Vorbilder mit.

Der Zwang kann auch durch das Fehlen äußerer Erwartungen entstehen, etwa wenn die Eltern sich zurückzogen und auf keine der direkt oder indirekt geäußerten Bestrebungen ihrer Tochter reagierten.

Stacey nannte die Ursache ihres Problems beim Namen, als sie berichtete: »Meine Mutter hat mich nie gefordert. Meine Zwanghaftigkeit ist anscheinend eine Reaktion darauf, daß sie mir keine Richtlinien gegeben hat.« Insofern ist Staceys Position im Burn-out-Zyklus der Versuch einer

Kompensation; ihre Mutter demonstrierte kein klar umrissenes Selbstbild und machte keine strukturierten Vorgaben. Diese Reaktion auf eine offenbar gleichgültige Laissez-faire-Haltung ist weit verbreitet. Eine Frau, die so aufwächst, stellt später immer zwanghaftere Anforderungen an sich selbst und steigert sich in eine regelrechte Hetze. Sie geht stets strenger mit sich um als ihre Umwelt, gönnt sich kaum Erholung und verleugnet dadurch paradoxerweise, wie wenig Zuwendung sie früher erhalten oder wie wenig man von ihr erwartet hat.

Eine Frau neigt weniger zu Burn-out, wenn sie für selbständige Entscheidungen belohnt wurde und wenn sie sich von ihrer Familie abgrenzen durfte, ohne daß daran unterschwellige, unausgesprochene Bedingungen geknüpft wurden. Eine Frau dagegen, die belohnt wurde, wenn sie sich an die Werte ihrer Familie klammerte, und bestraft, wenn sie sich davon abgrenzte, hat kein klares Selbstbild und kann in dem Versuch, sich ihre Selbständigkeit zu beweisen, zwanghafte Tendenzen entwickeln.

Bei vielen Frauen kann der Zwang sich zu beweisen, mit Trotz und Wut durchsetzt sein, was innerhalb des Kontextes männlicher Privilegien gesellschaftlich durchaus geduldet ist. In den »Männerverein« eindringen und die gleiche Anerkennung für die gleiche oder bessere Arbeit haben zu wollen, kann enorm mühselig und enttäuschend sein. Frauen in dieser Lage sind häufig gezwungen, ihre Talente und Fähigkeiten ständig unter Beweis zu stellen. Die schier übermenschliche Anstrengung zur Überwindung des Abstands zu den Männern – und zu Frauen in höheren Positionen – kann Frauen ebenfalls in einen Burn-out treiben.

Sehr häufig kündigt sich Stadium 1 durch ein unklares Leistungsbedürfnis an, das auf einem niedrigen Selbstwertgefühl beruht. Wenn Liebe, Respekt, Anerkennung, Wertschätzung oder Gleichheit ausgeblieben sind, entsteht eine klaffende Lücke. Minderwertigkeitsgefühle, schwankendes Selbstvertrauen, ein negatives Selbstbild, Einsamkeit oder

Ohnmacht können zeitweise überdeckt werden, indem man in einer Arbeit, einem Kind oder einem Partner »aufgeht«. Doch wenn Sie das tun, um Minderwertigkeitsgefühlen zu entgehen, hält der Nutzen nur kurz vor. Wenn Sie sich eine Rolle überstülpen, berühren Sie deren Belohnungen wahrscheinlich nur oberflächlich. Weil Sie so nichts wirklich »Gutes« für sich selbst tun, sind Sie nach wie vor Burn-out-gefährdet.

Die vielen Variationen dieses Themas werden in Kapitel 3 über die Familiendynamik ausführlicher diskutiert. Hier möchten wir feststellen, daß das erste Stadium des Burn-out häufig fast unmerklich in das zweite übergeht.

Sofortmaßnahmen: Machen Sie sich Ihre zwanghaften und vielleicht selbstüberfordernden Denk- und Verhaltensmuster klar. Versuchen Sie, den Punkt zu bestimmen, an dem Ihr Leistungswunsch in einen Zwang umschlägt. Fangen Sie an, Ihr Tempo auf Ihre eigenen, natürlichen Rhythmen und Reaktionen einzustimmen. Das wird die Triebkraft des Burn-out sofort bremsen.

Stadium 2:
Verstärkter Einsatz

Wenn der Zwang sich zu beweisen, sich festsetzt, fangen Sie an, der Arbeit, der Beziehung, dem Projekt verstärkte Dringlichkeit zuzuschreiben. Sie verwechseln den Zwang mit Gewissenhaftigkeit, Idealismus und Engagement; diese Bezeichnungen legitimieren den erhöhten Einsatz. Ein sicheres Zeichen für Stadium 2 ist Ihre mangelnde Bereitschaft, Arbeit, Verantwortung oder Hausarbeiten zu delegieren, weil Sie fürchten, die absolute Kontrolle zu verlieren. Nicht daß Sie den Fähigkeiten der anderen mißtrauten, es ist nur so, daß nur Sie allein so durch und durch mit der Sache oder der Beziehung vertraut sind – niemand widmet ihr die Aufmerksamkeit, die sie erfordert oder verdient. Sie haben das Gefühl, wenn Sie auch nur ein Stückchen der Verantwortung hergäben, verlören Sie an Glaubwürdigkeit oder Ansehen, wenn am Ende die Belohnung erfolgt. Infolgedessen baut sich ein Druck auf, und Sie konzentrieren sich noch mehr und enger auf Ihr Ziel. Wiederum gibt das Bedürfnis sich zu beweisen den Ausschlag. Deidre, eine 29jährige Bankerin, sagt dazu folgendes: »Ich denke oft, wenn ich mich in etwas Neues einarbeite, wird mein Verantwortungsgefühl fast manisch. Ich lege mir eine bestimmte Vorstellung zurecht, wie etwas erreicht werden sollte, und verfolge sie dann mit absoluter Konsequenz. Wenn ich angebissen habe, bin ich wie ein Bullterrier – hartnäckig, nicht abzuschütteln, unflexibel. Für mich gibt es keine Umwege. Ich muß es tun, und ich muß es allein tun. Das gilt für meinen Job wie für Männer. Wenn ich beschlossen habe, mich zu verlieben, hält mich nichts! Ich lasse nicht locker. Ich bin wirklich sehr, sehr gewissenhaft.«

Diese unnachgiebige Haltung bleibt in Stadium 2 gewöhnlich unbemerkt. Andere halten Sie vielleicht nur für eine Frau, die ein Ziel konsequent verfolgt. Doch der Druck weckt vielleicht verschiedene Ängste, die für Ihr Ziel bedrohlich scheinen. Zum Beispiel fährt Ihnen plötzlich die Idee durch den Kopf, Sie könnten für Ihre Arbeit nicht schnell genug denken, Sie widmeten sich Ihrem Kind nicht genug, Sie seien für Ihren Partner sexuell nicht attraktiv genug ... oder Ihr Leben sei ohne diesen erhöhten Einsatz sinnlos und einsam. Kurz, in Ihnen macht sich der nagende Verdacht breit, Sie entsprächen nicht Ihren Maßstäben – Maßstäbe, die Sie von Eltern, Männern, den Medien oder älteren, erfahreneren Frauen übernommen haben. Oder Sie fürchten, Sie könnten diesen Normen aus sich heraus nichts Substantielles entgegensetzen. Um diese Ängste zu beschwichtigen, setzen Sie sich noch mehr unter Druck und legen sich noch mehr ins Zeug, um Ihre »Mängel« auszugleichen. Deidre fährt fort:

»Ich glaube, ich werde zwanghaft, wenn ich das Gefühl habe, daß etwas falsch läuft. Ich wende alles gegen mich; dann läßt mich das Problem nicht los, was ich denn nun eigentlich falsch mache. Am Anfang meiner Beziehung, die jetzt kaputtgegangen ist, waren meine Hauptprobleme, sieben Kilo abzunehmen, meine Frisur zu ändern und die Frage, ob seine Freunde mich wirklich anerkannten. Es war nichts passiert, aber ich mußte einfach sicherstellen, daß nichts passieren würde.«

Janet, die 30jährige Hausfrau mit zwei kleinen Kindern, reagiert ähnlich und sorgt sich ständig um die Sicherheit ihrer Kinder. Sie liefert ein Beispiel dafür, wie sich die Angst aufschaukelt:

»Ich hatte gerade mein erstes Kind bekommen und war sehr glücklich, doch ich mußte beweisen, daß ich eine perfekte Mutter war, daß ihm nie etwas geschehen würde. Ein paar Monate nach seiner Geburt fing ich an, mir Sorgen zu machen, ob ich vielleicht etwas falsch gemacht hatte. Ich suche immer nach etwas, das ich falsch mache – so lange, bis ich es gefunden habe. Ich kann einfach nicht sagen: ›Das ist gut, ich mache es richtig‹ . . . ich muß einfach noch mehr tun. Ich konnte mich einfach nicht von der Vorstellung befreien, ich müßte beweisen, daß ich wirklich eine engagierte Mutter war. Alles andere in meinem Leben verschwand irgendwie zu dieser Zeit.«

So etwas ist typisch für Stadium 2. Die Aufgabe oder die Beziehung bekommen eine oft unerträgliche Dringlichkeit und werden mit verstärktem Einsatz verfolgt. Dabei tauchen lang unterdrückte Unsicherheiten wieder auf, und die Frauen treiben sich heftiger und weiter an, um Inkompetenz- oder Abhängigkeitsängste wegzuschieben. Sie treten in einen Verleugnungszirkel ein.

> **Sofortmaßnahmen:** Delegieren Sie Verantwortung an andere. Das mag Ihnen schwerfallen, erleichtert jedoch den Streß und viele Ängste und durchbricht den Drang zu erhöhtem Einsatz.

Stadium 3:
Subtile Vernachlässigungen eigener Bedürfnisse

Wenn jedoch mit Janets Worten alles andere in Ihrem Leben irgendwie verschwindet, hat sich schon das nächste Stadium des Burn-out angekündigt. *Stadium 3 ist gekennzeichnet durch reduzierte Aufmerksamkeit für sich selbst und die persönlichen Bedürfnisse.* Wenn eine Aufgabe oder eine Beziehung Ihre seelische Landschaft beherrscht, empfinden Sie die kleineren Pflichten und Freuden des Alltags oft als unnötige Störungen und neigen dazu, sie zu vergessen oder zu verschieben.

Sie fühlen sich zeitlich und kräftemäßig so überlastet, daß Sie Rechnungen vergessen, Kleider nicht aus der Reinigung abholen, Eingekauftes nicht verstauen, Telefonanrufe nicht beantworten, Geburtstage von Freunden oder Verwandten vergessen, Rezepte nicht einlösen. Sie »haben einfach keine Zeit dafür« und verschieben es. Doch dieses Verschieben ist eines der Hauptanzeichen eines Burn-out-Prozesses.

Zugleich überdecken in Stadium 3 die Wünsche allmählich die Bedürfnisse, und die Frauen fangen an, sich selbst emotionale Befriedigungen vorzuenthalten. Linda, eine verheiratete Frau in den Zwanzigern, die vor kurzem ins mittlere Management einer Werbeagentur aufgestiegen ist, spricht über dieses Problem:

»Ich habe jetzt keine Zeit mehr für mich selbst. Ich würde gern mal Pause machen und mit meinem Mann übers Wochenende wegfahren, doch ich schaff' es einfach nicht. Ich würde gern nach der Arbeit zwei Stunden mit ihm Tennis

spielen oder nett mit ihm essen oder ins Theater gehen ...
aber seit kurzem hat der Tag einfach zuwenig Stunden. Ich
bringe mir viel Arbeit mit nach Hause, und wenn ich das
nicht tue, bin ich mit den Vorbereitungen für die Arbeit des
nächsten Tages beschäftigt. Wenn mir mein Mann erzählt,
wie sein Tag verlaufen ist, denke ich meistens an etwas anderes. Wenn ich dann alles im Haus erledigt habe, bin ich
erschöpft und falle nur noch ins Bett. Oder wenn mein
Mann mit mir schlafen will, sind mir meistens grade Dinge
eingefallen, die ich vergessen habe ... ich bin zur Zeit nicht
grade wild auf Sex – das kommt mir so unwichtig vor ...
Und wenn ich dann doch mitmache, läuft alles oft sehr mechanisch ab. Ich habe auch Orgasmusschwierigkeiten.«
Andere Symptome, die hier auftreten können, haben mit
Gefühlszuständen zu tun. Wenn Sie stark unter Druck stehen, werden Sie übermäßig ernsthaft, verlieren Ihren Sinn
für Humor und ärgern sich, wenn andere Sie mit einem
Witz oder einer lustigen Geschichte »aufhalten«. Während
Sie vielleicht sonst für die Ironie und die Absurditäten, die
im Alltag stecken, empfänglich sind, verdüstert in Stadium 3 Ihre Ernsthaftigkeit diese fröhlichen Augenblicke.
Sie können nicht mehr von Herzen lachen, statt dessen
lächeln Sie nur noch dünn. Sie fühlen sich vielleicht gezwungen, in irgendeiner Form an den Unterhaltungen und
Interaktionen zwischen Ihren Mitmenschen teilzunehmen,
zeigen jedoch die angemessenen Reaktionen nur noch
ansatzweise. Auch fangen Sie an, unter verschiedenen Vor-
wänden Sozialkontakte zu vermeiden. Sie sind zu »müde«,
die anderen sind »langweilig« oder »es ist einfach Zeitverschwendung«. Auch kann, wie es Linda schildert, Ihr sexu-
elles Interesse erlahmen. Alles, was nicht mit dem zentra-
len Gegenstand Ihrer Aufmerksamkeit zu tun hat, fassen
Sie als Störung auf. Auch Ihre Gewohnheiten können sich
in Stadium 3 kaum merklich oder auch drastisch ändern.
Sie rauchen viel mehr als üblich, trinken zuviel Kaffee oder
Alkohol und haben Katererscheinungen oder Schlafstörun-

gen. Manche Frauen berichten von Eßanfällen oder ernähren sich nachlässig – Knabberzeug und Imbißfraß.
Janet, die meist zu Hause ist, spricht von den Mahlzeiten
ihrer Familie: »Jeder aß zu einer anderen Zeit, und ich aß
dann alle Reste auf. Ich kochte nichts mehr für mich allein.«

Als alleinlebende Frau holen Sie sich vielleicht irgendwas
auf dem Heimweg von der Arbeit. Der Wunsch, sich selbst
etwas zu gönnen, wird immer unwichtiger.

Kurz, in Stadium 3 rücken Ihre eigenen Bedürfnisse immer
weiter aus dem Zentrum Ihrer Aufmerksamkeit – Sie fangen an, sich selbst zu vernachlässigen.

Sofortmaßnahmen: Versuchen Sie, Ihre Verleugnungsmechanismen zu erkennen und zu durchbrechen. Erstellen Sie eine Liste der nötigen Aufgaben,
die Sie versäumt haben. Arbeiten Sie sie nacheinander ab. Wenn Sie aufhören, alles aufzuschieben, vermindern sich Ihre Ängste. Achten Sie außerdem auf
Ihre Ernährung und Ihr Ruhe- und Pflegebedürfnis.
Wenn Sie immer nur rasch geduscht haben, nehmen
Sie ausgiebige Bäder. Verwöhnen Sie sich selbst. Und
versuchen Sie, Ihren Sinn für Humor wiederzugewinnen, ohne ihn als Verleugnungswerkzeug zu benutzen. Damit können Sie sich leichter entspannen und
vielleicht eine ausgeglichenere Sicht Ihrer wahren Bedürfnisse wiedererlangen.

Stadium 4:
Verdrängung von Konflikten und Bedürfnissen
Dieses Stadium ist entscheidend für das Verständnis der
Funktionsweise des Symptomzyklus. Gewöhnlich fallen Ih-
nen in Stadium 4 Ihre inneren Konflikte und Ihr unausge-
glichenes Empfinden und Verhalten auf. Immer wieder

kreisen Ihre Gedanken um Ihre Gesundheit – um Schlaf, Ernährung, Bewegung, Energiemangel. Sie fragen sich, warum Sie so verstimmt sind, warum Ihre Erkältung nicht weggeht, warum Sie sich »grippig«, nicht auf der Höhe, ausgebeutet fühlen, wo Sie doch offensichtlich alles »ganz richtig« machen.

Die Vernunft sagt Ihnen, daß Sie einen Schritt zurücktreten und den Konflikt untersuchen sollten, doch Frauen, die auf einen Burn-out zutreiben, versuchen auf jede nur mögliche Weise, es vor sich und anderen zu verbergen. Der Konflikt ist lästig – eine Störung, die, wenn sie sie zuließen, den Zwang in Frage stellte. So wirkt der Konflikt statt als positives Abschreckungsmittel als Bedrohung. Infolgedessen werden Bewältigungsmechanismen eingerichtet, die die Bewußtwerdung blockieren, die Angst verleugnen und unterdrücken und den Konflikt zusammen mit den eigenen Bedürfnissen als unwichtig verdrängen. Sie stellen Ihre Bedürfnisse immer mehr zugunsten des »Größeren«, des nach außen und innen *gewollten* Bildes hintan. Das Forschungsprojekt, die Arbeit, das Produkt, der Klient, der Auftrag, Ihre Familie, alles ist wichtiger als Sie selbst. Das Verhalten in Stadium 4 schwankt. Doch wenn der Zwang bedroht ist, stärken Sie Ihre Verteidigung und stürzen sich mit erneuter Entschlossenheit in den Kampf. Wenn Freunde, Familie oder Partner besorgt äußern, Sie seien so »unzugänglich«, »überbeschäftigt«, »müde« oder »nicht richtig da«, wimmeln Sie sie ab. Sie behaupten, Sie würden kürzer treten, »sobald ich promoviert bin«, »wenn das neue Budget steht«, »sobald mein Kind in die Schule kommt« oder »wenn der Monat vorbei ist«. Die Worte hört man wohl, allein es fehlt der Glaube. Als Lindas Mann von ihr verlangt, ein wenig kürzer zu treten, wird ihr Zwang, sich in der Arbeit zu beweisen, bedroht, und ihr Konflikt verschärft sich. Sie muß seiner Besorgnis den Boden entziehen, indem sie falsche Zielvorgaben macht:

»Ich sagte ihm, wenn die laufende Kampagne vorbei sei, würde ich sofort ein paar Tage Urlaub nehmen, und wir würden wegfahren. Doch ich wußte, daß ich schon in der Planung für einen neuen Kunden steckte und mir eine neue Ausrede würde einfallen lassen müssen. *Ich schwankte zwischen Wut und Schuldgefühlen hin und her:* Ich wußte, daß er recht hatte und sehr besorgt um mich war, doch ich wollte nicht daran erinnert werden ... Ich wollte nur, daß er mich in Ruhe ließ ...«

Keine der Frauen, die den Zyklus durchgemacht haben, nahm ihre eigenen Aussagen ernst. Im nachhinein erkannten sie, daß sie nur ihre Konflikte rationalisiert hatten. Bedauerlicherweise wußten sie auch, daß sie so weitermachen würden. Das Bedürfnis, allein zu sein, überkam sie fast unmerklich. Sie zogen sich zurück, hatten wenig Energie für Intimität und fühlten sich besser, wenn sie »in Ruhe« gelassen wurden.

Andere Frauen verschieben den Konflikt. Sie stürzen sich verbissen in sportliche Übungen, essen weiter falsch und unregelmäßig oder gar nichts, weil sie angeblich keine Zeit dazu haben. Ständig um das Gewicht kreisende Gedanken sind typisch für das Phänomen der Verschiebung. Die Konzentration auf unerwünschte Pfunde, strenge Diäten, zwanghaftes Kalorienzählen überdeckt den wahren Konflikt. Zuviel Geld ausgeben ist ein weiteres Verschiebungssymptom. Plötzlich scheint es Ihnen, als müßten Sie unbedingt etwas Neues kaufen, um das eigentliche Gefühl der Selbstvernachlässigung zu dämpfen – eine Bluse, Schuhe, Kleider. Mehr Geld auszugeben, als man sich leisten kann, dient oft als Pseudorechtfertigung für Frustrationen; eigentlich sollte es Ihnen signalisieren, daß Sie zu »falschen Therapien« greifen. Deidre erzählt:

»Wenn ich den wunden Punkt in mir treffe, gehe ich ins nächste Kaufhaus und kaufe mir eine Seidenbluse ... dann bricht mir der Schweiß aus, und ich rege mich sehr auf, weil ich mich mit einer 70-Dollar-Bluse übernommen habe. Mit dem Geld hätte ich eigentlich meine Autoreparatur oder die Miete bezahlen sollen. Aber andererseits glaube ich wirklich, daß es mich tröstet ... ich meine, ich arbeite hart und sollte mir etwas gönnen ...«

Ein weiteres Symptom für Stadium 4 sind Zeichen echter, chronischer Müdigkeit. Manchmal bekommen Sie nicht genügend Schlaf und sorgen sich dann in Schlaflosigkeit hinein. Oder Sie schlafen die ganze Woche, ohne sich wirklich zu erholen, und verschlafen das gesamte Wochenende oder sogar ganze Urlaube. Stacey berichtet:

»Ich war einfach körperlich fertig – so übermüdet, daß ich nicht mal am Wochenende genügend Schlaf nachholen konnte. Am Anfang ging das noch, aber dann reichte das Wochenende nicht mehr. Ich schlief nachts nur noch vier oder fünf Stunden, und das war einfach zuwenig. Aber ich wollte mir oder anderen das nicht eingestehen.«

In diesem Stadium zeigt sich deutlich die Gefahr eines *körperlichen* Zusammenbruchs. Wenn Sie Ihren Körper immer mehr vernachlässigen, sprechen Sie sich im Grunde Ihr Existenzrecht ab. Wenn Sie Körper und Geist voneinander trennen, sind beide nur auf ihre eigenen Mittel angewiesen und brechen schließlich zusammen.

Frauen in Stadium 4 des Burn-out-Zyklus suchen immer neue und »bessere« Möglichkeiten, um ihre Bedürfnisse zu unterdrücken und den Konflikt wegzuschieben. Wenn diese Versuche gelingen, führen sie direkt in das nächste Stadium.

Sofortmaßnahmen: Weisen Sie Ihre Freunde, Kollegen oder Familienmitglieder nicht ab. Hören Sie ihnen zu. Es gibt Augenblicke im Leben, da müssen Sie auf warnende Stimmen hören. Es ist unbedingt notwendig, daß Sie sich Zeit zum Ausschlafen, zum Gespräch mit anderen und zur Selbstreflexion nehmen. Eine strenge Diät oder ein neues sportliches Trai-

ningsprogramm sind jetzt nicht angemessen. Strapazieren Sie Ihre geistige, körperliche oder emotionale
Widerstandskraft nicht noch mehr.

Stadium 5:
Umdeutung von Werten
Wenn Sie den Konflikt spüren und beiseite schieben, wird
es schwierig, zwischen dem Wichtigen (dem Realen) und
dem Unwichtigen (dem Irrealen) in Ihrem Leben zu unterscheiden. Wie bei den Anfangsstadien des Zyklus besprochen, ist es nicht leicht, den Moment, an dem innere Veränderungen einsetzen, genau zu bestimmen. Wenn jedoch
Frauen ihre ureigensten Bedürfnisse ständig übergehen,
berichten sie meist bald über sehr beunruhigende Veränderungen in ihren Wahrnehmungen und ihrem Wertesystem.
Charakteristisch für Stadium 5 ist die »Umdeutung von
Werten«, die sich oft in einem gestörten Zeitbegriff manifestiert. Für Frauen in diesem Stadium schrumpft die Zeit
gewöhnlich auf die Gegenwart zusammen. Die Vergangenheit und die Zukunft schieben sie wegen des unerträglichen
Drucks, der auf ihnen lastet, weg. Gewöhnlich läßt eine solche Frau Bemerkungen fallen, die auf ihre wachsende Angst
hindeuten: »Ich habe in den nächsten zwei Jahren keine Zeit
für Beziehungen«; »ich habe jetzt wenig Zeit für Freunde«;
»ich kann dieses Jahr keinen Urlaub nehmen«; »ich kann am
Wochenende nicht wegfahren«; »ich kann einfach nicht zum
Geburtstag meiner Nichte oder zur silbernen Hochzeit meiner Eltern kommen, aber ich werde es nächsten Monat oder
nächstes Jahr nachholen«. Die Durchtrennung der Beziehungen zur Vergangenheit und zur Zukunft ist ein eklatantes
und entscheidendes Symbol des Burn-out-Prozesses. Linda
beschreibt dieses Dilemma:
»Ich will unbedingt die jüngste Managerin in der mittleren
Ebene in unserer Firma werden, und das ist ein gutes Ziel.

Aber ich *weiß*, daß mir zuviel an dieser Karriere liegt. Ich *weiß*, daß ich mich persönlich zu sehr reinhänge. Ich habe einen Großteil meines Privatlebens geopfert, aber die Arbeit scheint alles andere so überwuchert zu haben, daß ich sie kaum noch vom Persönlichen trennen kann. Ich muß mich irgendwann mal damit auseinandersetzen, aber jetzt geht das nicht ... es steht zuviel auf dem Spiel.«

Die Vorstellung eines Verlustes, wie Linda sie andeutet, ist einer der Dämonen, die insbesondere Frauen in den Burnout hetzen. Die Furcht, den Boden unter den Füßen zu verlieren, die Position in der Firma, die hart erkämpfte Macht oder auch die Beziehung zu verlieren, die Attraktivität, die Jugend, das Image im Bekanntenkreis – diese Ängste nehmen Dimensionen an, bei denen es um Leben oder Tod geht. Angesichts dieser Alternative kommt es natürlich aufs Überleben an. In Stadium 5 verschwinden die angenehmen Seiten des Lebens völlig aus dem Blickfeld. Die Frau, die vermeintlich ums Überleben kämpft, muß also notwendigerweise auch ihr Wertsystem ändern. Die Umwertung zeigt sich daran, daß Sie Ihren Wert als Mensch daran messen, wie Sie sich in Ihren Kindern, Ihrem Partner, Ihrer Familie, Ihrem Haus, Ihrer Kleidung, Ihrem Eigentum oder Ihrer beruflichen Kompetenz widerspiegeln. Kinder werden oft mit den kritischen Augen der Öffentlichkeit gesehen und getadelt, wenn sie Lärm machen oder sich einfach altersgemäß verhalten. Hausfrauen berichten von einem Putzfimmel und von den Schuldgefühlen, wenn sie ihr Kind bestraft haben, weil es bei anderen Leuten Farbstifte fallen gelassen, eine Wand bekritzelt, Milch verschüttet oder sich zu sehr produziert hat. Das Bemühen, sich und andere unter Kontrolle zu haben, alles im Griff und »einfach in Ordnung« zu halten, wird zur absoluten Notwendigkeit. Durch Kontrollieren kann die unerträgliche, nagende Angst, die immer mehr stört, in Schach gehalten werden.

Wenn in Stadium 5 das Wertesystem bröckelt, tauchen weitere Symptome auf. Häufig werden Beziehungen falsch

wahrgenommen. Ein Kind, das eine Unsicherheit nicht ausdrücken kann, ist im Weg und stört; eine Freundin, die über
ein Problem reden möchte, ist erdrückend; ein Partner, der
ausgehen möchte, ist zu anspruchsvoll. Da es diese Situationen wirklich gibt, können in Stadium 5 solche – häufigen – Erfahrungen nicht mehr richtig eingeschätzt werden.
Die Wahrnehmungsfähigkeit trübt sich und stumpft ab. Die
Prioritäten verwirren sich. Leute, die nicht auf Aufmerksamkeit angewiesen sind, bekommen sie, und andere, die
sie wirklich bräuchten, werden im Stich gelassen. Manche
Frauen gehen so vollständig in einer neuen Liebesbeziehung auf, daß ihre Freunde zeitweise Luft für sie sind.
Wenn die Leidenschaft abgeflaut ist oder die Beziehung
zerbricht, erkennen sie, daß sie durch ihre Nachlässigkeit
Freunde verloren haben und die Verbindung manchmal
nicht wiederherstellen können. An dieser Stelle wird deutlich, wie sehr sich Werte und Prioritäten verschoben haben.
Aus diesem Grund werden die Gefühle in Stadium 5 häufig
als »Desorientiertheit« und »Verwirrung« beschrieben. Stacey schildert das so:
»Zu dieser Zeit hatte ich einen vollgestopften Terminplan –
sogar einen Anruf mußte ich einplanen. Ich fühlte mich
gehetzt. Wenn ich auf höchsten Touren lief, war ich völlig
überdreht: überarbeitet und überlastet. Alles um mich
herum war verdreht. Ich schrie die falschen Leute an und
ging höflich und nett mit denen um, die ich hätte anschreien
sollen. Um das Tempo zu halten, fing ich an, Tabletten zu
nehmen, um ein ›Hoch‹ zu kriegen, und dann wieder andere, um wieder runterzukommen.«
Eine andere Frau, die wegen schwerer Burn-out-Erschöpfung in Behandlung gekommen war, beschreibt Stadium 5
sehr treffend: »Ich kannte mich selbst nicht mehr . . . Ich
schien etwas in mir verloren zu haben, an dem ich früher die
Dinge gemessen habe . . .«

Sofortmaßnahmen: Nehmen Sie sich heute mindestens eine halbe Stunde Zeit, um Ihre Grundwerte zu überprüfen. Schreiben Sie auf, was und wer Ihnen wichtig ist. Gehen Sie die Verbindungen zu anderen Menschen, die Sie früher hatten, durch und versuchen Sie entschlossen – sofern diese Menschen erreichbar sind –, die Verbindungen wieder anzuknüpfen. Es ist entscheidend, daß Sie Einsamkeit und Isolation vermeiden. Je mehr Sie vereinsamen, desto unklarer denken Sie. Ohne Rückmeldung kreisen Ihre Gedanken immer nur um sich selbst. Sie brauchen Nähe und Intimität, um Ihre Empfindungsfähigkeit wiederzubeleben.

Stadium 6:
Verstärkte Verleugnung der aufgetretenen Probleme

Die Verleugnung ist eine der hervorstechendsten Eigenschaften der Burn-out-Erfahrung. Sie nehmen sich nicht bewußt vor, Empfindungen, starke Gefühle, Ängste oder Enttäuschungen zu verleugnen – Sie schützen sich damit unbewußt vor den Schattenseiten und Anforderungen des Lebens. In Stadium 6 *nimmt die Verleugnung behindernde Ausmaße an, und sie dient dazu, den Burn-out-Prozeß zu verschleiern.* Wir bezeichnen dieses Stadium als »verstärkte Verleugnung«, weil sich jetzt die subtilen Vernachlässigungen von Stadium 3 verschärfen und auf eine ganze Reihe von Situationen, Personen und Wahrnehmungen ausweiten. Während in Stadium 3 die kleineren Freuden und Pflichten übergangen und als störend behandelt werden, begrenzt und verengt sich in Stadium 6 Ihre Weltsicht entscheidend. Sie gehen einen Schritt über die Verdrängung Ihrer Bedürfnisse hinaus. Sie verleugnen sie und damit allmählich auch, daß es außerhalb des von Ihrem Zwang festgelegten Rahmens noch reale Ereignisse gibt.

Wenn Sie merken, daß Sie sich zu den jeweiligen Ereignissen zwar verhalten, aber nichts Entsprechendes fühlen, dann ist die Verleugnung am Werk. In diesem Stadium können Sie die schwerwiegenden Folgen Ihrer Lage vielleicht noch nicht ganz ermessen und nicht sehen, wie sie sich auf Ihre Psyche oder die anderer, die sich Sorgen um Sie machen, auswirkt. Außerdem können Sie nicht zulassen, daß andere Sie beeinflussen. Eine Frau, die immer wieder dasselbe erzählt und fixiert ist auf ihre Arbeit, einen Mann, ihr Gewicht, Geld, Familie, Einsamkeit, verteidigt sich. Eine andere Frau kapselt sich vielleicht völlig von der Außenwelt ab. Dabei kann es oft passieren, daß sie so tut, als höre sie anderen zu, lauscht aber nur insoweit, daß sie richtig reagieren kann, und ist in Wirklichkeit in ihren eigenen Gedanken versunken. *Die Verleugnung ist für sie jetzt lebenswichtig geworden.* Wenn sie damit aufhören würde, könnte sie ihre Funktionen nicht mehr erfüllen. Die Verleugnung stellt also ein ausgezeichnetes Werkzeug dar, um alle Menschen, die an ihrem Leben teilnehmen wollen, zu meiden, zu übergehen oder abzuschrecken. Sie gerät jetzt in eine kritische Vereinsamung und treibt auf die völlige Isolation zu.

Frauen im Stadium der verstärkten Verleugnung haben zuvor ihre eigenen Bedürfnisse verleugnet. *Die Dauerumsorgerin ist am anfälligsten für dieses Stadium.* Weil sie in dem Streben nach Anerkennung so viele ihrer eigenen Bedürfnisse übergangen hat, um die anderer zu befriedigen, gärt ihre Wut. Unbewußt verdoppelt sie ihren Verleugnungsdrang. Um aber weiterhin zu funktionieren, unterdrückt sie noch mehr von sich selbst und hat infolgedessen noch weniger Energie für das, was sie jetzt als »die Außenwelt« sieht.

Stacey erinnert sich daran, daß sie Kontakte kaum noch ertragen konnte:

»Ich wollte nirgends hingehen, wo ich mit Leuten reden mußte. Um mich zu schützen, wenn ich zu einer Party mußte, begrüßte ich die Gastgeberin, ging schnurstracks zum nächsten Bücherregal und las. Wenn es keine Bücher gab, nahm ich mir eine Illustrierte oder die Zeitung. Ich benahm mich wie eine absolute Langweilerin, aber ich hatte nicht die Energie oder die Geduld, um mich mit neuen Leuten abzugeben. Ich wollte einfach nicht belästigt werden. Ich glaubte, daß ich meine Pflicht erfüllte, wenn ich einfach nur da war.«

Intoleranz ist eines der Hauptsymptome dieses Stadiums. Ohne die Energie, das Interesse oder die Fähigkeit zuzuhören oder sich auf andere einzulassen, werden neue Ideen, Vorstellungen oder interessante Vorschläge als Forderungen erlebt und meistens zurückgewiesen. Infolge Ihrer verstärkten Verleugnung werden Sie unfähig, Uneindeutigkeiten oder Widersprüche auszuhalten, und schotten sich gegen die Außenwelt ab. Ihr Denken wird starr und unflexibel; Sie schaffen sich schließlich eine noch kleinere, noch abgeschottetere Welt. Im Extrem fällt es Ihnen entweder schwer, internationalen, nationalen oder lokalen Ereignissen noch Aufmerksamkeit zu zollen (Sie haben nicht die Zeit, Unwichtiges zu lesen), oder Sie intellektualisieren nur noch Ihre Verleugnung und sonst nichts mehr. Immer mehr erscheint Ihnen trivial oder unwichtig. Die Kehrseite der Unfähigkeit, etwas aufzunehmen, ist die Ungeduld, zu dem zurückzukehren, was Sie für wichtig und dringend halten.

Um die Spannung und Reizbarkeit zu begründen, projizieren manche Frauen ihre Ängste und Unsicherheiten auf die Außenwelt. Sie bagatellisieren gut gemeinte Ratschläge von Untergebenen oder Vorgesetzten, fahren denen, die sich besorgt äußern, über den Mund oder unterstellen anderen generell finstere Motive und schützen so ihren Zwang. Frauen in Stadium 6 verlieren infolgedessen allmählich ihr soziales Netzwerk und verschanzen sich mit ihrem Zorn, ihrer Mattigkeit und ihren unbefriedigten Bedürfnissen in einer immer einsameren Welt.

Ohne die geistige Klarheit, mit der sie ihren Gefühlssumpf

durchdringen könnten, werden sie weiter in die Isolation und schließlich in das nächste Stadium getrieben.

Sofortmaßnahmen: Hören Sie sich selbst aufmerksam zu. Wenn Ihre Sprache vor Zynismus und Bitterkeit strotzt, nehmen Sie das als Zeichen von Burn-out und nicht als Realität. Sie müssen mit anderen über Ihre Gefühle und Ihre Neigung zur Selbstisolierung reden, und Sie dürfen keine weiteren Aufgaben mehr übernehmen. Die Intoleranz, die Sie an sich erleben, ist symptomatisch für erschöpfte Energiereserven.

Stadium 7:
Rückzug
Wenn sich die Verleugnung von Bedürfnissen verstärkt, ist der Weg zur Leugnung von Gefühlen nicht sehr weit. Weil Sie überlastet sind und zugleich zu wenig von sich selbst zeigen, ziehen Sie sich innerlich von Ihrer Umgebung zurück und distanzieren sich infolgedessen auch von sich selbst. Ellen, Buchhalterin bei einer Plattenfirma, beschreibt dieses Stadium so:
»Ich hatte das Gefühl, allem von außen zuzusehen – wie durch ein Fenster. Das machte mich ein wenig benommen. Ich wußte, daß etwas mit mir nicht stimmte, doch mein Groll war so groß, daß ich mich noch mehr anstrengte, mein Verhalten unter Kontrolle zu behalten. Bei Besprechungen saß ich schweigend dabei, fand alle gräßlich und dachte mir, daß alles furchtbar langweilig sei, daß alle blödes Zeug redeten, daß niemand merkte, wie schlau ich war. *Ich kam mir wie ein Roboter vor . . .* wie ein Automat . . . wie eine Maschine . . .«
Ein entscheidendes Symptom des Rückzugs ist das Gefühl von Orientierungs- und Hoffnungslosigkeit. In Stadium 7 reden Sie zynisch und benehmen sich eigenbrötlerisch. Wie

bei Ellen dient der Zynismus als Schutz. Sie sind erschöpft durch die ständige Bemühung, sich in einer für Sie feindlichen Welt unter Kontrolle zu halten und verkapseln sich in einem Kokon aus Verachtung für die Vorstellungen und das Verhalten Ihrer Kollegen, Familie, Freunde oder der Gesellschaft insgesamt. Ihre zynische Haltung ist jedoch gewöhnlich ein versteckter Hilfeschrei. Immer wieder zeigt sich das an der Umsorgerin: Obwohl sie überlastet und innerlich distanziert ist, kann sie sich nur darüber definieren, daß sie gebraucht wird. Je enttäuschter sie ist, desto mehr umsorgt sie andere – sie deckt ihre eigenen Bedürfnisse zu, indem sie die der anderen vorausahnt. Doch wenn sie sich in sich – und damit zugleich von sich – zurückzieht, stößt sie entweder andere zurück oder ist zu erschöpft, um noch auf Anforderungen der Umwelt zu reagieren, und erlebt sich infolgedessen als überflüssig, wertlos, als ein Nichts. Ihr Urteilsvermögen nimmt weiter ab; sie sieht nicht mehr, wer zu ihr hält und wer nicht. In ihr Denken schleicht sich eine leise Paranoia ein.

Eine andere Frau in Stadium 7 verschleiert ihren Zustand vielleicht damit, daß sie die »Betriebsnudel« spielt. Sie zwingt sich in Gesellschaft dazu, »voll aufzudrehen«. Zu Hause angekommen jedoch fällt sie in sich zusammen. Ellen skizziert diese Erfahrung:

»Ich bin von Natur aus quirlig und gesprächig – die Leute erwarten schon von mir, daß ich lustig und fröhlich bin. Normalerweise kann ich ganz gut aufdrehen – Sie wissen schon, Witze machen, lustig sein ... Aber als es mir schlecht ging, war das die reinste Qual. Ich hatte Angst, daß ich meine Nummer nicht abziehen könnte und mich niemand mehr mögen würde. Das war sehr wichtig für mich. Eine Zeitlang ging ich nicht mehr weg ... ich hockte nur noch zu Hause vor dem Fernseher.«

Die besten Freunde einer Frau, die sich innerlich zurückgezogen hat, sind oft Fernsehen, Musik, Bücher oder das Kino. Das Leben spielt sich draußen, in sicherer Entfernung ab. Die Frau nimmt nicht wirklich daran teil, sondern flüchtet sich in Illusionen oder einfach in den Schlaf.

Ein anderer Aspekt des Rückzugs ist ritualisiertes und manieriertes Verhalten. Die innere Einsamkeit läßt die Spontaneität erstarren. Unterhaltungen dienen zu bloßer Informationsvermittlung; Sex wird konventionell und ernst »vollzogen«; Essen geschieht automatisch und ohne Genuß. Sie halten die äußere Form menschlicher Tätigkeit ein, doch Sie haben kein Gefühl mehr dafür.

An dieser Stelle des Burn-out-Zyklus neigen Sie dazu, Ihre tiefe Desillusionierung auszuagieren und vom »Aussteigen« zu sprechen. Der Enttäuschung folgen Zorn und Wut, die sich ihrerseits in ein Gefühl von Ohnmacht verwandeln. Hier erlebt die eine Frau emotionale Verflachung, Depression und häufige Tränenausbrüche, die andere kann nicht mehr weinen und erlebt sich als »verhärtet«.

Die von Ihrer Unfähigkeit, echten Kontakt zu anderen herzustellen, hervorgerufene Angst läßt Sie vielleicht zu »falschen Therapien« greifen – Alkohol, Sex, Beruhigungsmitteln, Essen, Aufputschmittel, Drogen –, zu allem, was Ihnen zeitweise über die allumfassende Entfremdung hinweghilft. Zugleich fällt Ihnen, Ihren Kollegen, Ihren Freunden und Ihrer Familie Ihr Verhalten jetzt deutlicher auf.

Sofortmaßnahmen: Wenn Sie zu »falschen Therapien« greifen, um neue Energie zu gewinnen, dann halten Sie sich vor Augen, daß Sie so Ihre wahren Gefühle und Ihren körperlichen Zustand verschleiern. Lassen Sie die Finger von Alkohol und Drogen – sie sind kein Gegenmittel gegen Ihr inneres Elend. Sehr oft können Sie den Rückzug bremsen, wenn Sie Anschluß an andere suchen. Überfordern Sie sich jedoch nicht weiter, um zu beweisen, daß es Ihnen »gut geht«. Reden Sie mit jemandem, der sich schon früher als einfühlsam erwiesen hat. Dieser Mensch könnte Ihnen die Unterstützung anbieten, die Sie brauchen, während Sie Ihre Selbstwahrnehmung zurechtrücken. Und denken Sie noch einmal daran: Sie brauchen Ruhe und Entspannung und vor allem etwas, das Sie freut und Ihnen neue Kraft gibt. Sie können noch umkehren.

Stadium 8:
Beobachtbare Verhaltensänderungen

Frauen, die im Burn-out-Zyklus bis hierher gekommen sind, vertragen keine Kritik. Als eine der ersten beobachtbaren Veränderungen Ihres Verhaltens können Sie nicht mehr unterscheiden zwischen dem, was Sie am meisten fürchten – einen Angriff – und dem, was Sie am meisten brauchen: Aufmerksamkeit, Unterstützung, Nähe und Intimität. Sie ziehen sich noch mehr zurück und neigen zur Eigenbrötelei. Ihre Urteilsfähigkeit ist auf subtile Weise beeinträchtigt; Sie interpretieren Besorgnis als Angriff, und Sie sind auf intimeren Ebenen höchstwahrscheinlich kaum ansprechbar. In Stadium 8 ziehen Sie sich infolgedessen im übertragenen und wörtlichen Sinn zurück. Sie sind telefonisch oder postalisch schwer zu erreichen, legen sich einen Anrufbeantworter zu, um Kontakten aus dem Weg zu gehen, und man muß Sie mehrmals anrufen, bis Sie zurückrufen. Sie erfinden ausgeklügelte Ausreden, weshalb Sie nicht zu einer Party oder einer Versammlung kommen können, oder Sie stoßen andere mit barschen, ärgerlichen Reaktionen vor den Kopf. Vielleicht deuten Sie an, Sie seien völlig absorbiert von einem neuen Projekt, Ihrer Familie, einem Mann oder einem neuen Freundeskreis, um sich besorgte Menschen vom Hals zu halten. Unter Umständen leiden Sie auch verstärkt unter paranoiden Gefühlen und sind überzeugt, daß niemand Sie wirklich mag. Freunde empfinden Sie in Stadium 8 häufig als »flippig« und rastlos. Unterhaltungen haben kaum noch Gehalt – Sie springen von einem Thema zum nächsten, weil Sie sich sonst langweilen. Ihre Sprache verrät, wie Sie andere Menschen wahrnehmen: »Er widert mich einfach an«; »sie ist eine Nervensäge«; »das sind doch alles Blödmänner, Trottel, Versager, Doofköppe, Nulpen ...« Ihre Gefühle lassen Ihnen kaum noch Raum, Menschen oder Situationen richtig oder nachsichtig einzuschätzen. Jegliche Flexibilität ist verschwunden.

Vielleicht rauchen Sie jetzt mehr, zünden sich oft eine Zigarette nach der anderen an und lassen sie im Aschenbecher abbrennen. Wenn Sie vor einiger Zeit mit dem Rauchen aufgehört haben, fangen Sie plötzlich wieder an, trösten sich jedoch über diesen »Ausrutscher« mit der Behauptung hinweg: »Ich habe es im Griff; ich kann jederzeit wieder aufhören, wenn ich will.« Vielleicht trinken Sie jetzt viel mehr, entweder nach der Arbeit in einer Kneipe oder allein zu Hause. Möglicherweise reagieren Sie auch entgegengesetzt und nehmen sich ausgerechnet jetzt vor, mit dem Rauchen aufzuhören, abzunehmen oder eine Beziehung abzubrechen. In diesem Fall glauben Sie vielleicht, ein »besserer Mensch« zu werden, wenn Sie sich noch stärkere Restriktionen auferlegen. Sie suchen jetzt sehr intensiv, sogar wie besessen nach »falschen Therapien«.

Auch eine Veränderung Ihrer Einstellungen ist jetzt zu beobachten. Während Sie früher Situationen abwogen und persönliche Verbundenheit schätzten, äußern Sie sich jetzt zynisch. Für eine tiefe Desillusionierung und Distanz sprechen Äußerungen wie: »Der Mensch ist des Menschen Wolf«; »hau' sie in die Pfanne, bevor sie dich in die Pfanne hauen«; »ich mußte es auf die harte Tour lernen, jetzt ist eben sie dran«; »warum sollte ich jemandem helfen? Mir hat auch keiner geholfen ...« Sie grollen, fühlen sich unterschätzt und bedroht von denjenigen in Machtposition und verhalten sich in deren Anwesenheit ängstlich. Vielleicht benehmen Sie sich auch kalt und abweisend oder reden zuviel, um Ihr Unbehagen zu überspielen. Am stärksten treibt Sie in dieser Phase der Wunsch, Ihre gespaltene Weltsicht – Ihre Gefühle und Einstellungen – zu kontrollieren. Dabei verändert sich Ihr Verhalten gewöhnlich so sehr, daß andere auf Ihren Zustand aufmerksam werden. Vielleicht finden es Freunde oder Kollegen besorgniserregend, wie Sie Ihre geistige und körperliche Gesundheit gefährden, und versuchen zu helfen, doch mit wenig Erfolg. Wenn sie dieses Thema nicht mit Samthandschuhen anfassen, schmettern Sie sie ab.

Sofortmaßnahmen: Sie stehen am Scheideweg. Kapseln Sie sich jetzt vor allem nicht gegen andere Menschen ab. HÖREN SIE AUF ANDERE! Irgendwo tief drinnen können Sie noch einsehen, daß an ihren Beobachtungen etwas Wahres dran ist. Statt sich noch stärkere Restriktionen aufzuerlegen, müssen Sie sich von Ihrem Kontrollbedürfnis lösen und an sich heranlassen, was andere sehen, hören und sagen. Wenn eine Freundin ausbrennt, würden Sie auch wollen, daß sie auf Sie hört. Versuchen Sie, Kritik und Besorgnis zu unterscheiden. Das ist äußerst wichtig. Wenn Sie anfangen, sich zu erholen und wieder eine Perspektive gewinnen, werden Sie sich fragen, warum Sie die Anteilnahme und Fürsorge nicht schon früher angenommen haben.

Stadium 9:
Depersonalisation / Verlust des Gefühls für die eigene Persönlichkeit
Während eine Frau im Rückzug eine Annäherung mit äußerster Behutsamkeit noch akzeptieren kann, erkennt sie im Stadium der Depersonalisation ihre eigenen Bedürfnisse überhaupt nicht mehr. Die Depersonalisation – das Gefühl, nicht mehr man selbst zu sein – ist eine schwere Form des

Rückzugs. In Stadium 9 sind Ihnen Logik und Verstand abhanden gekommen. Das wichtigste Symptom ist die Selbstverneinung. Sie manifestiert sich in der Ableugnung des eigenen Körpers und der eigenen Person. Linda beschreibt dieses Stadium sehr genau:

»Mein Gesicht war voller schrecklicher Pusteln . . . ich ging zum Arzt, der mir äußerlich und innerlich anzuwendende Medikamente verschrieb, mir jedoch auch sagte, mein Blutdruck sei viel zu hoch, ich hätte ein abnormes EKG, und ich müßte unbedingt ausspannen. Ich machte mir viel mehr Sorgen wegen der Pusteln und beachtete seine Ermahnung wegen meines Blutdrucks und meines Herzens nicht. Das hatte damals irgendwie gar nichts mit mir zu tun . . . Ich hatte einfach zuviel zu tun. Ich mußte über das Wochenende zu einer größeren Konferenz fliegen. Als ich wieder nach Hause kam, hatte ich den Arzt völlig vergessen . . . ich hatte das einfach nicht hören wollen.«

Linda trifft den Kern der Depersonalisation. *Eine Frau in diesem Stadium verliert den Kontakt zu sich selbst, zu ihrem Körper, zu ihren Prioritäten*, zu ihrer persönlichen Zukunft sowie das Gefühl dafür, was ihr die Vernachlässigung rauben kann und schließlich auch raubt.

Janet berichtet ebenfalls von einer Depersonalisationsepisode:

»Ich hatte in einem Jahr mehr als 15 Kilo zugenommen und betrachtete mich noch immer als schlank. Mein Arzt sagte mir, ich sei an der Grenze zum Diabetes, und wenn ich nicht abnähme, bräuchte ich bald Insulin. Ich ging nach Hause und aß einen halben Käsekuchen, eine Tafel Schokolade und eine Tüte Popcorn . . . ich glaube, ich wollte beweisen, daß es nicht stimmte.«

In Stadium 9 spielen das bewußte Denken und Empfinden kaum noch eine Rolle. Unbewußt spürt die Frau vielleicht Angst, doch sie blockt sie ab, indem sie sich tiefer in die Gewohnheiten verstrickt, die ihre Gesundheit, ihr Wohlbefinden und ihr Überleben gefährden. Die Zeit steht scheinbar still. Menschen wirken wie Gespenster – nicht real genug, um Einfluß zu haben.

An dieser Stelle bedeuten Prioritäten nichts mehr. Vielleicht trinken Sie jeden Abend und haben am nächsten Morgen einen Kater. Sie geloben sich jeden Morgen aufzuhören, doch abends trinken Sie wieder. Während Sie früher Tabletten oder Drogen abgelehnt haben, suchen Sie sich jetzt Bekannte, die sie beschaffen können. Sie haben vielleicht eine Reihe von bedeutungslosen Affären, die in der Phantasie erregend sind, Sie in Wirklichkeit aber anöden. Die Zeitperspektive ist jetzt auf den Augenblick, die unmittelbare Gegenwart zusammengeschrumpft. Sie haben kein Gefühl mehr dafür, wie Ihr Verhalten Ihre Zukunft beeinflußt. Infolgedessen kommen Ihnen jetzt die Bedürfnisse anderer, die Sie zuvor überbewertet haben, bedeutungslos und vernachlässigbar vor. Sie gehen über das Bedürfnis Ihres Kindes nach Aufmerksamkeit hinweg, beachten eine Freundin nicht, die Sie um Hilfe bei einem Problem bittet, spüren den Wunsch Ihres Partners nach Vertrautheit nicht oder reagieren nicht darauf. Kurz, in der Depersonalisation existieren die anderen nicht. Doch noch schlimmer ist: Sie selbst existieren nicht.

Ihre Gefühle sind völlig von der Realität abgehoben, Ihr Verhalten wirkt kalt, distanziert, schwankend, unberührbar. Sie funktionieren, doch rein mechanisch. Ihr Leben scheint Ihnen entwurzelt und sinnlos.

Sofortmaßnahmen: Wenn Sie den Kontakt zu sich selbst und Ihrer Umgebung verloren haben, ist das nicht so hoffnungslos, wie es sich anhört. Ein Teil von Ihnen weiß immer noch, daß Sie Hilfe brauchen. An dieser Stelle ist eine Beratung durch einen Spezialisten angebracht. Auch sollten Sie Ihren Internisten aufsuchen, um Ihren Gesundheitszustand überprüfen zu lassen. Sie müssen wahrscheinlich für eine Weile von vielen Ihrer Verpflichtungen Abstand nehmen und sich um Ihre Gesundheit kümmern. Vielleicht wollen Sie auch Ihren Lebensstil umgestalten und nach Alternativen suchen, die Ihrer Zwanghaftigkeit entgegenwirken. Doch dabei brauchen Sie Hilfe. Sie müssen sich eingestehen, daß Sie es allein nicht schaffen.

Wenn Sie mit einem Menschen, der Symptome von Depersonalisation aufweist, befreundet sind, wenn Sie zu seiner Familie gehören, mit ihm zusammenarbeiten oder ihn lieben, dann drängen Sie diese Person, sich um professionelle Hilfe zu bemühen. Schlagen Sie ihr vor, sie zum ersten Termin zu begleiten. Möglicherweise verhilft dies der – oder dem – Betroffenen zu einer Einsicht bezüglich ihres Zwangs, »alles allein machen« zu wollen.

Stadium 10:
Innere Leere

Im Zustand der Depersonalisation lauert die innere Leere. Frauen in Stadium 10 sagen, sie fühlten sich ausgehöhlt, leer, ausgezehrt, nutzlos und erledigt. Es gibt noch einen schwachen Wunsch »aufzutanken«, doch die angewandten Mittel sind gewöhnlich falsch, trügerisch und wirkungslos.

Ein Schlüsselsymptom für dieses Stadium ist Übermäßigkeit. Die Frauen decken das beängstigende Gefühl der Leere mit kurzfristigen, sinnlichen Befriedigungen zu. Ellen berichtet:

»Ich kam völlig erledigt von der Arbeit nach Hause. Doch ich mußte ja immer die fröhliche Partynudel sein ... ich fing an, Kokain zu nehmen, um mich aufzuputschen. Dann ging ich zu einer Party, betrank mich bis zum Stumpfsinn, kam mit irgendeinem Kerl nach Hause und wachte am Morgen mit diesem völlig Fremden im Bett auf ... ich hatte keine Ahnung, wie er dahin gekommen war ...«

Das Gefühl von innerer Leere ist nicht angenehm. Für die meisten Frauen bedeutet es das, was Ellen später »mein gescheitertes Leben« nannte. Wenn sie sich mit Alkohol, Arbeit, Drogen und Sex zuschüttete, machte sie sich selbst vor, sie hätte ein erfülltes und aufregendes Leben. Wenn sie jedoch nicht auf Achse war, wurde das Leeregefühl so überwältigend, daß sie es bald überhaupt nicht mehr aushielt, allein zu sein. Sie befiel »unerträglicher seelischer Schmerz und absolute Panik«. Alleinsein war eine Tortur für sie, weil sie dann mit sich selbst konfrontiert war.

Andere Frauen berichten von schweren Phobien in diesem Stadium. Platzangst ist ein Symptom für innere Leere. Frauen, die sich nicht auf die Straße trauen, keine Bank und keinen Supermarkt betreten können, Angst vorm Auto-, Bus- oder U-Bahn-Fahren haben, leiden oft darunter, keinen zuverlässigen Menschen um sich zu haben. Die angestaute, unausgedrückte Wut und Enttäuschung machen die Außenwelt beängstigend und fremd, und die Frauen erleben sogenannte spontane Panikattacken.

Janet beschreibt dieses Symptom:

»Das erste Mal passierte es, als ich mich mit meinem jüngsten Sohn in einem Kaufhaus aufhielt. Ich war plötzlich benommen, dann wurde mein Gesicht heiß, mein Herz schlug wie verrückt, und ich dachte, ich würde ohnmächtig. Meine Beine waren wie aus Gummi, und ich glaubte, keine Luft zu kriegen. Ich hatte Todesangst. Ich wollte bloß noch wegrennen. Die Regale verschwammen, und ich wußte nicht mehr, wie ich auf meinen Sohn *und* auf mich achtgeben sollte ... Nach kurzer Zeit war es vorbei, doch ich kann immer noch nicht wieder in diesen Laden gehen. Ich habe furchtbare Angst, daß es wieder passiert.«

So oder so ähnlich verlaufen Panikattacken. Vereinsamung und innere Leere führen zu den Symptomen; sie zwingen die Frau, entweder mit der Hektik weiterzumachen oder sich in ihre Wohnung, das heißt an einen sicheren Ort, zurückzuziehen.

»Meine allergrößte Sorge war«, sagt Ellen, »daß jeder Augenblick ausgefüllt war. Wenn ich niemanden fand, der mit mir ausging, nahm ich ein zehner Valium, damit ich nichts mehr mitkriegte und die Zeit verschlafen konnte.«

Essen spielt eine wichtige Rolle im Stadium der Leere. Kalorienreiche Lebensmittel, die ein Zuhause, Wärme und Befriedigung symbolisieren, vermitteln das Gefühl von Ausgefülltsein und Regeneration. Manche Frauen schwelgen in Süßigkeiten, andere in Kohlehydratbomben wie Nudeln oder Fast Food. Stacey berichtete, daß sie zwei Big Macs, Pommes und Milchshakes verdrückte, Janet stand auf Pizza, Grillhähnchen und Kartoffelchips. Während der Eßanfälle fühlten sich die Frauen »schuldbewußt, aber mächtig«, so als ob sie die Kontrolle hätten – darüber was sie essen wollten, um das Leeregefühl zu überdecken.

Auch Sex spielt hier eine bedeutsame Rolle. Wie Alice zu Beginn dieses Kapitels berichtete, war »das einzige, woran ich noch Spaß hatte ... Essen und Sex ... ich dachte, ich hätte einfach großen sexuellen Appetit, doch jetzt in der Rückschau weiß ich, daß ich nicht Sex wollte, sondern nur körperliche Nähe ... ich fühlte mich dann irgendwie menschlicher, wenigstens ein paar Stunden lang«. In Wirklichkeit traf genau das Gegenteil zu. In Stadium 10 kann Sex als Betäubungsmittel fungieren, das über das innere Abgestorbensein hinwegtäuscht. Eine andere Frau sagte beim Interview: »Ich wurde so traurig und desorientiert. An einem Sonntagmorgen, als mein Freund und ich gerade miteinander geschlafen hatten und er ins Bad ging, hatte ich mich fünf Minuten später wieder völlig abgekapselt und vergessen, daß er da war ...«

Weil das Leeregefühl ein Vakuum schafft, das danach schreit, ausgefüllt zu werden, sprechen Frauen wie Cass und Alice davon, daß sie sich nach jemandem sehnten, der ihnen die Verantwortung für ihr Leben abnähme. Ohne Bindung und Orientierung treiben sie auf das nächste Burnout-Stadium zu.

Sofortmaßnahmen: Wenn Sie dieses Stadium erreicht haben, sind Sie vielleicht alarmiert, wenn Sie sich mit den Symptomen identifizieren. Doch bitte erinnern Sie sich, daß Anerkennen und Identifikation Teil der wahren Therapie des Burn-out sind. Die Leere, die Sie spüren, ist eine direkte Folge von Vernachlässigung, und das können Sie ändern. Sie brauchen den Beistand eines Spezialisten für Burn-out und Phobien, der Sie zurück zum Ursprung Ihrer Symptome begleitet. Rufen Sie unbedingt einen Fachmann oder eine Fachfrau an und vereinbaren Sie einen Termin. Falls Sie das nicht fertigbringen, bitten Sie jemanden, das für Sie zu übernehmen. Dann haben Sie den ersten Schritt unternommen, um sich selbst zu heilen und Ihren Lebensmut wiederzugewinnen.

Stadium 11:
Depression

Mit diesem Stadium haben viele Frauen den Punkt erreicht, wo ihnen alles egal ist. Auch wenn Sie vielleicht in einer neuen Situation, bei neuen Menschen kurz aufleben, scheint Ihnen das Leben sinnlos, hoffnungslos und freudlos. Verzweiflung und Erschöpfung sind die vorherrschenden, wenn nicht sogar die einzigen bewußten Gefühle. Während Sie in Stadium 10 noch versuchen, mit falschen Therapien »aufzutanken«, benutzen Sie in Stadium 11 Drogen und Alkohol, um sich weiterzuschleppen. Manchmal kommt es Ihnen vor, als gebe es überhaupt keine Hoffnung mehr. Das wichtigste Symptom ist der Wunsch nach Dauerschlaf. Initiative und Motivation sind gleichsam auf dem Nullpunkt, Sie wollen nur noch fliehen.

Stadium 11 ist sehr gefährlich, weil manche Frauen hier anfangen, mit Selbstmordgedanken zu spielen. Sie gehen unbewußt Risiken ein, zum Beispiel im Straßenverkehr.

Auf bewußter Ebene spielen sie die Selbsttötung vielleicht im Geiste durch. Eine Frau berichtete von der Phantasie, mit ihrem Auto gegen eine Mauer zu prallen, eine andere, sich »mit Tabletten zu einem ewigen Schlaf zu verhelfen«, wieder eine andere, »mich im Büro aus dem Fenster zu lehnen, bis ich das Gleichgewicht verliere«.

Wenn Sie Selbsttötungsgedanken hegen, dann denken Sie daran, daß sie nicht von selbst entstehen, sondern mit den sich aufschaukelnden Symptomen zu tun haben. Sie sind Ausdruck selbstschädigender Gedanken. Wenn sich Frauen in ihren Rollen als Versagerinnen fühlen, wird ihr ganzes Leben in den Sog dieses vermeintlichen Scheiterns hineingezogen. Das Selbstwertgefühl schwindet völlig.

Nur zu oft merkt eine Frau im Stadium 11 gar nicht, daß sie depressiv ist. Die Verzweiflung und der Selbsthaß sind so extrem, daß sie ihren wahren Wert nicht mehr von ihren Gefühlen trennen kann. Im Grunde *wird* sie zu ihren negativen Gefühlen und sieht keinen Ausweg mehr. Es ist daher für sie schwierig, wenn nicht sogar unmöglich, sich um sich selbst zu kümmern. Der Kühlschrank bleibt wochenlang leer, und obwohl sie das Bedürfnis zu essen hat, kann sie sich nicht aufraffen, einkaufen zu gehen. Statt dessen schläft sie. Die Wäsche bleibt liegen wie die anderen Alltagsverrichtungen auch, und sie findet schließlich keine frische Wäsche und kein sauberes Kleidungsstück mehr.

Alice berichtet im Lauf des Interviews, daß ihre Depression so allumfassend war, daß sie weder die Lust noch die Energie hatte, sich zu schminken oder auch nur zu pflegen:

»Ich vergaß, mir die Haare zu waschen, und fand mein Aussehen dann fürchterlich. Ich vermied, in den Spiegel zu blicken, weil er bewies, daß meine Gefühle zutrafen. Und wenn ich mich mal anschaute, dachte ich: ›So also siehst du in Wahrheit aus.‹ Ich wurde eine richtige Schlampe. Wenn ich aus dem Haus mußte, merkte ich in letzter Minute, daß ich keine sauberen Kleider mehr hatte, und durchwühlte den Wäschekorb nach einem Paar Hosen. Ich weiß, das

hört sich schrecklich an, aber es war mir so egal ...«
In diesem Stadium sind viele Frauen für Trost unzugänglich; manche können auch nicht mehr weinen. Andere können, wie beim Rückzugsstadium, gar nicht mehr zu weinen aufhören. Die eine ißt nicht mehr, die andere stopft eine Packung Eiscreme in sich hinein, merkt es nicht und schmeckt natürlich auch nichts. Perioden von starken, schmerzhaften Emotionen und innerem Abgestorbensein können miteinander abwechseln.

Im Stadium 11 sind Beziehungen häufig stark gefährdet. Da die Frauen keinen Trost annehmen können, verbreiten sie eine Art Untröstlichkeit um sich. Drohungen von außen – von einem Chef oder einem Partner – beeinflussen eine Depression kaum. Eine Frau berichtete, daß ihr Lebensgefährte ihr mitteilte, er müsse sie verlassen, wenn sie sich nicht in Behandlung begäbe. Obwohl sie sehr an ihm hing, sagte sie: »Dann tu' es gleich, und bring's hinter dich ...« Eine Frau, deren Stelle auf dem Spiel stand, hatte nicht die Energie oder Urteilskraft, um zu sehen, was hinter ihrem Rücken gespielt wurde. Nach wiederholten Warnungen ihrer Freunde wurde ihr schließlich gekündigt. »An diesem Punkt war mir das völlig schnurz«, sagte sie. »Ich wollte nur noch meine Ruhe.« Stadium 11 ist extrem bedenklich und darf weder ignoriert noch als Zustand betrachtet werden, der »sich morgen wieder einrenkt«. Hier ist die Frau tatsächlich existentiell ausgebrannt und erfaßt gewöhnlich die einschneidenden Konsequenzen ihres Zustandes nicht.

Frauen, die sich um professionelle Hilfe bemühen, müssen unbedingt darauf achten, daß nicht nur die Depression behandelt wird. **Burn-out-Erschöpfung darf nicht übersehen oder übergangen werden.** *

---

* Wenn Sie sich einen Termin geben lassen, fragen Sie die jeweilige Person, ob sie Erfahrungen mit der Behandlung von Burn-out hat. Gegenwärtig bilden sich viele Fachleute entsprechend weiter. Ob Sie nun selbst anrufen oder ob das jemand für Sie übernimmt, informieren Sie den Spezialisten über Ihre Symptome.

Sofortmaßnahmen: Das Vernünftigste, was Sie an diesem Punkt unternehmen können, ist ein Arztbesuch. Der Arzt soll das Ausmaß Ihrer Erschöpfung feststellen und Ihnen Maßnahmen zur körperlichen Erholung nennen. Wenn Sie bis jetzt noch keinen Kontakt mit einem Psychologen, Psychiater oder Psychotherapeuten aufgenommen haben, dann tun Sie es *heute* noch. Wenn Sie mit jemandem zusammenleben, bitten Sie ihn oder sie um Hilfe, gegebenenfalls um Begleitung zum ersten Termin. Viele Menschen erleben ähnliche Burn-out-Depressionen, wissen jedoch nicht, daß man darüber hinwegkommen kann. Sie haben die Chance dazu, doch Sie sind jetzt dabei, Ihr körperliches und geistiges Wohlbefinden zu gefährden.

Stadium 12:
Völlige Burn-out-Erschöpfung
Dieses Stadium ist der Höhepunkt der elf im Zyklus vorausgegangenen Stadien. Nicht jede Frau kommt dahin, doch diejenigen, die es zulassen, sind ausgepumpt bis zum Geht-nicht-mehr. Es gibt kein »Ich« mehr – die Sicherung ist durchgebrannt. An diesem Punkt haben der ursprüngliche Zwang oder das Bündel von Zwängen seinen Zauber verloren. Das Leben scheint sinnlos, gestaltlos, farblos.
Die geistige und körperliche Erschöpfung von Stadium 12 ist lebensgefährlich. Sie müssen wissen, daß Sie ein Recht, wenn nicht sogar die Pflicht haben, professionelle Hilfe und Behandlung in Anspruch zu nehmen. Das schließt eine umfassende medizinische Untersuchung und, falls nötig, einen Krankenhausaufenthalt ein. Ihr Immunsystem kann angegriffen sein, und Sie sind jetzt anfällig für alle streßbedingten Krankheiten, von Herz- und Kreislauferkrankungen bis

zu Magen-Darm-Krankheiten. Es ist unerläßlich, daß Sie auf Freunde, Familie, Partner oder Kollegen hören und zulassen, daß Ihnen geholfen wird.

Wenn die völlige Burn-out-Erschöpfung einsetzt, können Sie gänzlich außerstande sein, Ihren Zustand richtig zu beurteilen. Stadium 12 stellt eine handfeste Krise dar. *Es handelt sich um einen absoluten Notfall.*

Einige abschließende Gedanken zum Symptom-Zyklus

Es sei nochmals darauf hingewiesen, daß *viele der in den zwölf Stadien beschriebenen Symptome normale und sogar gesunde Reaktionen auf das Auf und Ab des modernen Lebens sein können.* Sie erleben vielleicht manchmal paranoide Gefühle wegen Ihres Arbeitsplatzes, oder Sie fühlen sich ausgelaugt und urlaubsreif, brauchen mehr Zeit für sich und Ihren Partner, doch Sie müssen deswegen nicht im Burn-out-Zyklus stecken. Sie reagieren möglicherweise einfach auf ein oder mehrere Ereignisse und fallen zurück in Ihren normalen emotionalen und körperlichen Zustand, wenn die Krisen vorüber sind.

Halten Sie sich außerdem vor Augen: Nicht jede Frau, die unter Burn-out leidet, erreicht die schweren Stadien des Zyklus. Sie können über eine kürzere oder längere Zeit in einem bestimmten Stadium steckenbleiben. Möglicherweise ist etwas Besonderes passiert – Verlust des Arbeitsplatzes, Krankheit eines Familienmitglieds, Umzug in eine andere Stadt, Trennung von einem Partner –, das Sie in eines der Stadien hineinkatapultiert. Wenn sich die Situation ändert oder auflöst, können die Symptome verschwinden. Wenn sich dagegen die Umstände nicht verändern und die Symptome nicht genügend beachtet werden, können Sie in diesem Stadium verharren oder in das nächste hineingeraten. Was diese Symptome zu Burn-out-Indikatoren macht, ist sowohl die Intensität der mit ihnen verbundenen Gefühle als auch ihre Dauer.

Wenn Sie Ihre persönlichen Symptome analysieren, versuchen Sie auch, ihre Stärke zu bestimmen. Wenn Sie sich emotional, intellektuell, verhaltensmäßig und körperlich beeinträchtigt fühlen, müssen Sie anfangen, sich die nötige Aufmerksamkeit zu widmen.

Die Identifikation der Symptome hat im Burn-out-Zyklus auch so etwas wie pädagogischen Wert. Wenn Sie mit den Anzeichen vertraut sind, können Sie anderen, die in dem Zyklus stecken, Ihre Hilfe anbieten. Genau wie Sie sich die Besorgnis anderer zu Herzen nehmen müssen, wenn Sie auf dem Weg in den Burn-out sind, sind andere auf die Ihre angewiesen.

Wie Sie das Verleugnen »verlernen« können

Bevor wir uns mit den Aspekten Ihres Berufs- und Privatlebens befassen, nennen wir Ihnen jetzt einige *zusätzliche Sofortmaßnahmen*, mit denen Sie den Burn-out-Prozeß umkehren können. Alle zielen darauf ab, daß Sie die Verleugnungsmuster in Ihrem Leben »ablegen« und »verlernen«. Viele der Symptome, die Sie gerade kennengelernt haben, können dadurch verhütet werden.

1. Gestehen Sie sich ein, daß Sie Burn-out-gefährdet sind. Versuchen Sie dann, mit Hilfe des Symptom-Zyklus die Gefühle, Verhaltensweisen und Einstellungen zu identifizieren, die Ihrem Erleben entsprechen. Wenn es bei Ihnen »klingelt«, übergehen Sie das nicht! Denken Sie daran, daß Sie aufhören wollen, etwas zu verleugnen.

2. Erschöpfung fördert das Verleugnen und verzerrt Ihr Urteilsvermögen und Ihre Intuition. Ruhen Sie sich unbedingt aus. Achten Sie auf Ihren Körper und Ihre Ernährung. Es ist zu schwierig, alte Verhaltensmuster zu erkennen, wenn

Sie ermüdet sind – Ihre Wahrnehmung wird dann ungenau. Vielleicht nehmen Sie Vitamine, um sich aufzubauen. Konsultieren Sie einen Ernährungsberater, und ernähren Sie sich ausgewogen.

3. Betrachten Sie jetzt genau, wie Sie in letzter Zeit mit sich und Ihrer Umwelt umgegangen sind. Denken Sie über Menschen und Situationen in starren Schwarz-Weiß-Kategorien? Ist Ihr Verhalten unflexibel? Sind Sie sehr reizbar? Sind Ihre Tage nur noch Routine? Haben Sie Spaß und Vergnügen – lachen Sie? Versuchen Sie nicht, Ihre Antworten zu rechtfertigen. Sie wollen jetzt eine genaue Bilanz des Umfangs Ihrer Verleugnung ziehen.

4. Prüfen Sie jetzt die Vorbilder, die Ihre Verleugnung gefördert haben. Wem versuchen Sie zu gefallen? Welches Bild von sich wollen Sie nach außen zeigen? Verhindert Ihr Rechtfertigungsdrang den Ausdruck Ihrer wahren Bedürfnisse? Versuchen Sie herauszufinden, welche Stimme in Ihrem Kopf die meiste Macht über sie hat. Das »Müssen« und »Sollen« gehört zu einer anderen Person aus der Vergangenheit, und die ist vorbei.

5. Sie können das Verleugnen »verlernen«, indem Sie Ihre inneren Kontrollmechanismen abbauen. Denken Sie darüber nach, was Sie Freunden, Partnern, Familie verhehlt haben. Was würden Sie ihnen gern von sich erzählen (wenn Sie könnten)? Welche Mythen haben Sie sich zurechtgelegt, um diese Beziehungen aufrechtzuerhalten? Seien Sie nicht mehr so streng mit sich.

6. Denken Sie darüber nach, was Sie mit einem freien Tag anfangen würden. Wenn Sie bisher automatisch funktioniert haben, können Sie Ihre Lebensgeister wecken, indem Sie sich gönnen, was Ihnen wirklich Freude macht. Lassen Sie diesen Schritt nicht aus, auch wenn Sie meinen, das, was Ihnen Freude macht, vertrage sich nicht mit dem, was Sie erreichen oder beweisen wollen.

7. Versuchen Sie jetzt herauszufinden, was in Ihrem beruflichen und persönlichen Umfeld die Verleugnung auslöst.

Verleugnen Sie, daß Sie sich auf einer Arbeitsstelle, die Ihnen nicht gefällt oder die eine Sackgasse ist, festgenagelt fühlen? Ist Ihre Ehe in bloßer Höflichkeit festgefahren oder sexuell tot? Treffen Sie sich mit einem Menschen, der verheiratet oder schwer zugänglich ist oder der nicht auf Ihre Bedürfnisse eingeht? Verleugnen Sie Ihr Bedürfnis nach Intimität oder Liebe, weil Sie Angst haben, Sie könnten es nicht befriedigen oder es störe Ihre Karrierepläne? Nehmen Sie die Gelegenheit wahr, und antworten Sie mit absoluter Ehrlichkeit.

8. Denken Sie darüber nach, wie Sie Ihr Leben so umgestalten könnten, daß Menschen eine Rolle spielen, bei denen Sie sich ungezwungen fühlen und die Zeit für Sie haben. Lassen Sie diese Maßnahme nicht aus, auch wenn Sie sie für unmöglich halten. Benutzen Sie Ihre Phantasie, und setzen Sie sich dann neue Ziele.

9. Übergehen Sie weder den Zusammenhang zwischen Ihrer Reizbarkeit und Ihrer Erschöpfung noch den zwischen Ihren Schmerzen und Krankheiten und Ihrer Überlastung oder den zwischen Ihrer Einsamkeit und Ihrem Kontrollwunsch. Wenn Sie müde sind, sagen Sie es. Wenn Sie wütend sind, sagen Sie es. Wenn Sie genug haben, sagen Sie es. Wenn Sie sich zurückziehen möchten, sagen Sie es. Wenn Sie nicht mehr geben können, hören Sie auf. Wenn Sie etwas für sich haben wollen, bitten Sie darum.

10. Vermeiden Sie Isolation! Auch wenn Sie sich lieber verkriechen möchten, verschaffen Sie sich Unterstützung und Klärung durch andere. Niemand hat auf jede Frage eine Antwort parat, doch andere können Ihnen die eine oder andere Einsicht vermitteln, die sich schließlich als stärkend, klärend und ermutigend erweist. Gewöhnlich konfrontieren Freunde Sie im Gespräch mit interessanten Blickwinkeln, und manchmal eröffnen sich unerwartet neue Alternativen. Überprüfen Sie Ihre Denkmuster. Die Verleugnung zuzugeben ist der erste Schritt zur »Besserung«.

11. Versuchen Sie heute, wenn Sie Ihre Freunde fragen, wie es Ihnen gehe, *nicht* zu sagen »gut«. Sie müssen sich nicht lang und breit erklären, aber antworten Sie ehrlicher. Die Nähe wirkt wie ein Katalysator, der einen Großteil der Verleugnung unwirksam macht.

12. *Machen Sie neue, andere Fehler.* Festhalten an den alten treibt Sie direkt in den Burn-out. Neue Fehler sprechen dafür, daß Sie die alten Schemata hinter sich lassen und mit der Gewohnheit der Verleugnung brechen.

Und zu guter Letzt: Wenn die Verleugnung bei Ihnen zum Lebensstil geworden ist, haben Sie sich emotional »festgefahren« und fühlen sich wahrscheinlich außerstande, Ihre Kontrollmechanismen zu ändern. Obwohl Sie sich ändern *müssen, will* sich paradoxerweise ein Teil von Ihnen nicht ändern. Je nachdrücklicher man Ihnen erklärt, daß Sie etwas seinlassen »müssen«, desto hartnäckiger halten Sie an Ihren alten Mustern fest. Das nennt man Widerstand.

Dieses Buch will Ihnen nicht einreden, Sie müßten Ihre Einstellungen oder Gefühle ändern. Niemand verlangt von Ihnen, sich nie mehr »festzufahren«. Wir möchten Ihnen jedoch deutlich machen, daß Sie sich, auch wenn Sie sich »festgefahren« haben, immer noch bewegen können.

– Sie müssen Ihren Arbeitsplatz nicht aufgeben. Nur – es gibt da draußen auch noch anderes.

– Sie müssen eine Beziehung nicht abbrechen. Nur – unterhalten Sie sich auch mit neuen Bekannten.

– Sie müssen nicht aufhören, sich zu verausgaben. Nur – bleiben Sie offen für das, was andere denken und sagen.

– Sie müssen überhaupt nichts aufgeben. Nur – lernen Sie, Ihr Tempo selbst zu bestimmen.

Sie werden lange leben. Eine neuere Studie im Rahmen des Aging Society Project ergab, daß Frauen eine Lebenserwartung von 89 Jahren haben – sieben Jahre mehr als Männer. Was wollen Sie mit diesen Jahren anfangen? Wie wollen Sie mit Ihrem Körper, Ihrem Geist und Ihren Gefühlen umgehen, damit Sie die Annehmlichkeiten dieses Lebens lange genießen können?

Versuchen Sie, auf einem Mittelweg zu leben, nicht ausschließlich in Extremen und Exzessen. Wenn Sie lernen, Ihr Tempo selbst zu bestimmen und sich Zeit sowohl für Entspannung und Liebe als auch für Arbeit und Leistung zu nehmen, vermeiden Sie die leidvolle Erfahrung des Burnout. Manchmal ändert sich durch bloßes Offenbleiben für Information etwas. Und Burn-out läßt sich oft abwenden, wenn Sie sich das Recht des Hinhörens zugestehen.

Teil 2
Burn-out bei Frauen – konkret

Kapitel 5
Burn-out im Beruf

»Es wird nicht demnächst passieren, doch in ein paar Jahren werden die Begriffe ›Beruf‹ und ›Frau‹ völlig miteinander vereinbar sein. Bis dahin sind wir sicher alle sehr müde.«
Diane V.

Haben Sie sich jemals diese Sätze sagen hören?
– »Bei meiner Arbeit bin ich richtig zwanghaft.«
– »Ich muß mich jeden Tag mehr zusammennehmen.«
– »Das hat sich zu lange in mir aufgestaut.«
– »Ich habe Schuldgefühle, wenn ich mich nicht bis zum äußersten verausgabe.«
– »Ich kenne meine Grenzen nicht.«
– »Ich fühle mich immer unter dem Druck, über meinen Schatten zu springen.«
– »Ich muß mich immer wieder beweisen.«
– »Ich kann mich mit nichts zufriedengeben, das nicht perfekt ist.«
– »Ich fühle mich, als ob es ums Überleben ginge.«
– »Wenn ich so weitermache, bin ich in sechs Monaten völlig ausgebrannt.«
Das ist die Sprache des Burn-out von Frauen in der Geschäftswelt. In Gesprächen mit Frauen auf allen Hierarchieebenen und aus vielen verschiedenen Berufen hört man derartige Sätze häufig.
Wahrscheinlich ist Burn-out von Frauen im Beruf der am leichtesten zu identifizierende Burn-out-Typ, jedoch auch der am stärksten verleugnete. Die Geschäfts- oder Arbeitswelt ist ein doppelbödiges Gebiet voller Widersprüche. Angesichts der größeren beruflichen Möglichkeiten der letzten

beiden Jahrzehnte zögern viele Frauen, Arbeitsunzufriedenheit zuzugeben. Sie glauben, sie müßten sich ständig unter Kontrolle haben, denn Fehlbarkeit oder Grenzen zeigen, könnte als Schwäche ausgelegt werden und gegen sie sprechen.

Wenn ein Mann arbeitet, wird er mit dem üblichen Streß konfrontiert. Er ist jedoch nicht gezwungen, sein Geschlecht zu rechtfertigen – nur seine Fähigkeiten. Frauen stellen häufig fest, daß sie sich an beiden Fronten beweisen müssen. Infolgedessen tendieren sie dazu, ihre Bedürfnisse, ihre Erschöpfung und ihre Unzufriedenheit zu verleugnen, bis sie im Burn-out-Zyklus stecken.

Wenn Sie spüren, daß Burn-out-Symptome Ihre Leistungsfähigkeit, Ihre Einstellungen und Ihre Persönlichkeit beeinträchtigen, sind Änderungen nötig. Wenn die Bedingungen nicht zu ändern sind, müssen Sie vielleicht den Arbeitsplatz wechseln. Oder beschließen Sie, sich selbst bei der Arbeit anders wahrzunehmen, und zu lernen, Ihre beruflichen Ziele und Ihre persönlichen Bedürfnisse gegeneinander auszubalancieren. Viele Frauen verleugnen ihre Burn-out-Symptome. Sie wollen sich nicht eingestehen, daß die Belastung im Beruf auf andere Lebensbereiche übergreift. Sie wissen nicht genau, was mit Ihnen los ist. Sie wissen vielleicht nur, daß Sie mit Elan, Ehrgeiz und Enthusiasmus angefangen haben und sich jetzt irgendwie verstimmt und ausgenutzt fühlen oder, schlimmer noch, daß Ihnen Ihr Beruf ohne Vorwarnung leer und sinnlos erscheint. Zusätzlich haben Sie das Gefühl, daß Ihre Freunde und Kollegen aus härterem Holz geschnitzt sind, Ihre Arbeit lockerer erledigen und die Anerkennung, die Belohnung und die Reputation erhalten, die Sie vermissen. Sie finden Ihre Arbeit oder Ihr Arbeitsumfeld unbefriedigend und fühlen sich vielleicht von Ihrem eigenen, schwindenden Optimismus im Stich gelassen. Viele Frauen haben ihre jetzige Stelle gut ausgebildet und erfahren angetreten. Sie sind gut, und sie wissen es, und wahrscheinlich haben ihnen ihre Erfahrungen das auch bestätigt. Und trotzdem stimmen sie in die so verbreitete Klage ein: »Wenn ich so erfolgreich bin, warum bin ich dann nicht glücklich?«

Meredith, eine 36jährige Managerin für Öffentlichkeitsarbeit, drückt es so aus:

»Ich glaube, viele Frauen laufen mit einer Riesenwut im Bauch herum. Wir sind desillusioniert und fertig. Ich bin auf die Karrierefrau eingestiegen, und das läuft toll. Ich bin unabhängig, gelte als erfolgreich, verdiene gut. Und ... ich lasse mir Dauerwellen machen, ziehe mich sehr gut an, schlucke Merz-Spezialdragees ... und trotzdem stimmt an diesem Bild etwas immer noch nicht. Ich arbeite wirklich wie ein Pferd, wahnsinnig viel. Ich mag meine Arbeit ... aber ich lasse allmählich nach. Ich fühle mich irgendwie nicht mehr so bestätigt ... irgendwas fehlt ... Ich verändere mich persönlich. Ich habe dabei kein gutes Gefühl. Warum mache ich überhaupt, was ich mache? Welchen Sinn hat das?«

Welchen Sinn hat es wirklich? Wenn Sie Ihr halbes Leben am Arbeitsplatz verbringen, und Sie sind demotiviert, lustlos, zornig oder, noch schlimmer, Sie empfinden die Arbeit als immer sinnloser, dann mag zwar das Geld der ökonomische Grund sein, doch die Arbeit selbst hat emotional keinen Wert. Wie Sisyphus wälzen Sie jeden Tag den Stein den Berg hoch, der abends wieder herunterfällt, nur um sich am nächsten Tag noch mehr anzustrengen – mit noch weniger Kraft. Was ist mit Ihrem anfänglichen Idealismus, Ehrgeiz und Optimismus geschehen? Manche Frauen werden einfach ihrer Arbeit überdrüssig, doch für andere trifft dieses Argument nicht zu. Zuviele Frauen mit anspruchsvollen und anregenden Berufen fragen sich, warum ihnen ihr Elan abhanden kommt und warum sie zynisch und lethargisch werden – die typischen Zeichen eines beginnenden Burnout.

Meredith kämpft mit diesem Problem. Was sie wollte und hat – einen interessanten, anspruchsvollen Beruf –, und was sie braucht – sich »irgendwie bestätigt« fühlen –, ist nicht mehr ausgewogen. Ihre Bedürfnisse kommen aufgrund der »Sachzwänge« ihres beruflichen Ehrgeizes zu kurz, und jetzt »läßt« sie »nach«. Wie ist das passiert, und wie kann sie es ändern?

Weiblicher Perfektionismus und Burn-out

Wenn Sie zu Burn-out neigen, treten Sie eine neue Stelle gewöhnlich mit einer Idealvorstellung an. Sie bürden sich verinnerlichte Bilder auf, die Ihnen vorschreiben, welche Funktion Sie ausfüllen *sollen*, was Sie leisten *sollen*, wieviel Sie leisten *sollen* und wie gut Sie sein *sollen*. Dem liegt eine bestimmte Vorstellung von Perfektion zugrunde. Nur wenn Sie während der ersten Wochen perfekt sind, haben Sie das Gefühl, zu Recht auf der Gehaltsliste zu stehen. Doch im Hintergrund lauern Angst und Anspannung. Sie messen sich an unnachsichtigen Maßstäben und fühlen sich verpflichtet, dieser Meßlatte nicht nur zu entsprechen, sondern sie noch zu übertreffen. Die auf solche Leistungen folgende Anerkennung und Aufmerksamkeit erweist sich jedoch als zweischneidiges Schwert. Meredith erinnert sich:
»In den ersten Wochen auf meiner neuen Stelle war ich super. Ich hatte viele gute Kontakte und wußte sie zu nutzen. Ich sprudelte nur so von tollen Ideen und Lösungen für bestehende Probleme von Kunden ... und konnte einfach nicht aufhören. Ich war völlig aufgedreht, raste herum ... das konnte ja nicht falsch sein. Dann sank meine Leistung ab, und ich erkannte, daß ich riesige Erwartungen an mich und für mich aufgetürmt hatte. Ich hatte den Drang, diese Erfahrung zu verlängern ... So trat ich gegen meine eigenen Erfolge an. Ich wußte, daß ich das nicht schaffen würde, und nicht lange danach arbeitete ich 15 bis 16 Stunden am Tag, nur um mein Niveau zu halten ...«

Frauen, die in der Arbeit ausbrennen, haben sozusagen alles auf eine Karte gesetzt. Sie messen ihren Wert an überhöhten Leistungsmaßstäben, die über innere Selbstzweifel hinwegtäuschen sollen. Wenn Sie sich für einen »Workaholic« halten und in Ihrem sonstigen Leben keinen Ausgleich haben, soll Ihre rastlose Tätigkeit vielleicht Ängste überdecken, die einerseits Ihrer vergangenen Familiendynamik und andererseits gegenwärtigen, gesellschaftlichen Normen entspringen. Sie sind nicht die einzige mit diesem Problem.

Als Perfektionistin fürchten Sie wahrscheinlich nichts so sehr, wie öffentlich einen Fehler zu machen. Der Fehler definiert Sie – nicht der Zusammenhang. Viele Frauen sagen, sie fürchteten, »dumm« dazustehen. Eigentlich beunruhigend ist jedoch nicht diese Angst, einen »dummen« Fehler zu machen, sondern die, als »dumme« Person definiert zu werden. Sehr häufig vergißt oder verleugnet daher eine Frau ihre früheren Erfolge. Sie integriert sie nicht in ihre tägliche Erfahrung. Erfolge gelten nicht als beruhigende Beweise von Kompetenz, Talent und Originalität, Fehler werden zum Maßstab für die Persönlichkeit, und sie bestätigen Inkompetenz, Mittelmäßigkeit und Konventionalität. Für die Perfektionistin ist ein Fehler der gefürchtete Beweis dessen, wovor sie schon immer Angst hatte: Im Grunde hält sie sich für eine Betrügerin. Ihr doppelter Einsatz hat darum etwas von einem unbewußten Reueakt. Die Perfektionistin fühlt sich wie auf Bewährung und muß durch ein Verschleudern ihrer Energie beweisen, daß sie willens und in der Lage ist, ihren Beitrag zur »Firmenkultur« zu leisten.

Robin, eine Marketingmanagerin, erzählt von ihren Zweifeln während der ersten sechs Monate an ihrem neuen Arbeitsplatz:

»Ich hatte das Gefühl, als ob ich eine Art Schonzeit hätte, in der ich Fehler machen durfte. Danach mußte ich perfekt sein. Ich meine, die ersten paar Tage oder Wochen kann man sich schon mal irren und ein paar Patzer machen – man kennt den Laden ja noch nicht. In dieser Zeit schrieb ich einen Projektvorschlag, der sehr gelobt wurde und mir große Aufmerksamkeit brachte. Mein Chef stellte mich sofort all den hohen Tieren vor . . . Ich war aufgeregt und wie elektrisiert, und ich hatte das Gefühl, ich hätte die üblichen Stereotypen für Frauen durchbrochen. Doch in der Folge dieses Ereignisses spürte ich eine Erwartung, besser zu sein, als ich normalerweise bin, so als ob es irgendwo eine Zeitgrenze gäbe – eine Grenze, die ich überschreiten mußte und die das Ende meiner Bewährungsfrist darstellte. Ich komme nicht damit zurecht, daß ich nicht perfekt bin und daß das gar nicht so schlimm ist. Ich warte immer darauf, daß das Damoklesschwert fällt, und ich fliege. Jeden Tag glaube ich, meine Zeit sei um . . .«

Um die Fehler auszugleichen, die Robin macht (die sich häufig darauf beschränken, daß sie »nicht selbstsicher genug« ist, daß ihr »in dem Augenblick, wo jemand fragt, der Name einer Kontaktperson nicht einfällt« oder sie »nicht alle Anrufer am selben Tag« zurückruft), sorgt sie sich pausenlos und läuft »mit einem flauen Gefühl im Magen« herum. Sie reibt sich auf, weil sie ständig Überstunden macht und dann abends über alles nachgrübelt, bevor sie schlafen geht.

Unglücklicherweise glauben Perfektionistinnen wie Robin und Meredith nie wirklich, daß sie in Ordnung sind. Sie haben Schwierigkeiten, ihren »Instinkten« zu trauen, und unterwerfen sich jedem, der Macht verkörpert. Hinter ihren Selbstzweifeln spielt sich ein interessanter Konflikt ab.

Als Perfektionistin fühlen Sie sich wahrscheinlich gespalten. Sie versuchen, zwei innere Botschaften zugleich zu befolgen. Die eine rät Ihnen, das Risiko auf sich zu nehmen und zu prüfen, ob Ihre Instinkte richtig sind. Die andere schreibt Ihnen vor, auf Nummer Sicher zu gehen und nur Stimmen von außen zu trauen. Sie können diesen Konflikt auch als Kampf um die Vormacht zwischen Ihrem eigentlichen Ich oder wahren Selbst und dem strengen Überich Ihres falschen Selbst betrachten. Der Kampf zwischen dem, was Sie für den richtigen Weg halten, und dem, was Sie für die Erwartungen anderer halten, läßt Sie Ihr wahres Selbst verleugnen und treibt Sie in den übertriebenen Perfektionismus. Der Leistungsdruck zehrt allmählich Ihre Energiereserven auf. Sie sollten sich jedoch vor Augen halten: Es ist Ihr unangemessen strenges Gewissen, das Ihnen vorschreibt, für Ihre realen und eingebildeten Fehler durch Mehrarbeit zu bezahlen. Wenn Sie auf Ihr wahres Ich vertrauten, würden Sie diesen Wahn hinterfragen. Sie würden deutlich spüren, wann Sie kürzer treten oder/und sich außerhalb der Arbeit emotional regenerieren müssen.

Denken Sie über die doppeldeutige Botschaft nach, die Ihren übertriebenen Anstrengungen zugrundeliegt. Sie werden zugeben, daß Sie nicht allen alles recht machen können, daß Sie Ihr Arbeitsumfeld nicht »mit links« umgestalten können, daß Sie sich keine zusätzliche Verantwortung mehr aufbürden können, daß Ihnen soziale Isolation schadet. Dennoch sagt Ihr Gewissen, daß Sie genau das können – wenn Sie sich nur genug anstrengen. Dann schaffen Sie es – angeblich – auch, Überstunden, soziale Verpflichtungen, häufige Geschäftsreisen, Kleiderkäufe, Friseurtermine und Fitneßtraining unter einen Hut zu bringen und tatsächlich im Umgang mit Bekannten, Familie und Liebhabern noch ständig kreativ und einfühlsam zu bleiben. Doch jede Frau hat ihren ureigenen Rhythmus, ihre eigene innere Uhr, ihr eigenes Kraftzentrum und ihr eigenes, wahres Selbst. Als Perfektionistin merken Sie vielleicht nicht, daß Sie Raubbau an Ihren Reserven treiben. Doch wenn Sie sich desillusioniert und irgendwie abgestorben fühlen und sich Ihr Verhalten verändert hat, haben Sie wichtige Bedürfnisse mißachtet und befinden sich schon mitten im Burn-out-Zyklus.

– Machen Sie sich häufig Gedanken über Ihre »Leistungs-
   schwächen«?

- Reden Sie sich selbst ein, Sie seien nicht so intelligent, talentiert, fähig oder schnell wie die anderen?
- Versuchen Sie, sich einem fremden Rhythmus oder Stil anzupassen?
- Machen Sie sich oft Sorgen, wie andere Ihre Kompetenzen beurteilen?
- Wollen Sie den Wettbewerb »Wer arbeitet am längsten« gewinnen?

Wenn Sie eine dieser Fragen bejahen, werden Ihre sowieso schon hohen Maßstäbe immer höher. Die arbeitssüchtige Perfektionistin verfällt schließlich rigidem Denken und der Vorstellung, verstärkte Bemühungen seien die Antwort auf ihre Selbstzweifel. Wenn Freunde Besorgnis äußern, fühlt sie sich gestört. Sie nickt vielleicht zu allen ihren Vorschlägen, macht jedoch genauso weiter. Das sind sichere Anzeichen für Kontrollverlust. Der Arbeitszwang hat sich verfestigt und die wichtigeren Bedürfnisse verdrängt, das heißt immer weniger Zeit für das Privatleben, Zeit für sich selbst und *keine* Bestätigung von ihren Kollegen. Das schafft eine Atmosphäre voller Ressentiments, Aggression und Gleichgültigkeit gegen ihre harte Arbeit. Es ist höchste Zeit, kürzer zu treten.

Ideenklau, vorenthaltene Anerkennung und Burn-out

Die Bestätigung, die potentielle Ausbrenner so sehr brauchen, kann viele Formen annehmen. Anerkennung für Ideen oder Leistungen sind eine wichtige Quelle. Eine Frau, insbesondere eine, die zur Umsorgerin erzogen wurde, hat einen feinen Gerechtigkeitssinn. Sie weiß, was wessen »Kind« ist, und es verletzt ihr »Rechtsempfinden«, wenn eigene oder fremde Arbeit »geklaut« wird. Das ist nicht auf Geben und Nehmen von Anerkennung begrenzt; vielmehr erwartet sie Anerkennung, wenn sie verdient ist.

Bestürzung, Kränkung und Wut sind der emotionale Preis, wenn sie vorenthalten wird. Erst Lob kennzeichnet Sie als eine geschätzte Mitarbeiterin und ernstzunehmende Konkurrentin.

Potentielle Ausbrenner *verdauen* den Verlust von Anerkennung nur schwer. Sie wollen oft einfach nicht glauben, daß die Anerkennung für ein Projekt, ein Geschäft, einen Vorschlag oder eine Idee einem anderen zugute kommt. »Ich fühle mich betrogen . . . völlig verblüfft, wenn das passiert«, berichtet eine Frau. »Das widerspricht einfach meiner Moral. Vielleicht bin ich blöd, und vielleicht mache ich mir zuviele Gedanken, wie sich der andere fühlt, aber wenn ich sehe, wie sich jemand die Anerkennung, die mir oder einem anderen zusteht, unter den Nagel reißt, nagt das an mir. Ich glaube, das gehört zu meinem Burn-out – dieses Nagen macht einen verrückt.« Frauen gehen idealistischer als Männer an ihr Arbeitsumfeld heran. Ideenklau betrifft Frauen in unterschiedlichen Situationen und Berufen. Der daraus folgende Streß, die Wut und die Ohnmacht jedoch treffen sie gleich stark. Vier Beispiele illustrieren dies:

– »Meine Chefin sagt zu mir, was für ein ›Genie‹ ich sei, wie rasch ich mich anpasse, wie kreativ meine Ideen seien, wie schnell ich die Markttendenzen erfasse und Reaktionen darauf entwickle. Doch wenn es um die allgemeine Anerkennung geht, höre ich sie sagen, wie intensiv ›sie‹ sich um diese Saison gekümmert hat, daß ›sie‹ den großen, neuen Trend vorausgesagt hat, daß ›sie‹ verantwortlich war für den Erfolg der neuen Linie. Ich schwöre, ich fühle mich dann, als ob ich vergewaltigt würde . . . Langsam verstehe ich, daß ihre Schmeicheleien nur dazu dienten, mir die Ideen aus den Rippen zu leiern, mich aber unten zu halten . . .« *Sally F., Einkäuferin*

– »An meiner Schule wird Anerkennung mit dem Brecheisen geklaut. Der Direktor schreit mich an, sagt, meine

Ideen seien Blödsinn, unoriginell, veraltet. Wenn aber bei einer Lehrerkonferenz eine knifflige Situation eintritt, verwendet er die Ideen und heimst die Anerkennung und den Beifall ein . . . Ich bin wütend und verliere bald jeden Idealismus . . .« *Sharon O., High-School-Lehrerin*

– »Wenn ich einen Projektplan erstelle, und er wird mit Begeisterung aufgenommen, sagen meine Chefs unweigerlich: ›Wir haben Sie angewiesen, diesen Plan zu erstellen.‹ Wenn ich mich wehre, höre ich, ich sei zu empfindlich . . . Das verstärkt meine Burn-out-Probleme spürbar. Ich kriege Kopfschmerzen, trinke zuviel und fühle mich ausgenutzt . . .« *Tanya K., Sozialarbeiterin*

– »Wenn man Anzeigen akquiriert, ist ein Großauftrag eine Leistung. Einmal hatte ich so einen Kunden. Ich kannte ihre Kampagne und die beteiligten Personen in- und auswendig und hatte gute Geschäftsbeziehungen aufgebaut. Gerade als der Handel abgeschlossen werden sollte, griffen die Chefs ein. Als das Geschäft dann erfolgreich zustande gebracht war, schnappten sie sich die Lorbeeren. Doch als sie bei einer anderen Gelegenheit ihre Hausaufgaben nicht gemacht und nicht auf mich gehört hatten, wurde nichts aus dem Geschäft, und das wurde mir angelastet.« *Gayle L., Anzeigenakquisiteurin*

Das sind klassische Verlierersituationen. Wenn Sie sich beschweren, gelten Sie als Quertreiber, Mimose, Amateur, Pedant, Griesgram oder Spielverderber. Wenn Sie sich nicht beschweren, müssen Sie Ihren Unmut hinunterschlucken, verleugnen, unterdrücken, mit Beruhigungsmitteln oder Alkohol zudecken, oder Sie äußern ihn unversehens im Gespräch, wenn Sie nicht aufpassen. »Es ist sehr frustrierend«, sagt eine Frau. »Meine Arbeitsmoral geht flöten. Wenn mir das doch einfach nichts ausmachte . . . Aber es ist einfach nicht richtig, wenn meine Ideen geklaut werden. Es bedeutet mir sehr viel ... sehr viel. Ich lasse solche Vorkommnisse meistens durchgehen, besonders Ideen- und Anerkennungsklau. Wahrscheinlich wäre Unverfrorenheit politisch vorteilhafter, aber ich fühle mich bei so einer Punktezählkonkurrenz nicht wohl. Ich glaube, in einer großen Firma lernen Frauen eine Lektion in Einzelkämpfertum.«

Diese »Lektion in Einzelkämpfertum« ist bei den alltäglichen Burn-out-Problemen nicht gerade hilfreich. Sie fördert Apathie und Rückzug, die Hauptfeinde des Grundbedürfnisses nach Bestätigung. Obwohl geklaute Anerkennung nur einer der beruflichen Stressoren ist, die den Burn-out-Prozeß vorantreiben, wird er von berufstätigen Frauen als entscheidender Energieräuber genannt. Manche Frauen haben gelernt, dieser Situation zu begegnen, indem sie ihr Licht nicht unter den Scheffel stellen. Kim, die in der Public-Relations-Abteilung eines großen Senders arbeitet, berichtet:

»Es ist nicht so, daß ich keine Probleme hätte, Anerkennung zu kriegen, doch ich lehne es ab, meine Erfolge zu verschweigen. Bevor sich jemand die Anerkennung schnappen kann, sorge ich dafür, daß alle davon erfahren. Ich bin schon durch die Gänge gelaufen und sagte zu allen, die ich traf: ›Raten Sie mal, wen ich gerade an Land gezogen habe! Ist das nicht toll?‹ Oder bevor ich eine Idee ausführe, gehe ich zu meinem Chef und sage: ›Ich habe da gerade eine wunderbare Idee ...‹ Auch wenn es dann eine Teamarbeit wird, wissen alle, daß die Idee von mir stammt, und ich sitze nicht schäumend in meinem Büro. Das ist schon automatisch geworden. Ich mache das so öffentlich, daß sich keiner traut, mir was wegzuschnappen.«

Kims Methode war erfolgreich für sie. Jedoch liegt vielen anderen Frauen dieser Stil nicht. Normalerweise ist es Frauen peinlich, ihre Erfolge herauszuposaunen; sie warten lieber auf die erwartete Belohnung. Margaret, die in der Marktforschung einer Werbefirma arbeitet, erklärt:

»Anerkennung zu erwarten ist naiv, aber trotzdem könnte ich nie herumlaufen und mich selber anpreisen. Jemand hat mir beigebracht, mich mit Aktennotizen zu schützen. Nach jeder Besprechung schreibe ich eine Aktennotiz für mich und an meinen Chef; bevor ich eine meiner Ideen ausführe, schreibe ich eine Aktennotiz für mich, an meinen Chef und zwei Geschäftsführer. Und ich informiere alle schriftlich über meine Projekte und deren Fortschritte.«

In anderen Berufen sind Ideen- und Anerkennungsklau vielleicht unvermeidlich. Vielen Frauen mag Kims Methode persönlich gegen den Strich gehen, und Margarets Methode funktioniert vielleicht nicht in jeder Firma. Diese beiden praktischen Lösungen haben ihren Erfinderinnen das Berufsleben erleichtert, doch was ist, wenn Sie psychisch so »gebaut« sind, daß Sie meinen, Ihre Lage verschlimmere sich, wenn Sie etwas Vergleichbares tun? Nehmen Sie die Kränkungen hin, ohne sich zusätzlich gestreßt zu fühlen? Erleben Sie genügend Unterstützung, Bestätigung, emotionale Offenheit und Nähe in anderen Lebensbereichen, so daß Sie diese Belastungen ausgleichen können? Wenn Ihre Antwort »ja« lautet, müssen Sie sich um dieses Burn-out-Problem nicht kümmern. Wenn Sie jedoch verneinen, müssen Sie Ihre Alternativen überdenken.

Sehr oft sehen Frauen wenig Alternativen. Sie sehen die Firma wie eine Ehe oder Familie. An einer Verpflichtung gegenüber einem bestimmten Vorgesetzten, einer Gruppe, einem Projekt oder einem Firmenziel hängt ihre Identität.

Verantwortungsbewußtsein, gepaart mit einem feinen Loyalitätsempfinden und oftmals Dankbarkeit hindern sie daran, ihren »Marktwert« zu erkennen. Sie unterscheiden nicht zwischen familiären und beruflichen Werten. Wenn eine Frau gelernt hat, schlimme Situationen in ihrem Privatleben durchzustehen oder wenn ihre familiäre Philosophie Ideale propagiert wie: »Wir werfen das Handtuch nie«, überträgt sie das auf ihren Beruf. Eine Frau, die sich nicht anerkannt, sich übersehen, ohnmächtig und festge-

fahren fühlt, verstärkt normalerweise ihre Verteidigungsmechanismen und tröstet sich mit dem Gedanken: »Das ist
in Ordnung . . . Ich weiß, daß ich die Sache gemacht habe,
und die Leute, an denen mir etwas liegt, auch.« Sie verleugnet ihre Gefühle und hofft, sie so zu überwinden. Gewöhnlich kommt sie aus einer Familie, in der die Mutter Beschei-
denheit mit Weiblichkeit gleichsetzte und ihr Vater für die
Tugend der Demut eintrat – aber nicht unbedingt danach
handelte. Diese doppelbödige Botschaft schreibt vor, Leistung zu bringen, aber bescheiden und abhängig zu bleiben.
Der Verstand sagt, daß Wut eine gesunde Reaktion auf eine
ungerechte Situation ist, doch das strenge Gewissen verur-
teilt Wut als »häßlichen« Aspekt des Selbst.

Gloria, eine Direktionsassistentin in einer Computerfirma,
litt an schwerem Burn-out. In der Therapie sprach sie anfangs von den »hohen Anforderungen meiner Arbeit, dem
Druck, die unzähligen Funktionen und Menschen unter
Kontrolle zu behalten . . .«. Sie mußte zwischen allen Ab-
teilungen vermitteln, was bedeutete, »jede Person zu verstehen und den Überblick über ihre einzelnen Pflichten zu
behalten«. Sie »deckte« auch ihren Chef, schlug Lösungen
vor, nahm ihm Entscheidungen ab und entwickelte Ideen,
die »er dann öffentlich als seine eigenen verkaufte«. Eine
Zeitlang nahm sie an, daß diese ganze Verantwortung »einfach dazugehörte«. Sie merkte nicht, was für eine Stütze sie
für ihren Chef geworden war oder was sie da eigentlich
durchmachte. »Al konnte sich sehr gut unterschwellig als
Retter aufspielen, und weil ich vielleicht insgeheim gerettet
werden wollte, wollte ich ihm glauben.«

In Glorias Einstellungen gegenüber ihrem Körper und ihrer
Gesundheit begannen sich Burn-out-Symptome zu zeigen.
Innerhalb von anderthalb Jahren bei Al hatte sie neun Kilo
zugenommen. »Je frustrierter ich wurde«, sagte sie, »desto
mehr stopfte ich in mich rein.« Dazu nahm sie Aufputschmittel und Valium. »Ich wurde zu einem nervösen Wrack
und war gegen alle außer Al aufbrausend und sarkastisch.

Ich reservierte mein ›wunderbares‹ Ich für ihn.« Freunde und Kollegen rieten ihr, die Stelle zu wechseln und sich eine andere zu suchen, in der ihre Fähigkeiten anerkannt würden, doch Gloria ließ sie abblitzen. »Ich fühlte mich nicht kompetent genug ... Ich war so ausgelaugt und erschöpft, daß ich nichts mehr beurteilen konnte. Ich wollte nur noch fernsehen und essen.«

Als Gloria in die Therapie kam, entdeckte sie, daß sie insgeheim glaubte, keine Alternativen und keinen »vermarktbaren« Wert zu haben. Schließlich nahm sie Kontakt zu einem Headhunter auf, »nur um herauszufinden, was wirklich Sache war. Ich rief ihn von einer öffentlichen Telefonzelle aus an. Dabei kam ich mir vor wie eine Verräterin.«

Sie stellte fest, daß sie viele Alternativen hatte, daß sie ihre Erfahrung, Talente und Fähigkeiten für eine ganze Reihe von Positionen qualifizierten. Sie wechselte noch rechtzeitig die Stelle, doch erst nachdem sie ihren bisherigen Lebenslauf durchschaut hatte. Als sie begriff, daß sie sich durch ihre eigenen Bemühungen eine selbständige Identität geschaffen und entwickelt hatte, nahm ihr Zeit- und Kontinuitätsbewußtsein realistische Proportionen an. Gloria hatte ihre Leistungen als »Zufallstreffer« betrachtet. Sie hatte kein Gefühl dafür, daß ihre Vergangenheit ihr gehörte und die Zukunft ihr offenstand. Nur die Dringlichkeiten des Augenblicks hatten für sie gezählt, und jedesmal, wenn eine Krise vorbei war, dann war es auch ihre Rolle in der Situation. Wie bei den meisten Ausbrennern machte ihr erhöhter Einsatz Gloria blind für Alternativen und für Hoffnung.

Bevor Gloria sich die Anerkennung, die sie verdiente, verschaffen konnte, mußte sie nicht nur den Anforderungen genügen, sondern sich auch ihre eigenen Bedürfnisse zugestehen, um ihr Gleichgewicht wiederzufinden. Als sie sich schließlich eingestand, daß sie sich nicht mit »Scheinanerkennung« begnügen wollte, konnte sie ihren Burn-out-Prozeß allmählich rückgängig machen.

Dem Burn-out vorbeugen: Bestätigung und Nähe

Die Bestätigung, die Sie brauchen, sowie eine ehrliche Bewertung Ihres Arbeitszwangs erzielen Sie am besten im Gespräch mit anderen, ebenfalls betroffenen Frauen. Potentielle Ausbrenner bitten nicht gern um Hilfe und geben Probleme nur ungern zu. Doch eine der wichtigsten Vorbeugemaßnahmen gegen Burn-out für Frauen ist die Bestätigung durch andere Frauen. Das Gespräch über berufliche Probleme und die Begleitsymptome wie Streß, Angst und Minderwertigkeitsgefühle ist nicht nur eine klärende Erfahrung. Die Bestätigung und Unterstützung von anderen, die nicht nur mit Ihrer inneren Problemlage vertraut sind, sondern ebenfalls auf der Suche nach Lösungen sind, ist das, was Burn-out-Kandidatinnen am meisten *brauchen* und am wenigsten bekommen: Nähe, Aufmerksamkeit und Anschluß. Wie in den siebziger Jahren können Frauengruppen auch in diesem Jahrzehnt stärken, aufbauen und das Selbstbewußtsein fördern. Merken Sie sich unbedingt: *Isolation und Alleinsein fördern Burn-out.*

Mehrere der Frauen, die wir für dieses Buch interviewten, sprachen über die Einsichten, die sie in solchen Gruppen gewannen. Nicole, Verlagsvertreterin eines New Yorker Illustriertenverlags, berichtete von einer Gruppe »von fünf oder sechs Frauen, die sich treffen, um berufliche Probleme zu diskutieren«. Unweigerlich wechselte die Unterhaltung auf andere Lebensbereiche über, und das wechselseitige, gute Gefühl drängte sie dazu, sich immer wieder in der Gruppe zu treffen. Nicole fährt fort:

»Ich weiß nicht, was ich ohne meine Freundinnen täte. Ich war immer der Überzeugung, daß Frauenklüngel nützlich und wichtig sei, doch daß sie auch eine Mauer errichtet, die uns noch weiter von den Männern trennt. Ich habe meine Meinung geändert. Ich arbeite für zwei Männer, und während ich zuvor noch nie Probleme mit männlicher Vorherrschaft hatte, sind diese beiden Typen die Nägel zu meinem

Sarg. Ich habe mich auf den Kopf gestellt, um ihnen alles recht zu machen, und das hat überhaupt nichts genützt. Aber ich bin, wie ich gemerkt habe, nicht die einzige mit solchen Problemen, und es tut mir so gut und erleichtert mich so sehr, wenn ich sie abladen kann. Jede Frau der Gruppe trägt etwas anderes bei – irgendeine Spezialität. Die eine ist gut in Zeiteinteilung; die andere hat kluge, psychologische Erkenntnisse und erfindet neue Strategien und Taktiken zum Umgang mit Menschen. Eine andere Frau hat mir den Nutzen von Beziehungsnetzwerken deutlich gemacht, und wenn eine von uns mit ihrer Weisheit am Ende ist, bietet sie tolle Kontakte und Ideen an. Und die andere ist die unverbesserliche Umsorgerin, die wir alle anschreien. Sie hat sich in diesem Jahr unglaublich verändert. Das Schöne an diesen Treffen ist, daß wir uns alle hinterher gestärkt fühlen. Wenn die Gruppe gut läuft, fühle ich mich bestätigt und geschätzt ... ich komme mir nicht mehr so isoliert vor ... nicht mehr so depressiv. Wir lachen viel und fühlen uns wohl ... Mein Beruf bekommt so einen Stellenwert, mit dem ich zurechtkomme ...«

In einer Atmosphäre Gleichgesinnter können Sie Ihr Selbstvertrauen wiedergewinnen, Ihre Wut wird sich legen, und Sie erwerben handfeste Werkzeuge, Fähigkeiten und Techniken des Selbstschutzes. Nicole drückt das so aus: »Wenn man wächst, beachtet wird und lacht, kann man nicht ausbrennen.«

Der »Männerverein«: Ausschluß und Burn-out

Eine große Gruppe berufstätiger Frauen hat vor kurzem auf ein häufig übersehenes Burn-out-Problem aufmerksam gemacht: den unterschwelligen Streß in einem männerdominierten Arbeitsumfeld. Die Frauen fühlen sich diskret, aber wirkungsvoll ausgeschlossen. Sie werden in informelle

Versammlungen, in denen Informationen und Entscheidungen »gehandelt« werden, oder in das Cliquenwesen, das die Kommunikation kanalisiert, nicht einbezogen. »Diese Grenze ist extrem schwer zu durchbrechen«, berichtet Diane, Bereichsleiterin einer Schnellimbißkette. »Es ist, als ob man zu einer sehr vornehmen Party geht, ohne eingeladen zu sein. Niemand bittet Sie hinaus, aber Ihnen wird nicht nachgeschenkt.«

In einer Atmosphäre unterschwelligen Ausschlusses verschärft sich der Druck, Höchstleistungen zu erbringen und sich als bemerkenswert und außergewöhnlich zu beweisen. »Der Trick«, so Diane weiter, »besteht darin, sich seine Weiblichkeit zu bewahren, jedoch *nie* zuzulassen, daß man sie Ihnen vorwirft.« Dieses Problem wirkt als wichtiger Streßverstärker, da es Ihre Fähigkeit zu effizienter Arbeit beeinträchtigt und Sie zwingt, unter dem Deckmantel einer anderen »Persönlichkeit« zu arbeiten. Katherine, der wir in diesem Buch schon begegnet sind, spricht von Erfahrungen in ihrer Firma:

»Es ist alles ganz subtil. Eine Frau arbeitet auf einem Gebiet, das traditionell männlich war und ist. Der Kapitalismus ist eine Erfindung der Männer, und obwohl sich die ganze Arbeitswelt zu öffnen beginnt und obwohl ich mit vielen wunderbaren Männern zusammenarbeite, habe ich es satt, mich jeden Tag selbst zu beweisen. Selbst wenn ich das tollste Arbeitsumfeld überhaupt hätte – und meines ist zugegeben viel besser als das vieler anderer Frauen, die ich kenne –, wäre es immer noch nicht mein Umfeld. Viele von uns haben es wahrscheinlich noch viel satter, als sie wissen.«

Dieser Konflikt wird nicht morgen verschwunden sein. Zahllose Frauen im Burn-out-Zyklus sprechen unterderhand von diesem Problem; sie wissen, daß es existiert, doch sie wissen auch, daß sie es nicht »mit links« ändern können. »Der Arbeitsplatz steckt voller Tabuzonen«, sagt eine Frau, »aber solchen, die man nicht in einer Aktennotiz festhalten kann. Ich kämpfe jeden Tag aufs neue gegen dieses Gefühl an, unsichtbar zu sein.«

Wenn Sie sich mit diesem Problem herumschlagen, ist es Ihnen vermutlich zur zweiten Natur geworden, auf Ihre Worte zu achten, besondere, »weibliche« Reaktionen zu kontrollieren, herabsetzende Einstellungen oder verschleierte Bevormundung stillschweigend wegzustecken. Sie brauchen enorme Energie, um den Deckel auf der aufgestauten Wut zu halten und sich gleichzeitig neutral zu verhalten. Und ob Sie nun die unsichtbare Mauer verleugnen oder bewußt dagegen angehen, die tagtägliche Anspannung fordert ihren Preis. Auch zehrt es an den Nerven, wie es Katherine schildert, »wenn Sie auf den Wegen zu und von Versammlungen, Besprechungen und Feiern ausgeschlossen sind oder wenn alle zu reden aufhören, wenn Sie das Büro betreten. Das ist demoralisierend. Man merkt das oft erst, wenn ein Geschäft, das man selbst angeleiert hat, zum Abschluß kommt und man nichts davon erfährt.«

Die Dynamik des Ausschlusses verläuft im wesentlichen in einem Kreislauf von Verleugnung, Selbstvorwürfen, Wut und schließlich Ohnmacht. Der Kreislauf wiederholt sich. Dabei leiden die Frauen unter wachsender emotionaler Distanz und Leistungszwang. Ausschluß fördert emotionale Isolation, und in dieser Landschaft fällt Burn-out auf fruchtbare Erde. Ohne Bestätigung im Alltag können Sie sich nicht ausschließlich mit Ihrer Aufgabe auseinandersetzen, sondern müssen zusätzlich Energie in den Kampf gegen die Weiblichkeitsstereotypen investieren. Sie fühlen sich als »Außenseiterin«, und viele Frauen fangen dann an, ihre Wahrnehmungen in Frage zu stellen.

Als Diane zur Bereichsleiterin aufstieg, kam zu der normalen Angst, die eine solche Veränderung begleitet, noch ein Verlust an Selbstvertrauen hinzu. Viele dieser alten Selbstzweifel trägt sie noch mit sich herum:

»Ich mache mir immer Sorgen über meine Entscheidungen. Beruhen sie auf rationalen Argumenten oder auf meiner

Angst, weil ich eine Frau bin? Beurteilt man mich deswegen strenger oder milder? Leider nehmen Frauen wie ich immer den Mann als Maßstab ... aber das ist ein Irrtum. Trotzdem frage ich mich nur allzuoft: ›Was würde *er* in dieser Situation tun?‹«

Anfangs sorgte sich Diane in ein kritisches Burn-out-Stadium hinein. Sie entwickelte eine verbohrte Hartnäckigkeit, konnte niemandem vertrauen, fürchtete stets, nicht klug genug zu sein und einem vermeintlichen Leistungsmaßstab nicht zu entsprechen. Sie mußte perfekt sein, »um zu beweisen, daß sie mit mir die richtige Wahl getroffen hatten«. Ihr ganzes Leben drehte sich nur noch um ihre neue Rolle, die sie durch das Ziel definierte, »die Umsätze in meiner Abteilung zu verdoppeln«. Sie vernachlässigte ihre Sozialkontakte und wurde freundlos, ernsthaft und verbissen. Nachts wachte sie häufig auf und grübelte. Weil sie sich keine Ruhe und Entspannung gönnte, wurde sie reizbar und fand Gespräche meist »unerträglich und langweilig«, insbesondere, wenn sie sich um Themen drehten, die mit ihrem Arbeitsgebiet nichts zu tun hatten. Ihre Freunde und ihr Mann machten sich Sorgen, doch wenn sie versuchten, sie darauf anzusprechen, wurden sie mit einer fast tätlichen Aggressivität abgekanzelt: »Ich vertrat den Standpunkt: ›Ich kann jetzt keine Kritik gebrauchen!‹ Ich hatte das Gefühl, man wolle mir etwas wegnehmen, und das hatte ich im Büro zur Genüge erlebt.« Diane wußte – wie viele andere Frauen in ihrer Lage – nicht, was mit ihr geschah. Burn-out beeinträchtigte ihr berufliches Leben und ihre Ehe. Die intimen Beziehungen zu ihrem Ehemann, einschließlich ihres Sexuallebens, waren eingefroren. »Ich kam nicht mit beidem auf einmal zurecht«, sagt sie. »Ich fühlte mich hin- und hergerissen und hatte nicht genug Kraft für beide Seiten. Deshalb stellte ich meine Ehe zurück.«

Vor ihrer Beförderung hatten Diane und ihr Mann versucht, die Probleme in ihrer Ehe aufgrund ihrer beider Berufstätigkeit durchzuarbeiten. Als sich die Aufregung und die Freude um die Beförderung gelegt hatte, ärgerte sich Diane über die Abmachungen, die sie getroffen hatten. Weil sie abends lange arbeitete und morgens um halb acht Uhr anfing, »war ich fix und fertig und wollte, daß er verstünde, wie wichtig diese Testphase für mich war. Ich wollte mir einfach seine Probleme nicht anhören ... Sie gingen mir auf die Nerven ...« Diane begann unbewußt, ihn mit dem »Männerverein« in ihrem Büro in einen Topf zu werfen. Während sie bei der Arbeit glaubte, vorsichtig sein zu müssen, ließ sie sich zu Hause gehen. Sie verschob ihre Wut dahin, wo sie es für ungefährlich hielt.

Paradoxerweise fürchtete Diane, ihre Ziele aus den Augen zu verlieren, wenn sie sich entspannte. Ihre Ziele und ihre Bedürfnisse verschwammen. Für die Phase der Anpassung an ihre neue Arbeit brauchte sie Nähe, Zuneigung, Gelächter, Intimität und *Unterstützung* von ihrem Mann und ihren Freunden. Doch statt dessen machte sie sich zur »Einzelkämpferin«; sie tat so, als beschäftige sie sich mit Leuten, schloß sie aber in Wirklichkeit aus und entfernte sich innerlich immer mehr von sich selbst. Die Bestätigung als Frau zu Hause und bei ihren Freunden hätte ihr den Ausgleich zu der Entfremdung in der Arbeit bieten können. Häufig wird die Erfahrung des Ausgeschlossenseins in der Arbeit noch durch die eigene Familiendynamik verschärft. Dianes Vater erreichte die angestrebte berufliche Position nie und hatte Schwierigkeiten, seine Tochter zu ermutigen. »Nichts ist umsonst«, war seine Philosophie, die Diane als bittere Wahrheit verinnerlichte. Doch die emotionale Ökonomie dahinter durchschaute sie nicht. Sie interpretierte den Wahlspruch ihres Vaters so, daß sie sich »ihr Recht verdienen« müsse, und zwar durch Dienstleistungen, nicht um ihrer selbst willen. In Dianes Familie wurden Fehler mit Schweigen »vergolten«. Ihr Vater drückte Mißbilligung durch Rückzug und Ausschluß aus. Sie konnte sich das Recht auf seine Aufmerksamkeit nur wieder verdienen, indem sie seiner Eigenliebe schmeichelte oder indem sie zum Inbegriff dessen wurde, was er ihrer Meinung nach für sich selbst erstrebte: Ansehen, Respekt und vor allem Anerkennung durch seine Kollegen. Zwar wußte sie, daß sie seine Aufmerksamkeit erhielt, wenn sie ihn aufbaute, doch ihre Bemühungen, seine Anerkennung durch eigene Leistungen zu erringen, führten nur zu Spannungen zwischen ihnen. Diane sah nicht, daß ihre Erfolge ihren Vater bedrohten; sie glaubte nur, sie habe noch nicht genug erreicht.

Diese Dynamik übertrug sie auf die Männer in der Arbeit. Je mehr sie sie ausschlossen, desto mehr strengte sie sich an. Diane berichtet folgendes, nachdem unter ihrer Federführung ein besonders erfolgreiches Geschäft abgeschlossen worden war:

»Ich war ganz aus dem Häuschen ... erhielt aber rasch einen Dämpfer. Ich erwartete die Kameradschaftlichkeit, die aus Teamgeist erwächst und bekam nur ein Körnchen Anerkennung – wissen Sie, so was in der Art wie ›He, gute Arbeit‹ –, aber das tat mir nicht gut. Nach der Besprechung an diesem Tag machten meine Kollegen wieder ›dicht‹. Untereinander lachten sie und machten Witze, aber ich war nicht einbezogen. Ich wurde die unsichtbare Frau, der man höflich, aber nicht auf gleichem Fuß begegnete. Man kann nicht gegen dieses Verhalten an. Ich war stinkwütend. Ich wußte nicht, ob ich weinen wollte oder sie anschreien.«

Diane bezähmte ihre Wut und strengte sich noch mehr an. Burn-out-Kandidatinnen rächen sich häufig für Erniedrigungen und Brüskierungen. Doch ihre Racheakte fallen oft auf sie selbst zurück, denn sie wenden ihre Wut letztlich doch gegen sich selbst, weil sie sich immer mehr Pflichten aufbürden und sich immer weiter isolieren. Das Gefühl der Machtlosigkeit ist nicht leicht zu ersticken. Wenn es sich nicht in emotional geladenen Worten »Luft macht«, zeigt es sich in verbissenem Einsatz. Diane verdoppelte ihr Engagement und trieb sich selbst, ihre Ehe und ihre Kreativität weiter in den Burn-out-Zyklus hinein.

Frauen auf dem Weg in den Burn-out sehen gewöhnlich männliche Bindungsmuster und männliches Bindungsverhalten als Test an, den sie bestehen müssen. Sie fühlen sich von dem Ausschluß belastet und provoziert und zugleich gezwungen, den männlichen Codex zu knacken. Doch dieser Codex ist alt und exklusiv. In vielen Firmen akzeptieren Männer vorsichtig und allmählich begabte, fähige Frauen, wenn nicht im Allerheiligsten, so doch im Team. In anderen Firmen stehen die Regeln unverrückbar fest. Das männliche Establishment ist starr und rigide. Frauen werden nicht befördert und bleiben anonym. Für diese Firmen ist die zwanghafte Hochleistungsausbrennerin wie geschaffen. Verschleierte Versprechungen nähren falsche Hoffnungen; die Frauen jagen der unerreichbaren Aufstiegskarotte am Ende der Firmenstange nach. Viele Frauen haben schwere Entscheidungen über ihren beruflichen Weg treffen müssen – der Preis dafür, in den »Männerverein« einzudringen, ist hoch. Sie erkennen, daß ihre emotionale Temperaturkurve zu sensibel auf die tägliche Hitze reagiert und daß sie, wenn sie da nicht rauskommen, tatsächlich ausbrennen werden.

Andere Frauen – und vielleicht rechnen Sie sich selbst dazu – setzen den Kampf fort und sind fest entschlossen, Methoden gegen den systematischen Raubbau an ihren Energiereserven zu entwickeln. Andere Frauen in dieser Situation dagegen weigern sich, sich die vielen, kleinen, belastenden Ereignisse, denen sie ausgesetzt sind, einzugestehen und unterdrücken ihre bewußten Wahrnehmungen oder leugnen ihre Bedeutung. Dieses Wissen ist zu belastend und zu konfliktträchtig. »Mach' deine Arbeit, und laß' es damit gut sein«, sagt diese Frau Kolleginnen und sich selbst. Weil sie ihre Gefühle ständig hinunterschluckt und nicht zu wissen vorgibt, was sie weiß, entwickelt sie schließlich Burn-out-Symptome. Eine solche Frau wird aufgrund ihrer anhaltenden Verleugnung desorientiert:

»Manchmal habe ich das Gefühl, mit mir passiere etwas Fremdartiges, und ich bekomme Angst. Ich habe irgendwie den Kontakt zu meiner persönlichen Welt verloren – jedenfalls weiß ich nicht mehr, was für mich zumutbar ist. Ich habe verschiedene Maßstäbe in der Arbeit und außerhalb, und ich halte das nicht unbedingt für gut. Manchmal fühle ich mich wie eine Karikatur meiner selbst. Ich springe über meinen eigenen Schatten. Ich überschlage mich, um als ›Geschäftsperson‹ zu handeln statt als Frau oder wenigstens als Mensch. Ich tue so, als gleite die Realität an mir ab, und schüttle alle menschlichen Gefühle ab, um mich auf meine Pflichten zu konzentrieren. Es wäre besser, wenn ich nicht mehr so kühl wäre, mich nicht mehr innerlich aufspalten würde, nicht mehr so kurz angebunden oder distanziert, wenn jemand anders jammert . . .«

Diese Frau kam wegen ihrer Symptome in die Therapie und berichtete im Lauf des Gesprächs, sie leide an Magengeschwüren und häufigen Kopfschmerzen. Die Anforderungen ihrer Stelle, dazu die Streßverstärker ihres »gespaltenen« Lebens und die Weigerung, ihren Sorgen nachzugehen, erstickten ihre Spontaneität. Obwohl der Ausschluß durch Männer nur teilweise zu ihrem Burn-out beitrug, wurde dieses Problem zu einem Symbol für ihre Methoden, sich unter Kontrolle zu halten.

Der »kleine Unterschied« und Burn-out

Die Unterschiede der weiblichen und männlichen Erziehung werden am Arbeitsplatz oft unterbewertet. Frauen sind sensibler für das Ungleichgewicht von Macht und Verhalten, und in dem Maße, wie sich den Frauen mehr Alternativen eröffnen, wächst auch das Wissen um die historische Ungleichheit. Die Psychodynamik von Frauen und Männern unterscheidet sich tiefgreifend. Die meisten Männer leiden nicht unter dem Zwang, sich tagtäglich in der Arbeit als Männer beweisen zu müssen; für Frauen gilt das

Gegenteil. Man kann vier entscheidende Probleme im Zusammenhang mit dem »kleinen Unterschied« feststellen:

A. Legitimation

»Männer werden nicht dazu erzogen, daß sie es schaffen *müssen*; sie werden dazu erzogen, daß sie es schaffen *werden*. Sie hören: ›Wenn du dann aufs College gehst‹, ›wenn du dann Arzt bist‹, ›wenn du dann Chef bist ...‹ Frauen hören: ›Falls du aufs College gehen solltest‹, ›falls du Ärztin werden solltest‹, ›falls du ...‹ Männer hören klare Botschaften, Frauen Konditionalsätze ...«

Diese »Konditionalsätze« sind eine schwere Hypothek für die weiblichen Einstellungen in bezug auf die eigene Legitimation. Im allgemeinen sind Männer insofern im Vorteil, als sie in ihren Fähigkeiten bestätigt und so auf eine künftige Berufstätigkeit vorbereitet wurden. Bis vor kurzem wurden Frauen nur selten für eine berufliche Karriere erzogen. Sie sollten Eigenschaften wie Wärme, Höflichkeit, Sensibilität und Attraktivität erstreben. Wenn Sie nicht gerade einen Vater hatten, der Ihre Fähigkeiten förderte, oder eine Mutter, die Ihr Selbstbewußtsein und Ihre Identität als eigenständige Person unterstützte, haben Sie wahrscheinlich ein brüchiges Gefühl für Ihre legitimen Rechte entwickelt.

Der Begriff der Karrierefrau ist traditionell provokant und konflikträchtig. Sich sowohl berufliche Ambitionen wie auch einen Ehe- und Kinderwunsch einzugestehen, weckt immer noch tiefverwurzelte, emotionale Widersprüche.

– Können Sie »alles auf einmal« haben, ohne auszubrennen?
– Stört ein Kind Ihre Karrierepläne?
– Steht Ihr Arbeitgeber dem Erziehungsurlaub kritisch gegenüber?
– Wollen Sie vor einer Schwangerschaft eine bestimmte Position erreicht haben?
– Was wird mit dem Kind, während Sie arbeiten?

- Können Sie Ihr Kind guten Gewissens »allein lassen«?
- Wenn Sie alleinerziehende Mutter sind, können Sie in Notfällen freinehmen?
- Was machen Sie, wenn Ihr Kind krank ist?
- Müssen Sie Überstunden machen?
- Müssen Sie geschäftlich verreisen?
- Gelten Sie wegen dieser Unsicherheiten nur als »bedingt einsatzfähig«?
- Sprechen diese »weiblichen« Unwägbarkeiten trotz Ihrer Fähigkeiten, Talente und Erfahrung gegen Sie?
- Beeinträchtigen diese Unsicherheiten Ihre legitimen Ansprüche?
- Inwieweit haben Sie diese Unsicherheiten verinnerlicht und in negativen Streß verwandelt?

»Das Kinderproblem wächst mir über den Kopf«, sagte Anna, eine 35jährige Rechtsanwältin, in der Therapie. »Ich kann's nicht mehr hören. In der Kanzlei sind wir drei Frauen, aber ich bin die einzige mit dem biologischen Zeitproblem. Ständig fragen mich meine männlichen Partner ganz nebenbei: ›Du willst doch nicht in den nächsten sechs Monaten schwanger werden, oder?‹ – dahinter steckt, daß ich, falls dem so wäre, keine wichtigen Fälle mehr bekäme. Infolgedessen spiele ich mein ›Frausein‹ herunter und meine Verfügbarkeit hoch.« Anna stellt sich zur Verfügung für plötzliche Geschäftsreisen, Überstunden, Samstags- und manchmal Sonntagsarbeit, »weil das viel Geld bringt«. Sie betrachtet jeden Augenblick am Arbeitsplatz als entscheidend für ihre Karriere und behauptet, »sich damit unsichtbare, aber wichtige Pluspunkte gutzuschreiben«. Doch sie selbst »vergißt« vergangene Leistungen. Aus dem Drang, sich als »unbedingte« Partnerin zu beweisen, erweitert sie ihre Verantwortlichkeit und stellt ihre Dienste unterschiedslos zur Verfügung. »Als ich mich für das Jurastudium entschied«, so erzählt sie, »sagte mein Vater immer wieder: ›Wenn du Anwältin wirst, dann mußt du viel arbeiten und viel opfern ...‹ Damals war das für mich in Ordnung, doch jetzt bin ich kurz vor dem Durchdrehen ... Ich sehe meinen Mann kaum noch, und wenn, dann kann ich entweder nicht abschalten, oder ich schlafe ein.« Anna macht ihr »Frausein« wett, indem sie ihren Vater, ihre Kollegen und Chefs davon überzeugt, daß sie sie nicht im Stich läßt. Ihre Berufstätigkeit ist eine ununterbrochene Prüfung. Die »Botschaft in Konditionalsätzen« wurde für Anna zur sich selbst erfüllenden Prophezeiung. Sie akzeptiert sich nur unter Bedingungen, die ihr vorschreiben, daß sie weiterläuft, auch wenn die Tankuhr »leer« anzeigt.

Was können Sie gegen Ihren Legitimationszwang tun? Wie können Sie lernen, sich als berechtigt zu betrachten, ohne zum Burn-out-Opfer zu werden? *Vor allem müssen Sie anfangen, Ihre Selbstachtung zu fördern.* Wenn Sie Anna ähneln, haben Ihre Ziele Ihre Bedürfnisse fast völlig überdeckt. Dieser erhöhte Einsatz, der für Ausbrenner charakteristisch ist, verdrängt Ihr Erholungsbedürfnis. Ihre Wahrnehmung ist getrübt; Sie können wichtig und unwichtig kaum noch unterscheiden, und Ihr Wertsystem hat sich verzerrt. Sie müssen sich unbedingt wieder Ihren Bedürfnissen zuwenden. Was Sie für Zeitverschwendung halten, ist vielleicht genau das, wonach alle Ihre Sinne schreien – spielerisches Vergnügen, gemütliches Abendessen mit einem Geliebten oder mit Freunden, Musik, Theater, Kino – Aktivitäten, die Sie aufbauen und Ihnen vor allem Nähe, Fürsorge und Anschluß vermitteln. Selbstachtung – die Be-Achtung Ihrer Gefühle und Bedürfnisse – können Sie wieder zu dem Menschen machen, der Sie einmal waren. Wenn Sie Ihrem eigentlichen Ich, Ihrem wahren Selbst zuhören, werden Sie den Wunsch nach Beendigung der unaufhörlichen Überanstrengung vernehmen. Wenn Sie sich Ihr Recht auf Ihre persönlichen Bedürfnisse zugestehen, wird sich das mit der Zeit auch an Ihrem Arbeitsplatz durchsetzen.

B. Macht

»Männer streben nach Macht und setzen sie ohne Bedenken ein. Frauen wünschen sich Macht, doch sie gehört nicht zu unserem Erfahrungsbereich, und wir haben Angst vor ihren Folgen. Ich bin bereit, Verantwortung zu übernehmen, doch die Vorstellung von Macht schreckt mich ab.«

Was macht den Begriff Macht so bedrohlich für Frauen? Viele Frauen sagen, daß sie das Wort »Macht« nicht gern benutzen, weil darin »Manipulation« und »Tyrannei« mitschwingen. Macht ist für sie männlich und steht im Zusammenhang mit dominierenden und fordernden Vätern oder despotischen und kontrollierenden Müttern. Der Begriff symbolisiert eine Person, die in ihrer Gesamtheit gefürchtet wird. Verantwortlichkeit dagegen gilt als Attribut von Kompetenz und guten Absichten. Dieser Begriff kennzeichnet Aspekte einer Person, die bewundert und respektiert wird, ohne Angst auszulösen. Eine Frau mag sich als mächtig wahrnehmen, doch sie wird meistens davor zurückschrecken, das zu zeigen oder auszuüben, weil sie fürchtet, so ihre Weiblichkeit zu verlieren. Wenn »Macht« für Sie mit »Aggression« und »Einschüchterung« verbunden ist, glauben Sie vielleicht, Macht verändere Ihre Persönlichkeit, und Sie würden zu entschieden und männlich wirken. Vielleicht gab es in Ihrer Lebensgeschichte keine weiblichen Machtmodelle, auf die Sie sich jetzt beziehen könnten, oder Ihre Eltern oder einflußreiche Verwandte denunzierten Frauen, die Macht hatten, als »hart und kalt«. Wenn Sie Ihre Macht einsetzten, würden Sie dann Männer und andere Frauen gegen sich aufbringen? Vielleicht haben Sie dem Begriff »Macht« gegenüber sehr zwiespältige Gefühle. Sie probieren sie vielleicht zaghaft aus, ziehen sich jedoch zurück, wenn tatsächlicher oder eingebildeter Ärger droht. »Als ›braves‹ Mädchen«, sagt eine der Frauen, »willst du keine Macht. Du behauptest, du strebtest nur nach geteilter Verantwortung und wolltest aufgrund deiner Sachautorität und Kompetenz anerkannt werden ... Ich sage, ich will sie nicht, aber ich habe sie und setze sie nicht ein. Und ich bin wütend auf mich, weil ich so oft anderen nachgebe, die sie einsetzen ...«

C. Nachgeben

»Wenn ein Mann bei einem Projekt, für das er teilweise die Verantwortung trägt, hört: ›Misch' dich da nicht ein‹, wehrt er sich. Er sagt vielleicht: ›Kommt nicht in Frage – das ist meine Sache‹, oder ›Schickt einen anderen in die Wüste – mein Beitrag ist unentbehrlich‹, oder er ruft einen Vorgesetzten an und holt sich Rückendeckung. Wenn man mich anweist, mich nicht einzumischen, gebe ich nach.«

Wenn Macht für Frauen traditionell verboten war, so war Nachgeben traditionell geschätzt. Nachgeben ist ein Verteidigungsmittel, das angesichts einer ungemütlichen Situation sicheren Rückzug gewährt. Schweigen, »immer nur lächeln« und sich entschuldigen, wenn Sie wissen, daß Sie recht haben, Begeisterung für Ideen heucheln, die Sie für doof halten und Rückzieher machen, wenn Ihre Position angreifbar ist, all das gehört zum Nachgeben. Wenn Sie sich damit ständig Ihrer Macht berauben, Auseinandersetzungen vermeiden und Ihr falsches Selbst aufrechterhalten, fördern Sie damit Ihren emotionalen Burn-out.

Betrachten Sie einmal, welche Gefühle in Ihnen ausgelöst werden, wenn Sie aus Furcht nachgeben. Zuerst kocht Zorn in Ihnen hoch, und darauf folgen Frustration und Ohnmachtsgefühle. Sie fühlen sich erniedrigt und wütend, was Sie sofort unterdrücken oder verleugnen. Wohin geht die Wut? Sie nagt an Ihren Energiereserven und wird mit der Zeit zu gewohnheitsmäßiger Aggressivität. Häufig verwandelt sich die Wut auch in Tränen. Sie zittern, beißen die Zähne zusammen, graben die Nägel in die Handfläche und kämpfen gegen die aufsteigenden Tränen. Diese Gefühle erschöpfen Sie.

Eine Frau, die gewohnheitsmäßig verleugnet, behauptet etwa:»Ich bin nicht wütend auf ihn oder sie, ich bin überhaupt nicht wütend ... auf so was gehe ich doch gar nicht ein ...« Doch irgendwann platzt Ihnen der Kragen. In einem unerwarteten Ausbruch schlagen Sie zu unpassender Gelegenheit um sich und ängstigen sich selbst und alle um Sie herum, oder Sie spüren in sich eine Leere, einen verschlissenen Kern ohne Spannkraft und Schwung. Beides beruht auf systematischer Unterdrückung oder Verleugnung der Wichtigkeit und Nützlichkeit Ihrer Macht. Normalerweise »schützt« sich eine Ausbrennerin durch strenge Kontrolle ihrer Verleugnungsmechanismen, weil sie glaubt, so auch ihre Umwelt kontrollieren zu können. Sie vergräbt sich verstärkt in Papierkram, Terminen und Besprechungen, um ihre alte Einsatzbereitschaft wiederzubeleben, oder sie verliert das Gefühl für die Arbeit, wird lethargisch, apathisch, desinteressiert und fühlt sich »noch mehr hintendran«. Für Frauen sind dies ernste Burn-out-Probleme. Die naheliegendste Lösung hieße, ein Risiko auf sich zu nehmen und es anders zu probieren.

D. Risiken eingehen

»Männer haben keine Angst vor Risiken. Ich bin da viel konservativer, hauptsächlich weil ich mit zuviel Dankbarkeit und Furcht zu kämpfen habe.«
Warum Dankbarkeit? Der Keim dieses Gefühls reicht zurück zu dem Begriff der Legitimation. Wenn Sie sich nicht berechtigt fühlen, etwas Bestimmtes zu sagen oder zu tun, dann muß man Ihnen einen Gefallen getan haben, oder Sie sind ein ungewolltes Erbe oder ein »Firmenschmarotzer«. Leider fühlen viele Frauen insgeheim Dankbarkeit dafür, »daß man mir diese Gelegenheit gegeben hat ...«. Die Dankbarkeit wird grenzen- und unterschiedslos verteilt, ohne darüber nachzudenken, wer tatsächlich wem zu Dank verpflichtet ist.
Dankbarkeit ist meist eine Übertragungsreaktion. Eltern, die sich als Märtyrer darstellten, lösten Schuldgefühle in Ihnen aus. Vielleicht behandelten sie Ihre kindlichen Tätig-

keiten, Gespräche und Bedürfnisse als Last und reagierten darauf mit unterschwellig aggressiver Resignation. In Ihren Erwartungen als Erwachsene kann sich diese frühe Erfahrung niederschlagen. Die Lektion der Dankbarkeit hat sich Ihnen so tief eingeprägt, daß Sie gar nicht anders auf die Personen in Ihrem Arbeitsumfeld reagieren können. Infolgedessen machen Sie keinen Wirbel um sich, auch wenn dieser Wirbel nützlich und vielleicht sogar profitabel für Sie oder die Firma sein könnte. Risiken wagen bedeutet Gewinnen *und* Verlieren. Es ist eine Binsenwahrheit, daß, wer nicht wagt, nicht gewinnt.

Es dient sicher Ihrer Selbsterkenntnis und Ihrer Selbstachtung, wenn Sie Ihre Reaktionsmuster im Zusammenhang mit dem Problem des Risikos betrachten. Was sagen Sie sich, um Ihre Risikovermeidung zu rechtfertigen? Vielleicht gehören Sie zum furchtsamen Typ, der reale oder eingebildete Folgen fürchtet. Oder Sie sind in der Verleugnung befangen und versuchen, sich mit Abwehr gegen Risiken zu schützen. Wenn Sie zum zögerlichen Typ gehören, neigen Sie dazu, alle Handlungen aufzuschieben. Versuchen Sie sich in der Aufstellung auf S. 195 wiederzuerkennen.

Risiken eingehen ist ein entscheidendes Problem für Frauen im Burn-out-Prozeß. Außer den Risiken, die direkt mit Ihrer jetzigen Stelle zusammenhängen, möchten Sie vielleicht einen Stellenwechsel vermeiden. Vielleicht haben Sie es auch satt, für andere zu arbeiten, oder Sie sind in Ihrer Firma »am Ende der Fahnenstange« angelangt. Vielleicht überlegen Sie sich einen Neuanfang und möchten Ihre Fähigkeiten, Talente und Erfahrung als Selbständige nutzen. Furcht, Verleugnung oder Verzögerung verlängern nur den Burn-out-Zyklus.

Ein Risiko müssen Sie jetzt gleich auf sich nehmen: Ab sofort sollten Sie Ihre Bedürfnisse gründlich und ernsthaft betrachten, damit Sie sich Ihre geistige, emotionale und körperliche Gesundheit erhalten. Vielleicht müssen Sie sich eine härtere Haltung angewöhnen, wenn Sie Ihr Leben än-

Furchtsamkeit	Verleugnung	Verzögerung
Ich werde mir Feinde machen.	Das ist mir nicht wichtig.	Jetzt ist nicht die richtige Zeit.
Ich bedrohe jemanden.	Ich habe nicht vor, etwas zu ändern.	Darüber muß ich noch nachdenken.
Das wird mir bestimmt heimgezahlt.	Das ist mir egal.	Sobald diese Saison vorbei ist. ...
Ich verliere meine Unterstützung.	Ich weiß ja nicht, wie lange ich hierbleibe.	Wenn erst X ihre Beförderung hat, bin ich in einer besseren Position.
Das hat noch niemand gemacht.	Das bedeutet mir alles nichts.	Ich werde nach der Besprechung darüber nachdenken.
Ich mag keine Konfrontation.	Mir geht's gut ... einfach gut.	Ich hab jetzt zuviel zu tun.
Ich trete ihr/ihm zu nahe.		Nach dem Urlaub ...

dern, wenn nicht sogar retten wollen. Zu anderen nein zu sagen, kann als riskanter Akt der Aggression oder als gesundes, wirksames und vernünftiges Verhalten interpretiert werden. Doch bevor Sie zu anderen »nein« sagen können, müssen Sie lernen, »nein« zu sich selbst zu sagen.

Sie können es verlernen, sich zu übernehmen, unter Druck »aufzublühen«, sich nur in einer Krise lebendig zu fühlen, doch dazu müssen Sie für Ihre Reaktionsmuster sensibel werden. Verschieben oder sagen Sie Ihren Urlaub ab, weil Ihnen jemand mit der Bemerkung: »Diese Zeit ist nicht gerade günstig ... es hat sich soviel Arbeit aufgetürmt« Angst eingejagt hat? Arbeiten Sie an Feiertagen, weil jemand anders freigenommen hat? Sagen Sie Arzt- und Zahnarzttermine ab, lassen Sie das Mittagessen aus, arbeiten Sie ununterbrochen bis abends durch, versäumen Sie den Aerobic-Kurs, verschieben Sie den Frisör, entschuldigen Sie sich für die Cocktailparty, weil Ihnen die Anforderungen bis zum Halse stehen und Sie nicht »gewagt« haben, nein zu sagen? Oder haben Sie einfach immer soviel zu tun, daß Sie für Ihre Bedürfnisse keine Zeit haben? Männern fällt es häufig leichter, ihren Bedürfnissen nachzugeben, und obwohl sie das vielleicht nur hie und da tun, so nutzen sie doch bestimmte Gelegenheiten. In diesem Fall bedeutet Risiken eingehen auch »ja« sagen. Eine der Frauen sagt: »Bei auswärtigen Besprechungen stehst du um halb sieben auf und kommst erst um halb zwei oder zwei Uhr morgens in dein Hotelzimmer zurück. Der Tag ist ausgefüllt mit intensiver, konzentrierter Arbeit. Die Männer nehmen sich Zeit für eine Massage, gehen in den Fitneßraum oder laufen ... die Frauen nicht. Es ist verrückt ... wir haben alle Angst, das würde schlecht aussehen, oder man würde uns vorwerfen, wir würden unnütze Spesen machen.«

Wenn Sie Spesen machen dürfen, nutzen Sie das aus? Gehen Sie gut essen, oder lassen Sie sich einen Hamburger an Ihren Schreibtisch oder in Ihr Hotelzimmer bringen?

Oft kann ein Burn-out abgewendet werden, wenn Sie sich kleine, lebensrettende Gesten zugestehen. Genau wie der summierte Streß und Druck Ihres Berufslebens Burn-out fördert, können die summierten Stunden der Selbstfürsorge den bereits angerichteten Schaden wiedergutmachen. Wenn Sie sich vor Risiken fürchten, dann fragen Sie sich ganz präzise: »Vor was habe ich Angst?«

Die Unterschiede zwischen männlichen und weiblichen Einstellungen und Verhaltensweisen werden nicht von heute auf morgen verschwinden, doch mit Ihrer Selbstachtung als Richtschnur können Sie feststellen, was Sie ändern können und was nicht. Die Selbstachtung hat drei Ebenen: *Antizipation, Identifikation und Verständnis.* Wenn Sie Ihre eigenen Wahrnehmungen und Bedürfnisse an-erkennen lernen, können Sie potentiell emotionsgeladene Situationen antizipieren, Ihre entsprechenden Gefühle analysieren und besser verstehen, warum diese Ihren Burn-out fördern. Das bedeutet nicht, daß Sie für Ungleichheiten unempfindlich werden, sondern nur, daß viele Ihrer »natürlichen« Reaktionen wieder aufgebaut werden. Sie sind dann in der

Lage, selbst zu bestimmen, wo und wie Sie kämpfen, und verantwortlich mit Ihren psychischen und emotionalen Reserven umzugehen.

Diane faßt diese Konflikte prägnant zusammen: »Es wird nicht demnächst passieren, aber in ein paar Jahren werden die Begriffe ›Beruf‹ und ›Frau‹ völlig miteinander vereinbar sein. Bis dahin sind wir sicher alle sehr müde. Der Druck, unter dem wir alle stehen, ist eine objektive Tatsache, die es gilt, sehr ernst zu nehmen. Wenn wir das nicht tun, werden viele von uns dem Burn-out zum Opfer fallen.«

Kapitel 6
Zuwenig Zeit, zuwenig Liebe

»Ich habe einen befriedigenden Beruf, fühle mich immer selbständiger, und ich arbeite wie ein Pferd. Aber ... ich genieße es nicht mehr so ... es muß noch etwas anderes geben ... Kann man wegen eines fehlenden Privatlebens ausbrennen? Ich glaube, das ist der Kern meiner Erschöpfung ...«
Joanne W.

Fürchten Sie manchmal zu »explodieren«, wenn Sie weiterhin ohne eine intime Verbindung auskommen müssen? Wappnen Sie sich innerlich, wenn man Sie nach Ihrem Privatleben fragt? Sind Ihre Tage zeitlich so genau verplant, daß Sie das Persönliche vollkommen ausgeklammert haben, vielleicht sogar in Ihrer Ehe? Ist Ihnen Ihr Bedürfnis nach einer engen Beziehung trotz Ihrer Karriere peinlich? Oder haben Sie das Persönliche eingebüßt, weil es »einfach keine Männer gibt« oder weil sich eine Liebesbeziehung als so schmerzlich erwiesen hat, daß Sie »nicht noch mal reinfallen« wollen? Burn-out ist das Nebenprodukt vernachlässigter Bedürfnisse. Wenn Empfindungen und Gefühle systematisch zu kurz gekommen sind, können sie immer weniger verleugnet oder durch Arbeit kompensiert werden. Kontrolle, Kompetenz und sogar herausragende Leistungen in einem wichtigen Lebensbereich liefern selten echten Ersatz für das, was eine Frau »dieses ungelebte Gefühl für mich selbst, das ich zu lange weggeschoben habe«, nannte. Burn-out macht keinen Unterschied: Er gedeiht aufgrund jeder Art von Hunger. In diesem Fall beruht er auf dem Ungleichgewicht zwischen Arbeit und Liebe.

Die »Krise der Nähe«

Frauen zögern oft, die Schuld für ihre persönlichen Probleme auf ihre Arbeit zu schieben. Zunächst einmal arbeiten nicht alle Frauen aus Gründen der persönlichen Selbstverwirklichung. Sich selbst und ihre Kinder zu ernähren und vielleicht kranke, alternde Eltern zu unterstützen, das sind unbestreitbare ökonomische Notwendigkeiten. Aber eine befriedigende Arbeit ist als solche ein erstrebenswertes Ziel. Sie fördert unsere Identität und bietet Halt und Sicherheit in einer ansonsten chaotischen und wenig verläßlichen Welt. Zahlreichen Frauen hat die Berufstätigkeit dabei geholfen, die weiblichen Rollenstereotypen abzuschütteln, denen ihre Mütter noch unterlagen – und die sie selbst noch bedrohen. Viele Frauen haben sich gegen die Werte, die für die typische Frau der fünfziger Jahre galten, und für größere Möglichkeiten in unserer Gesellschaft entschieden – für eine stärkere Stimme und umfassendere Mitbestimmung in allen gesellschaftlichen Bereichen. Die feministischen Pionierinnen kämpften Wege frei, die den Frauen zuvor verschlossen waren. Obwohl immer noch frustrierende Ungleichheiten in Politik, der Arbeitswelt und in den Beziehungen bestehen, dürfen diese hartkämpften Siege *nicht* als Sündenbock für die neue, oft schmerzlich empfundene »Krise der Nähe« herhalten.

Betrachten Sie Ihre speziellen Konflikte genau. Leiden Sie unter den Burn-out-Symptomen Nicht-allein-sein-Können oder Einsamkeit? Ersteres deutet auf fehlende Nähe zu sich selbst hin; Einsamkeitssymptome entstehen, wenn die Nähe zu anderen fehlt. Wenn Sie beides erleben, fühlen Sie sich vielleicht wie ein Einsiedler hinter einer Fassade hohler Betriebsamkeit. In vielen Fällen verursachen nicht Ihre beruflichen Ziele diese Symptome, sondern verzögerte oder vorenthaltene emotionale Befriedigung.

Viele Frauen kämpfen mit dem verworrenen Beziehungsgeflecht von Arbeit und Liebe. Unterschwellig fürchten sie, die Selbständigkeit, die sie sich in der Arbeit erworben haben, könne verlorengehen, wenn sie zugeben, daß sie sich allein fühlen. Sheila, eine 33jährige Sozialarbeiterin aus Chicago, formuliert das so:

»Viele Frauen, die berufstätig sind und Karriere machen, fragen immer ernsthafter nach dem Sinn der Arbeit ... Wir haben unsere ganze Energie und Zeit in die Arbeit gesteckt, und wir sind müde. Aber wir zögern, darüber zu sprechen, weil die Einsamkeit in unserem Privatleben nicht zu dem Bild der Karrierefrau mit Power paßt ... Trotzdem brauchen wir verzweifelt noch etwas anderes ...«

Sheila drückt aus, was viele Frauen schon angedeutet haben oder insgeheim fürchten. Das Eingeständnis von Zwiespältigkeit oder Unzufriedenheit könnte zu einem Gegenschlag der Gegner der Frauenbewegung führen. Doch diese Furcht führt zu einer massiven Verleugnung des primären Bedürfnisses nach menschlicher Zuwendung – Liebe, Zuneigung, intime Bindungen an andere, vielleicht Ehe und möglicherweise ein Kind. Die Verleugnung führt zu dem Gefühl des Festgefahrenseins. Um sich vor der direkten Konfrontation mit der »Krise der Nähe« zu drücken, stürzen sich viele Frauen tiefer in die Arbeit und damit natürlich tiefer in physischen und emotionalen Burn-out.

Paula, eine 43jährige, alleinerziehende Mutter, beschreibt den Zwiespalt, der mit ihren emotionalen Bedürfnissen und der dadurch ausgelösten Frustration einhergeht:

»Ich erziehe meine Tochter seit acht Jahren allein und arbeite hart. Ich bin das, was man nach gegenwärtigen Maßstäben ›erfolgreich‹ nennt. Das heißt, ich bin selbständig und von niemandem abhängig. Aber ich bin verdammt allein, und allmählich frage ich mich, was mit mir los ist ... Ist es etwas, an das ich mich anpassen muß? Ist es eine Art Reifungsprozeß ohne Ende? Ich brauche die Intimität mit einem Mann zur persönlichen Befriedigung, oder – ich kann es nicht besser ausdrücken – ich brauche Kameradschaft, Zuneigung und Austausch. Aber wieviel von mir selbst muß ich dafür aufgeben? Ich habe zu hart gekämpft, um wieder so abhängig und nachgiebig zu werden, wie ich einmal war . . . Was soll ich machen? Ich schaff es einfach nicht mehr, alles allein zu machen . . .«

Paulas Aussage verdeutlicht schlagend die Unschlüssigkeit und die konfliktträchtigen Bedürfnisse, die sich für Frauen wie sie um die Probleme Alleinsein und Einsamkeit ranken. »Alles allein machen« ist einer der Hauptauslöser des Burn-out bei Frauen. Die andauernde und unablässige Ausübung von Selbstkontrolle und Selbstbeschränkung führt zu unflexiblen Einstellungen, rigiden Reaktionen, beeinträchtigter Urteilskraft und schließlich zum Ausbrennen. Die Frau lebt nicht, sie überlebt – mit zusammengebissenen Zähnen stellt sie sich der Tyrannei ihrer Bedürfnisse entgegen. Doch die andere Seite in ihr fragt: »Wieviel von mir selbst muß ich dafür aufgeben?«; das spricht von Vorbehalten, dem Wunsch, sich vor dem Verlust der hart erkämpften Selbständigkeit zu schützen. Paula hat sich auf andere Weise »festgefahren«. Anders als Sheila scheut sie sich nicht, ihr Dilemma beim Namen zu nennen. Sie weiß, was sie braucht, fürchtet sich aber zugleich davor. Ihrer Meinung nach ist Abhängigkeit ein unvermeidlicher Bestandteil intimer Beziehungen zu Männern. Der Widerspruch von Selbständigkeit und Abhängigkeit hält sie in einer Tretmühle aus Zweifel und Zwiespalt gefangen. Doch ihre häufigen Ausbrüche ungezügelter Frustration sollten ihr klarmachen, daß sie auf einen Burn-out zusteuert.

Lorrie sieht sich einer weiteren Version der »Krise der Nähe« gegenüber. Mit 28 hat sie sich in einem Entweder-Oder-Denken hinsichtlich ihrer Zukunft »festgefahren«: »Das ist alles sehr stressig für mich . . . ich habe keine Ahnung, was ich machen soll. Meine Einstellungen fallen von einem Extrem ins andere. Den einen Tag gehe ich mit einem Gefühl der Unbesiegbarkeit zur Arbeit und bin bereit, es mit allem aufzunehmen. Am nächsten Tag hasse ich meinen Beruf, Arbeiten überhaupt, möchte verheiratet sein,

Kinder haben und meine Tage mit Brotbacken verbringen. Dann frage ich mich, ob ich die Karrierefrau nur spiele. Ich mache mir Sorgen, ob meine Entscheidung richtig war. Distanziere ich mich innerlich von meiner Karriere? Ich glaube es eigentlich nicht, aber ich habe es so satt, soviel zu arbeiten und dann zu nichts und niemandem nach Hause zu gehen ... Können Sie verstehen, daß ich meine Arbeit liebe? Ich liebe, was ich mache und was es mir gibt ... aber ich will einfach nicht allein sein ... besonders wenn ich älter werde.«

Lorrie hat sich eine Weile mit diesen abrupten Einstellungsschwankungen herumgeschlagen und sich schließlich ein Entweder-Oder-Gefängnis geschaffen, das ihr eindeutig schadet. Ihre vernachlässigten Bedürfnisse rächen sich an ihr, und in ihrer verbissenen Gegenreaktion neigt sie dazu, ihr Leben in sich wechselseitig ausschließenden Kategorien zu betrachten – Arbeit oder Liebe. Lorries Urteile sind verfestigt. Sie brennt aus wegen ihrer Furcht, ihrer Zukunftsangst und eines verarmten Privatlebens; sie kann sich weder einen Mittelweg vorstellen, der ihr das nötige Gleichgewicht für beides geben würde, noch kann sie begreifen, daß sich Arbeit *und* Liebe letztlich ergänzen und die Energie liefern, über die manche Frauen verfügen, die nicht ausbrennen und offenbar »alles auf einmal« haben.

Alles auf einmal, ohne auszubrennen?

Es steht außer Frage, daß die Idealsituation für Frauen und Männer eine vollkommene Symmetrie zwischen befriedigender Arbeit und erfüllten, intimen Beziehungen ist. Doch wir leben nicht in einer vollkommenen Welt. Frauen in Führungspositionen leiden häufig unter dem sogenannten »Single-Schock« – für Frauen in Führungspositionen finden sich keine geeigneten Männer. Zahlreiche Frauen quer durch alle Berufe und Ebenen leiden darunter, daß offensichtlich nicht nur keine verfügbaren Männer vorhanden sind, sondern auch keine Männer, die bereit sind, sich an eine Frau zu binden und Partnerschaftsprobleme durchzuarbeiten. Sogar die Frauen, die eine befriedigende Arbeit, einen Ehemann oder Partner und vielleicht Kinder haben, klagen oft über eine Verflachung ihres Lebens, eine schal gewordene Intimität.*

Trotzdem gibt es Frauen, die es schaffen, Arbeit und Liebe – Beruf, Partner, Familie, Freunde – unter einen Hut zu bringen, manchmal sogar ohne einen engagierten Partner, die trotzdem selten unter schwerer Erschöpfung leiden. Wenn es sie doch einmal »erwischt«, dauern die Symptome kurzfristig, und diese Frauen brauchen gewöhnlich nur mehr Zeit »für sich allein«. Vielleicht haben Sie beobachtet, daß viele dieser Frauen Workaholics sind, und fragen sich, wie sie es schaffen, nicht »ausgepumpt« und »verschlissen« zu werden. Dazu müssen Sie wissen, daß *eine Frau, die hart arbeitet und viel leistet, nicht unbedingt ausbrennt.* Diese Behauptung ist nicht so widersprüchlich, wie sie zunächst aussieht. Wenn Sie das Leben einer Frau, die scheinbar »alles auf einmal« hat, genauer betrachten, dann sehen Sie, daß sie vielleicht nur »etwas von allem« oder daß sie »alles von allem« hat, aber nacheinander. Der Mythos der unbeugsamen Superfrau, die alles fein säuberlich unter einen Hut bringt, hat als Katalysator für grassierende Angst, extremen Druck und schweren Burn-out im Leben zahlreicher Frauen gewirkt. Die Frau jedoch, die »etwas von allem« hat, gleicht ihren Einsatz und ihre Verausgabung von Energie gewöhnlich durch ein Gegengewicht von Zärtlichkeit, Zuneigung, Kameradschaft und Vergnügen von irgendwoher aus. Arbeit, Liebe, Freunde, Familie, Entspannung und Vergnügen – all das gehört zu ihrem Leben dazu. Ihr sind Teilbereiche von allen – vielleicht von

* Siehe dazu Kapitel 7 »Beziehungs-Burn-out«

zwei, drei oder sogar vier oder mehreren – Welten zugänglich, weil sie nicht in andern Menschen aufgehen und mit ihnen eins werden will, sondern an deren Leben teilhaben und ihr eigenes genießen will. Dazu gehört Sinn für Humor, der ihr Perspektiven eröffnet und ihr über die Empfindlichkeiten und Gehässigkeiten anderer hinweghilft. Sie weiß, wann sie kürzer treten und wann sie »nein« sagen muß.

Das bedeutet nicht, daß eine ausgeglichene Frau unempfindlich wäre gegen Kränkung, Beleidigung, Abweisung oder, auf der anderen Seite, gegen Zuneigung und Liebe, und es heißt auch nicht, daß sie niemals übermüdet oder übellaunig wäre. Doch sie kann zwischen »ich« und »du« unterscheiden und vermeidet es, in Arbeit oder Liebe »aufzugehen«, sondern unterhält befriedigende Beziehungen zu beidem. Diese Frauen haben *intakte Ichgrenzen* und ein zuverlässiges Selbstwertgefühl.

Ichgrenzen und die Tyrannei der Nähe

Instabile oder »durchlässige« Ichgrenzen sind häufig die Hauptursachen von Angst vorm Alleinsein, Einsamkeit, Beziehungs- und beruflichem Burn-out. Frauen mit instabilen Ichgrenzen neigen dazu, sich in anderen Menschen oder Situationen zu »verlieren«. Wenn Sie sich stark mit Ihrer Arbeit identifizieren, können Sie mit einem Ihnen äußerlichen Objekt »verschmelzen« und es als symbolische Verankerung nutzen, auf die Sie »fixiert« sind. Es taucht eine ganze Welt von Abhängigkeitsbedürfnissen auf, die vielleicht seit Ihrer Kindheit unterdrückt, verleugnet, vernachlässigt wurden und die jetzt wie heimkehrende Brieftauben alle auf das begehrte Objekt »fliegen«, das Fürsorge und Befriedigung gewähren soll. Dann verschwimmen die Ichgrenzen und brechen teilweise zusammen. Infolgedessen wird es schwierig zu unterscheiden, wo Sie aufhören und die andere Person oder Situation anfängt. Wenn dieses Phänomen auf die Arbeit-Liebe-Achse übergreift, sind beruflicher oder Beziehungs-Burn-out nicht weit. Wenn diese Grenzen intakt sind, sind sie auch elastisch – Sie können sie über ihre gewöhnlichen Begrenzungen hinaus ausdehnen, bleiben sich jedoch dessen immer bewußt und können wieder zum vorigen Zustand zurückkehren und Ihre Identität wiedergewinnen. Erfahrungen bereichern Sie, aber überfluten Sie nicht. Wenn die Ichgrenzen schwach sind, will Ihr Abhängigkeitshunger die Person oder Situation, auf die Sie fixiert sind, förmlich verschlingen.

Hinter diesen Grenzen liegt Ihr Ich oder Selbst, das als Mittler zwischen äußeren Reizen und Ihren inneren Reaktionen fungiert. Als Säugling – bevor Ihr Ichgefühl, das Bewußtsein, Ihrer Getrenntheit sich entwickelte – konnten Sie nicht zwischen sich und der Außenwelt unterscheiden. Doch als Sie merkten, daß auf Ihre Bedürfnisse nicht mit der Dringlichkeit Ihrer Forderungen reagiert wurde, entwickelten sich die Grenzen Ihres Omnipotenzgefühls. Durch Ihre Reaktionen auf das »Anderssein« von Menschen entwickelten Sie Standpunkte, Vorlieben, Geschmack und Meinungen über die Welt als etwas von Ihnen selbst Getrenntem – die Vorläufer von Ichgrenzen. Diese keimenden Grenzen stärkten sich in dem Maße, wie Sie sich mit dieser neuen, getrennten Identität anerkannt und geborgen fühlen konnten. Wenn Ihr Abgrenzungsprozeß jedoch nicht liebevoll begleitet wurde, wenn Ihre Mutter oder Ihr Vater Ihre sich entwickelnde Individualität ablehnte, Sie jedoch belohnte, wenn Sie sich an sie oder ihn klammerten, wurde die Entwicklung stabiler Ichgrenzen gestört oder abgebrochen. Manchmal kann ein Elternteil solche Ansprüche des anderen ausgleichen und den Abgrenzungsprozeß fördern. So hat vielleicht Ihr Vater Sie bestätigt, oder Ihre Mutter war die Hauptinstanz für psychische Unterstützung. Diese beiden grundlegenden Beziehungen beeinflussen Ihre Ichentwicklung entscheidend. Wenn jedoch beide Eltern unabhängiges Denken und die Loslösung von sich ablehnten und wenn sie zugleich auf Ihre Abhängigkeitsbedürfnisse nicht eingingen oder wenn ihre Forderungen unvereinbar waren, dann erhielten Sie verwirrende und bedrohliche Botschaften. Als Tochter haben Sie wahrscheinlich das gelernt, was Ihre Mutter in ihrer Erziehung gelernt hatte – andere zu umsorgen und entweder Ihre Bedürfnisse zurückzustellen oder sie zu verleugnen.*

Wenn Ihre Bedürfnisse systematisch vernachlässigt werden, stauen sie sich zu einer Art schmerzlich empfundenem Hunger auf, obwohl Sie sie zu begraben versuchen. Wenn eine Mutter auf die Bedürfnisse ihrer Tochter nicht eingeht, jedoch auf die ihres Mannes, ihrer Söhne, ihrer Verwandten oder Freunde, betrachtet ein Mädchen seine Bedürfnisse schließlich als »falsch« oder unwichtig und versucht, vor ihnen zu fliehen. Vielleicht haben Sie gelernt, mit dem Hunger in Ihnen durch Verdrängen und Verleugnen fertigzuwerden – indem Sie sich als selbstgenügsam und selbstsicher darstellten. Diese Fassade wird von der Umwelt akzeptiert, entfremdet Sie jedoch – schon im Kindesalter – von sich selbst. Statt Ihr Ichgefühl zu stärken und zu vertiefen, erhält Ihr Bild nach außen Vorrang. Allmählich und ganz subtil entwickeln Sie einen »Überbau« scheinbarer Kompetenz, jedoch ohne eine sicher definierte Grundlage. Das hungernde Selbst schreit nach Nahrung; immer öfter fühlt es sich allein gelassen und sucht Trost durch andere. Getrenntsein wird dann gleichgesetzt mit Alleinsein; das kann in Angst- oder sogar Panikgefühlen gipfeln. Ihre Ichgrenzen, mit denen Sie zwischen der Welt und sich unterscheiden könnten, sind substanzlos, das Selbst, das Sie nach außen hin zeigen, täuscht Unfehlbarkeit vor, und das Selbst, das echt und menschlich wäre, funktioniert entweder nicht verläßlich oder wird ganz fallengelassen.

* Siehe dazu Kapitel 2 »Warum Frauen ausbrennen«

Dieses fallengelassene Selbst ist nun keinesfalls zum Schweigen gebracht. Es sehnt sich danach, wieder »bemuttert« zu werden, in eine Zeit zurückzukehren, in der es »genährt« und »verwöhnt« wurde, und möchte in diesem anfänglichen Zustand bedingungsloser Liebe und Geborgenheit aufgehen. Aus diesem Grund tendieren Ihre Ichgrenzen immer dann zur Schwächung oder Auflösung, wenn Ihr Selbst menschliche Zuwendung erfährt oder eine Situation erlebt, in der es »sich verlieren«, in die es »hineinströmen«, in der es »aufgehen« oder mit einem Objekt, einer Person oder Situation außerhalb seiner Grenzen »verschmelzen« kann. Dieser Wunsch nach Vereinigung verschwindet niemals ganz. Seine Macht zeigt sich in sexuellen Erlebnissen, die Frauen und Männer gleichermaßen als »ekstatisch« bezeichnen. Menschen mit stabilen Ichgrenzen können danach wieder zu einem gereiften Gefühl des Getrenntseins zurückkehren. Menschen mit instabilen Ichgrenzen sehnen sich danach, in diesem grenzüberschreitenden, symbiotischen Zustand zu verharren, denn wenn sie daraus auftauchen, erleben sie ihr Getrenntsein als unerträglich. Für Frauen, deren Bedürfnisse vernachlässigt und dann verleugnet wurden, ist dieses Verschmelzungsgefühl unwiderstehlich. Sie decken ihre Einsamkeit zu, indem sie sich in eine Beziehung oder in Arbeit stürzen. Doch mit der Zeit setzt sich die Realität durch, und sie fallen wieder dem altvertrauten Schmerz anheim. Aus diesem Grund verweigern sich solche Frauen entweder Liebesbeziehungen von vornherein, oder sie ziehen sich bald daraus zurück. Ihre Bedürfnisse sind so groß, ihre Panik »verschluckt« zu werden so offensichtlich, daß sie aus Angst vor Kontroll- und Identitätsverlust Intimität überhaupt vermeiden. Sie erleben sich wie eingesperrt zwischen Skylla und Charybdis. Vorwärts zu gehen hieße zu riskieren, »zu sehr zu lieben«, doch stehenzubleiben heißt, immer weniger zu riskieren und immer leistungsfixierter zu werden.

Kennen Sie dieses brüchige Ichgefühl und diese instabilen

Ichgrenzen? Wenn ja, dann kennen Sie vielleicht auch die Sprache des Mißtrauens, die die Vorstellung einer engen Beziehung begleitet:

- »Ich will mich mit niemandem einlassen, der mich zu sehr anzieht: Dieses *Elend* kann ich mir nicht leisten.«
- »Jedesmal wenn ich mich verliebe, kriege ich eine Art *Fieber* und verliere den Kontakt zu meiner Arbeit und meinen Freunden.«
- »Es nimmt mich völlig in *Besitz,* und ich verliere meinen Mittelpunkt.«
- »Bloß keine Liebesbeziehungen mehr – diese Leidenschaften sind mein *Ruin.*«

Die Wörter, die diese Beschreibungen »ausschmücken«, stehen alle in Zusammenhang mit Krankheit und Zerstörung. Die Stärke des Ausdrucks ist jedoch eindeutig Absicht. Wenn die Ichgrenzen schwach sind, ist das Ichgefühl gefährdet. In einer symbiotischen Beziehung haben Sie entweder das Empfinden, Sie würden von der Intensität »geschluckt«, oder Sie bekämpfen ständig den Wunsch, das Objekt selbst zu »schlucken«, um das Ausmaß Ihrer Bedürftigkeit zu verleugnen.

Gelöste Beziehungen und Burn-out

Die Kehrseite des Verschmelzungswunsches ist die Angst vor Zurückweisung und psychischem Schmerz. Eine Frau berichtet:
»Ich will nicht mit dem Warten, den enttäuschten Hoffnungen, den schrecklichen Gefühlen von Verlust und Betrogenwerden leben, die ich mit Beziehungen verbinde. Ich investiere zuviel, und ich bin zu oft verletzt worden. Ob ich mich verliebe, verliebt bin oder mich vom Verliebtsein erhole, ich bin immer ein Wrack. Ich bin abgelenkt von meiner Arbeit, meinen Interessen, meinen Freunden, meinem

Leben – ich kann mich anscheinend nicht an dem festhalten, woran mir selbst liegt, und wenn das eine Art Burn-out ist, dann habe ich das erlebt.«

Das ist »eine Art Burn-out«. Während der Nachwirkungen einer verzehrenden oder symbiotischen Beziehung können Ihnen »diese schrecklichen Gefühle von Verlust und Betrogenwerden« alle Stärke entziehen und Sie emotional erschöpft und voller Angst vor Nähe zurücklassen, die Ihre Motivation und Ihre Zuversicht beeinträchtigt. Manchmal kann die Wut durch diese Erschöpfung hindurchbrechen und als nützliches Werkzeug dienen. Sie ist eine authentische Reaktion auf eine Kränkung und trägt dazu bei, die verlorengegangene »Getrenntheit« wieder zu schätzen. Doch häufiger ist der Nutzen der Wut kurzlebig – die Frau mit schwachen Ichgrenzen erlebt sich als »falsch«, und ihr Selbstwertgefühl stürzt ins Bodenlose.

Eine andere Frau berichtet von ihrem emotionalen Burn-out, nachdem sie sich nach einjährigem Zusammenleben von einem Mann getrennt hatte:

»Ich weinte damals viel . . . Ich schwankte zwischen Tränen und Wut, Selbsthaß, Rachephantasien und wieder Tränen. Mein Selbstwertgefühl lag am Boden – ich fühlte mich nicht begehrenswert, nicht liebenswert . . . nicht ausreichend . . . einfach ganz falsch. Ich hatte mich diesem Mann geöffnet und ihm meine verwundbarsten Stellen gezeigt . . . Das war eine üble Zeit. Es war kein ›Ich‹ mehr da – nur ein geisterhafter ›er‹, der alles beherrschte. Ich versuchte, die Kränkung in Wut zu verwandeln, weil das das einzige Gefühl war, das mich aufrecht hielt. Ich war so fixiert auf den Verlust, daß ich mich mit nichts anderem mehr beschäftigen konnte. Meine Aufmerksamkeitsspanne betrug etwa 16 Sekunden, und meine Arbeit litt maßlos.«

Wenn das Bedürfnis nach »Verschmelzung« mit einem anderen Menschen übermächtig wird, ist es von blindem Vertrauen begleitet. Die Intensität der Verbindung trübt das Urteilsvermögen, und das Gefühl des »Getrenntseins« geht verloren. Die in der Kindheit unerfüllt gebliebenen Bedürfnisse durchbrechen die Oberfläche. Die Skepsis macht Ferien und der Erwartung Platz. Doch wenn diese Beziehung in die Brüche geht, erfährt das »Selbst« einen scharfen Schnitt, und das ursprüngliche Gefühl des Verlassenseins belebt sich erneut.

Viele Frauen wollen sich davor schützen, daß sie diese Gefühle und den damit verbundenen, verheerenden Burn-out nie wieder erleben, und schaffen sich die Illusion der Unverletzlichkeit und halten sich von vermeintlicher Gefahr entfernt. Für manche ist das eine vorübergehende Distanzierung – »bis ich wieder zu mir selbst gefunden habe« –, die gesund und vernünftig ist. Der innere Abstand schafft einen Schutzraum für das leidende und heilende Selbst. Sie können die Dynamik der auseinandergegangenen Beziehung – ihre Sonnen- und ihre Schattenseiten – neu bewerten und unrealistische Erwartungen überprüfen. Ebenso wichtig ist diese Zeit zur Neubelebung ausgebrannter Gefühle und zur Neubewertung Ihrer Person – Ihrer Stärken und Schwächen und Ihrer Bedürfnisse. Bei anderen Frauen jedoch verzögert sich oft der »Wiederaufbau«. Vielleicht beschließen Sie, ein für allemal nie mehr an diese instabilen Ichgrenzen zu rühren. Sie erinnern sich zwar an die Freuden der Beziehung, doch Sie verdrängen sie – Sie setzen die Freuden der Nähe mit Schmerz gleich. Nach einer ordentlichen Dosis Desillusionierung scheint diese Gleichung auch plausibel – aber nur theoretisch. Die Nachwirkungen eines solchen Entschlusses führen häufig zu einer sogenannten »Reaktionsbildung« – zu übertriebenem Einsatz für ein Objekt, das sich im Gegensatz zu Ihren Bedürfnissen befindet.

Reaktionsbildungen und der Verlust von Nähe

Eine »Reaktionsbildung« ist eine andere Art der Verleugnung und fördert daher den Burn-out. Die Unterdrückung eines Bedürfnisses und die nachfolgende Verschiebung Ihrer Energie und Ihrer Aufmerksamkeit auf etwas oder jemand anderen sind Folgen, die auf verschiedenen Ursachen beruhen. Sie können – wie besprochen – das Ergebnis einer schmerzlichen Erfahrung sein oder als Nebenwirkung eines verbissenen Festhaltens an einer bestimmten Überzeugung auftreten. Oder sie entwickelt sich aus der Rebellion gegen alte familiäre Prinzipien und Philosophien.

Der Mechanismus ist gewöhnlich nicht leicht aufzuspüren. Häufig muß viel Zeit vergehen und Ihre Energie erschöpft sein, bevor Sie die Veränderungen in Ihren Einstellungen und Ihrem Verhalten wahrnehmen. In diesem Fall liegt der Schlüssel darin, womit Sie sich *nicht* befassen. Nach außen hin vermeiden Sie die üblichen Plänkeleien im Zusammenhang mit Nähe, Zuneigung, Liebe, Ehe oder dem Kinderwunsch. Wenn Sie eine Reaktionsbildung ausagieren und andere Frauen über Einsamkeit, mangelnde Nähe, die anstehende Entscheidung über Kinder oder das Jonglieren mit Arbeit und Liebe diskutieren, wechseln Sie entweder das Thema, schweigen oder versuchen, diese Aspekte der Lebenserfahrung abzuwerten. Vielleicht distanzieren Sie sich innerlich und erklären: »Ich habe keine Zeit für diese Spielereien . . .«, »das ist nicht gerade meine Hauptsorge . . .«, »das ganze Thema macht mich nicht an, interessiert mich nicht . . .«, »es gibt Wichtigeres im Leben . . .«, »mich interessiert Erfolg, finanzielle Sicherheit und völlige Unabhängigkeit . . .« oder »meine Arbeit gibt mir viel mehr als all das.«

Diese Aussagen sind verwirrend, weil gewöhnlich ein Körnchen Wahrheit darin steckt. Nicht jede Frau schlägt sich mit dem Gegensatz von Arbeit und Liebe, der »Krise der Nähe«, der Partnersuche, der Familienplanung oder vernachlässigten Bedürfnissen herum. Doch für die Frau im Burn-out-Prozeß sind alle Themen im Zusammenhang mit Arbeit und Liebe wichtig, und pauschale Verleugnungen der einen oder anderen Seite sollten sehr hellhörig machen.

Wenn Sie sich aus einer Reaktionsbildung heraus verhalten, bringen Sie vielleicht Ihre gesamte Zeit, Energie, Aufmerksamkeit und Einsatzbereitschaft sowie Ihren »Verschmelzungswunsch« in die Arbeit ein. Genauso wie Frauen aufgrund der Aufopferung für eine »symbiotische« Beziehung ausbrennen, können sie auch wegen des übermäßigen Einsatzes für Arbeit, Familie, Geselligkeit, Sex, Schlankheitsdiäten und Schönheitsideale ausbrennen. Noch einmal: Wenn Ihre Ichgrenzen brüchig sind, neigen Sie dazu, in Menschen oder Aktivitäten »aufzugehen«, haben Sie Schwierigkeiten, Ihre eigene, getrennte Identität mit Ihren eigenen Werten zu bewahren, und noch mehr Schwierigkeiten, kürzer zu treten.

Mit der Arbeit verheiratet ...

Infolge der Reaktionsbildung wird die Angst vor dem Alleinsein und der Einsamkeit, die Furcht, berufliche Ziele zu verfehlen oder den Auftrieb und die verläßliche Struktur, die die Arbeit bietet, zu verlieren, manchmal durch symbolische »Heirat« mit der Arbeit »bewältigt«. Maureen, eine geschiedene 37jährige Frau, die als Assistentin eines Videoproduzenten arbeitet, berichtet:

»Wenn du kein ›soziales Netz‹ nach der Arbeit hast, behandelst du die Arbeit nur allzuleicht als Liebesaffäre. Die Arbeit beherrscht dich förmlich ... Du ziehst dich für sie an, hast deine ganzen Sozialkontakte über sie, redest über sie, planst deine Zukunft um sie herum und hast einen Dreck davon ... Es ist irgendwie heimtückisch, weil ich den ganzen Tag unter Menschen bin, das Tempo sehr hektisch ist und ich vergesse, daß ich nachts völlig allein bin oder die Wochenenden verschlafe, manchmal mit einem Bericht neben mir auf dem Bett ... Am schlimmsten ist es, wenn ich mit Paaren zusammen bin – wenn mein ›Singletum‹ so richtig greifbar wird. Wenn wir uns voneinander verabschieden, weiß ich, daß sie sich noch über den Abend unterhalten und sich vielleicht im Bett aneinanderkuscheln ... Dann fällt es mir wieder ein ... und ich muß mit einer sehr realen, riesigen Angst vor der Einsamkeit kämpfen ...«

Die Panik, die Maureen anspricht, ist ein häufiges Thema bei Frauen, die unter Ausschluß jeglicher sonstiger, persönlicher Ziele in ihrer Arbeit aufgehen. Berufliches Burnout kann für Sie ein ernstes Problem sein, doch sehr oft ist es symptomatisch für eine zugrundeliegende Vernachlässigung. Panik vor dem Alleinsein oder vor Einsamkeit ist ein Zustand unkontrollierbarer Angst, der den Burn-out-Prozeß weitertreibt. Dieses äußerst quälende Gefühl müssen Sie um Ihres eingefahrenen Lebensstils willen unbedingt unterdrücken und dann verleugnen. Doch diese unterdrückten Bedürfnisse und Sehnsüchte drängen sich oft an unerwarteten Stellen und mit schmerzlicher Klarheit in die Liebesaffäre mit der Arbeit ein. Maureen »fällt ein«, daß ihre Einsamkeit real ist, wenn sie sich Paaren gegenübersieht. Andere Frauen sind erschüttert, dann desorientiert, wenn sie Musik hören, die sie an das Gefühl menschlicher Verbundenheit erinnert, wenn sie einen Film sehen, der betäubte Bedürfnisse aufrührt, wenn sie zu einer Taufe, dem Geburtstag eines Neffen, der Schulabschlußfeier einer Nichte, einem Klassentreffen gehen oder wenn sie über Weihnachten und Silvester allein sind. Maureen fährt fort: »Es ist wirklich schwierig. Diese schrecklichen Verlust- und Verlassenheitsgefühle kommen leider ständig meiner Unabhängigkeit in die Quere. Wenn sie hochkommen, fühle ich mich bedroht, so als ob man sieht, daß eine Rivalin das Knie des Liebhabers berührt ... und er reagiert. Sie wünschen sich, Sie hätten es nicht gesehen, weil Sie wissen, daß Sie es nicht werden vergessen können ... Sie wissen, daß es Sie verfolgen wird ...«

Maureen gibt zu, daß sie sich von ihrem Bedürfnis nach einem Privatleben außerhalb ihrer Arbeit bedroht fühlt. Sie interpretiert dieses Bedürfnis als gefährliche »Rivalin«, das in Schach gehalten werden muß. Die Ehe zieht sie an und stößt sie ab zugleich:

»Meine Eltern ließen sich scheiden, als ich zehn war, und ich wurde mit 32 geschieden. Mein Vater war ein starker Mann, der zuviel trank, und ich heiratete einen Mann, der ihm sehr ähnelte – ›außen hart und innen ganz weich‹. Ich konnte meine eigene Identität erst in den letzten fünf Jahren entwickeln – und ich traue mir selbst noch nicht genug, als daß ich mit meiner Karriere und diesen übergroßen Bedürfnissen der Männer, die ich erlebt habe, locker umgehen könnte. Und doch ... möchte ich Familie haben ... die Familie, die ich zweimal verpaßt habe. Ich möchte Kinder und ein Zuhause – und meine Arbeit. Bei der Hektik meiner Arbeit glaube ich nicht, daß ich alles unter einen Hut brächte ... Ich spüre allmählich eine Erschöpfung, die ich mir einfach nicht erklären kann, Reizbarkeit und Intoleranz ... Hier stimmt etwas überhaupt nicht ...«

Je mehr Maureen gegen diese Sehnsüchte ankämpft, desto mehr kettet sie sich an ihre Arbeit. Allmählich bringt sie ihre beginnenden Burn-out-Empfindungen mit dem in Verbindung, was ihr am meisten Spaß macht – mit ihrer Arbeit. Indem sie jedoch diese Symptome – »Erschöpfung ... Reizbarkeit ... Intoleranz« – wegschiebt, entzieht sie sich selbst die Stützung durch ihre Arbeit, die ihr doch »etwas von allem« geben könnte. Sie könnte damit ihre Energiereserven wieder auffüllen und vielleicht ihre Sehnsucht nach Nähe stillen. Die »Ehe« mit der Arbeit zerrüttet sich oft aus denselben Gründen wie eine »menschliche« Ehe. Die ausschließliche Konzentration auf die Arbeit verengt die Perspektiven, isoliert und erstickt schließlich. Auch eine an-

dere Frau berichtet von einem Verhältnis zur Arbeit, das
einem Liebesverhältnis gleicht:

»Ich glaube, daß über die Arbeit hinaus, die Frage der Kleidung und Erscheinung bei der Arbeit eine wichtige Ursache
für Burn-out bei Frauen ist. Das ist alles so stressig. Die
Firma wird zum ›Liebsten‹, dem ich unbedingt gefallen
will. Alles andere ist zweitrangig für mich . . . mein Berufsleben *ist* mein Privatleben! Ich mache mir Sorgen um mein
Image; ich habe Angst, ›falsch‹ auszusehen. Ständig habe
ich Kleiderprobleme. Ist das das ›richtige‹ Kostüm? Ist dieses Kleid nicht zu aufreizend? Ist Rot zu provozierend für
diesen Kunden? Was soll ich zum Tennis-Turnier anziehen?
Was ist angemessen für den Betriebsausflug? Dann ist da
noch das Problem mit den Konferenzen und den Hotel-
Pools. Bin ich zu dick für einen Badeanzug? Für Shorts?
Und was ist mit meiner Frisur? Woher nehme ich die Zeit
für den Frisör? Und die Nägel und das Make-up . . . Ist es
zuviel oder zuwenig? Alles läuft darauf hinaus, für die
Firma schön zu sein, aber nicht bedrohlich zu wirken. Ich
möchte als Pluspunkt gesehen werden . . . als Frau mit Zukunft . . .«

Eine Bankerin berichtet:
»Mein Sozialleben und mein Privatleben laufen über die
Arbeit. Letzte Woche war ich in Washington, bei Abendessen, auf zwei Empfängen, dann zu Hause auf einer Feier für
einen Kollegen. Heute esse ich mit einem Kunden zu
Abend, und nächste Woche habe ich acht Leute bei mir zu
Hause – alles Chefs aus meiner Firma. Das hört sich toll an
. . . und war es auch . . . aber ich bin so müde. Ich habe
keine echte, persönliche Unterstützung, ich fühle mich
nicht einmal ganz einfach wohl. Meine Freizeit hängt immer irgendwie mit der Arbeit zusammen und erfüllt meine
Bedürfnisse nicht. Ständig ›grabe‹ ich den richtigen Partner
›aus‹, der mit mir Gastgeber spielt oder mich zu verschiedenen Anlässen begleitet . . . das ist so erschöpfend. Ich

habe mit Hunderten von Männern geschlafen, aber ich habe nicht die Zeit, um eine Beziehung aufzubauen ...«

Eine verheiratete Mittelstufenlehrerin erzählt:
»Die Kinder machen mich fix und fertig – sie brauchen soviel Unterstützung ... Diese Rolle, ständig Zuwendung zu geben, ist zwar anstrengend, aber so fühle ich auch, daß ich gebraucht werde ... ich fühle mich bestätigt und eingebunden. Mein Mann ist ganz anders ... ich brauche direkten Kontakt, diese Intimität zwischen zwei Menschen, damit ich mich ganz fühle. Er ist sehr ruhig und mit seinen eigenen Angelegenheiten beschäftigt ... Ich weiß, daß ich den Problemen zwischen uns aus dem Weg gehe, wenn ich mich so an die Schule, an die Kinder binde. Ich bin zu müde und manchmal auch zu ängstlich, um mich mit meinem Privatleben auseinanderzusetzen. Ich habe meinen Burn-out immer auf meine Arbeit geschoben, aber ich merke allmählich, daß meine ›Romanze‹ mit den Kindern mich sicher, aber auch irgendwie einsam macht ...«
Die meisten Frauen haben Probleme mit der Trennung von Berufs- und Privatleben. Häufig gibt es da keine klaren Grenzen oder Verhaltensregeln. Manchmal deuten Ihnen nur halb unterdrückte Sehnsüchte und ein unklares Unbehagen an, daß Sie kürzer treten und Ihr Leben überdenken müssen. Wenn Sie jedoch innehalten und Ihre Einstellung zu Ihrem Zuhause prüfen, können Sie eine klarer umrissene Perspektive gewinnen.
Welches Gefühl haben Sie, wenn Sie abends nach Hause kommen? Sehr viele Frauen nennen hier Angst vor einem Bindungsverlust, die sich darin äußert, daß ihnen vor dem Heimgehen graut. Sie verbringen immer weniger Zeit in Ihren vier Wänden und benutzen sie wie ein Hotel; im Kühlschrank finden Sie ein Joghurt, einen halben Becher Diätmargarine oder ein halbes Grillhähnchen. Aufgrund dieser Angstgefühle arbeiten Sie immer länger oder erschöpfen sich in Bars und Discos und trinken oder nehmen

Tabletten. Die Methoden, das eigene Zuhause zu meiden, sind unerschöpflich.

Angst vor dem Wochenende oder vor einer längeren Trennung von der Arbeit zum Beispiel im Urlaub sind ebenfalls symptomatisch für das Bedürfnis nach Intimität mit sich selbst und anderen. Insbesondere die Leere des Sonntags löst Trennungsängste aus, die häufig unterdrückte Bedürfnisse nach Nähe ausbrechen zu lassen drohen. Wenn die »Liebesbeziehung« zur Arbeit fehlt, fehlt eine echte Liebesbeziehung um so schmerzlicher; die Entfremdung des Sonntags – damit aber auch die Möglichkeit aufzutanken – wird oft durch Verschlafen umgangen.

Wenn Ihnen nur die Arbeit eine Struktur, eine Selbstdefinition und emotionale Unterstützung vermittelt, fangen Sie an, sich vor freier Zeit zu fürchten. In der Freizeit ist Ihr Leben nicht mehr eingeteilt und kontrollierbar; wenn die Verankerung in der Arbeit sich löst, treiben Sie ratlos dahin. Die Umsorgerin gibt, um sich einen Anschein von Intimität zu verschaffen, während der Woche so viel, daß sie enttäuscht ist, wie wenig sie in ihrem Privatleben zurückbekommt; die innere Leere überdeckt sie dann vielleicht damit, daß sie sich am Wochenende für Freunde oder die Familie verausgabt. Eine geschiedene Frau hängt vielleicht »in der Luft«, vermißt die Kommunikation und den Austausch, wenn sie nach Hause kommt und spürt dort mehr Streßsymptome als in der Arbeit. Die alleinerziehende Mutter »pfeift« wegen der Doppelbelastung buchstäblich »auf dem letzten Loch«, und die persönliche Vernachlässigung treibt sie in den Burn-out. Eine Frau in einer dahindümpelnden Ehe zieht vielleicht die anspruchsvollen Leistungsmaßstäbe ihrer Arbeit der Frustration vor, die sie zu Hause erfährt. Vielleicht fängt sie an, ihr Zuhause als »Arbeit« und ihre Arbeit als »Liebe« zu definieren – als sich wechselseitig ausschließende Alternativen.

Telefon, Radio und Fernseher stellen für Frauen ohne persönliche Kontakte außerhalb der Arbeit oft das wesentliche

Kommunikationsmittel dar. »Mein Telefon ist meine Lebensader«, behauptet eine Frau. »Manchmal rufe ich kurz vor dem Zubettgehen einen Freund oder eine Freundin an und lasse mich ›in den Schlaf reden‹.« »Ich telefoniere viel«, sagt eine andere Frau. »Doch nach einer Weile merke ich, daß das irgendwie unkörperlich ist und mir immer noch etwas Lebenswichtiges fehlt.« Eine dritte Frau konstatiert: »Warum telefoniere ich so viel? Um die Einsamkeit nach der Arbeit abzuwehren. In dem Moment, wo ich nach Hause komme, schalte ich das Radio oder den Fernseher ein oder lege eine Platte auf . . . Ich brauche Stimmen oder Geräusche in meiner Wohnung.«

Kommen Ihnen diese Erfahrungen bekannt vor? Falls ja, dann müssen Sie unbedingt Ihr Leben überdenken.

Nicht allein sein können, einsam sein – Maßnahmen gegen den Burn-out

Wenn Sie sich in eine einzige, ausschließliche Funktion hineinmanövriert haben, tauchen mit Sicherheit Burn-out-Symptome auf, weil Ihnen eine einzige Rolle keine dauerhafte Befriedigung gewähren kann. Aus diesem Grund müssen Sie Ihren unterdrückten Sehnsüchten nachgehen, auch wenn sie bedrohlich scheinen mögen.

Blättern Sie zurück zur Darstellung des Burn-out-Zyklus. Wenn die Zwanghaftigkeit des Burn-out Gewalt über Sie gewinnt, ist in Stadium 4 das Hauptsymptom die Verdrängung von Konflikten und Bedürfnissen. Es entwickeln sich Bewältigungsmechanismen, die oft durch Abwehr gekennzeichnet sind und die Selbstvernachlässigung kaschieren sollen. In Stadium 5 verzerren der Zwang und die Interesseneinschränkung Ihre wahren Werte, und in Stadium 6 verstärkt sich die Verleugnung. Doch erst in Stadium 7 findet durch die ständige Abweisung emotionaler und körperlicher Bedürfnisse eine wirkliche Distanzierung vom eigenen Selbst statt. Diese entwickelt sich zu einem Lebensstil und ist immer schwieriger zu verändern. Wie Sie wissen, beeinträchtigt die ausschließliche Fixierung auf ein Ziel Ihr Urteilsvermögen, und Ihre Weltsicht wird eingeengt und zynisch. Außerhalb Ihres unmittelbaren Zugriffs scheint es nichts mehr zu geben, das Bedeutung oder Sinn hat. *Diese Dynamik können nur Sie ändern.* Wir wissen alle, daß sich die »Krise der Nähe« im Idealfall dadurch löst, daß wir den perfekten Partner finden oder daß wir Probleme im Zusammenhang mit Intimität mit unserem gegenwärtigen Ehemann oder Liebhaber lösen.

Unglücklicherweise ist das nicht immer möglich. Es gibt jedoch durchaus Methoden, mit deren Hilfe Sie Ihre Burnout-Symptome bewältigen und Ihrer Angst vor der Zukunft entgegenwirken können.

Haben Sie den Kontakt zu Menschen abgebrochen, die nicht auf Ihrem Gebiet arbeiten oder offensichtlich andere Interessen haben als Sie? Bemühen Sie sich um Beziehungen zu Menschen außerhalb Ihres unmittelbaren Bezugsrahmens. Burn-out-Symptome verstellen oft den Blick für die Perspektivenerweiterungen, die neue Menschen oder Interessen bieten können. Der Streß, den Ihnen Ihr Glaube, Sie müßten »alles allein machen«, aufbürdet, verschwindet nicht so einfach. Vielmehr schaukelt er sich auf, weil Sie unbewußt ständig Ihre eigenen Bedürfnisse überlisten wollen. Frauen, die mit einem Mangel an Intimität zu kämpfen haben, versuchen häufig, sich noch mehr »zusammenzunehmen«. Reaktionsbildungen sind noch schwieriger zu erkennen und zu durchbrechen. Infolgedessen werden neue Ideen, Menschen und Gelegenheiten oft als Störungen oder langweilige Verpflichtungen abgewehrt. Menschen mit fremden Interessen können Ihnen etwas Bereicherndes, wenn nicht sogar Lebensrettendes bieten. Sie haben vielleicht nicht die sofortige Antwort auf Ihre vernachlässigten Bedürfnisse, doch die neue Erfahrung kann

Ihnen neue Möglichkeiten eröffnen. Andererseits haben Sie vielleicht alte Freunde aus den Augen verloren, weil sich Ihre Lebenswege in verschiedene Richtungen entwickelten. Eine Wiederbegegnung kann Ihnen ebenfalls neue Perspektiven aufzeigen. Auch die jetzigen Freunde sind eine manchmal übersehene Quelle für Nähe. Sie können auch Nähe und Intimität mit jemandem aufbauen, den Sie bisher nur als beruflichen »Kontakt« betrachtet haben.

Welche Interessen haben Sie? Wenn Sie politisch interessiert sind, können Sie an Initiativen teilnehmen und neue Leute aus Ihrer Nachbarschaft kennenlernen. Vielleicht reservieren Sie auch einen Abend für einen Volkshochschulkurs und gehen Ihren vergessenen oder verschütteten Interessen für Literatur, Musik, Kunst, nationale oder internationale Politik, Wissenschaft, Umwelt oder Psychologie nach. In unserer schnellebigen, elektronik- und computerbeherrschten Welt hat das Wort »Hobby« einen schlechten Klang. Doch definitionsgemäß ist ein Hobby eine angenehme Freizeitbeschäftigung. Wenn Sie jedoch keine Freizeit haben oder sie mit Entfremdung gleichsetzen, »vergessen« Sie nur zu leicht, was Sie gern tun und was Ihnen Freude macht. Hobbies sind deshalb wichtig, weil Sie dabei auf gesunde Weise »allein sein« und sich kreativen und produktiven Beschäftigungen hingeben können, die das Selbst bereichern. Sich selbst umsorgen und es sich gemütlich machen sind weitere Methoden, mit denen Sie das Einsamkeitsgefühl in Ihrem Leben allmählich überwinden können. Wenn Sie in dieser Hinsicht immer von einem Mann abhängig waren, schieben Sie es vielleicht bewußt – und häufig unbewußt – auf, sich Ihre Wohnung gemütlich einzurichten, sich ein Ferienhaus zu mieten, in ein Land zu fahren, wo Sie schon immer hinwollten – bis »er« (oder »sie«) erscheint. Wenn Sie Ihr Leben nicht verändern, saugt Ihre Arbeit Ihre ganzen Energien auf, während sich das Warten vielleicht jahrelang hinzieht.

Ein Zuhause ist für Frauen und Männer gleichermaßen

wichtig. Wenn Ihre Wohnung »leer« ist, dann machen Sie sich daran, sie in einen einladenden und tröstlichen Ort zu verwandeln. Auch wenn Sie nur in einem Zimmer hausen, können Sie es so gestalten, daß Sie sich wohl fühlen. Füllen Sie Schränke und Kühlschrank mit guten Lebensmitteln. Wenn Sie Diät leben, achten Sie auf abwechslungsreiche Kost. Immer nur Karotten und Magerquark sind nicht sehr verlockend. Viele Frauen erzählen, sie würden sich nicht einmal so etwas Simples wie einen neuen Bettüberwurf kaufen oder machen, denn: »Ich bin ja nur allein zu Hause.« Richten Sie ein oder alle Zimmer so her, wie Sie sich ein Zuhause wünschen. Eine Frau erzählte, daß sie jahrelang die Glas- und Porzellanabteilungen der Kaufhäuser durchstreift hatte, ohne die Dinge zu kaufen, die ihr gefielen, weil »man keine guten Gläser oder Geschirr kauft, bis man mit jemandem zusammenlebt«. Als sie sich schließlich dazu durchgerungen hatte, sich diese Dinge selbst zu gönnen, fing sie an, Leute zu sich einzuladen und entdeckte ihre Leidenschaft fürs Kochen.

Eine andere Frau entschloß sich, ihren Wunschtraum zu erfüllen, ohne damit auf einen Partner zu warten. Gemeinsam mit zwei Freunden kaufte sie ein Ferienhaus. Bald ließ ihr zwanghaftes Engagement für die Arbeit nach, und obwohl sie ihren beruflichen Ehrgeiz und ihr Leistungsniveau beibehielt, verschwanden ihre Burn-out-Symptome.

Für Burn-out wegen Angst vorm Alleinsein und vor Einsamkeit gibt es keine schnelle Heilung. Sie müssen jeden Tag kleine Schritte machen, Ihre Selbstachtung fördern und Ihre Bedürfnisse beachten. Die wartende Frau ist gewöhnlich ein Opfer nicht nur ihrer Verletzlichkeiten, sondern auch ihres eigenen inneren Zwiespalts. Aus diesem Grund wäre es nützlich, ein Burn-out-Tagebuch zu führen. Ein Tagebuch hat einen dreifachen Zweck. Sie können Ihr Innneres aus einer sicheren Position erforschen, Ihre Ziele und Ambitionen entdecken und Ihre tiefsten Geheimnisse ohne

Hemmungen aussprechen. Durch das Aufschreiben wird häufig die Verleugnung durchbrochen. Wut, Ängste, Eifersucht, Neid, Kümmernisse und Sehnsüchte können Sie in Ihrem Tagebuch ebenso durchdenken wie Bestrebungen, Pläne und langfristige Ziele.

Denken Sie über die folgenden Fragen nach, und wenn Sie Ihre Gedanken und Gefühle aufzeichnen, versuchen Sie sie so aufrichtig wie möglich zu beantworten. Dies ist schließlich Ihr Tagebuch, und das ist unantastbar. Sie können schreiben, was Sie wollen, egal aus welcher Einstellung heraus.

1. Was in Ihrem Leben ist konkret und stabil?

2. Was fehlt in diesem Bild?

3. Blocken Sie Abhängigkeitswünsche ab? Welche?

4. Möchten Sie einen männlichen oder weiblichen Lebensgefährten haben?

5. Haben Sie unerfüllbare Ansprüche an einen Partner?

6. Wollen Sie wirklich mit jemandem zusammenleben, oder wünschen Sie sich zwar Intimität, vermuten aber allmählich, daß Sie allein glücklicher sind?

7. Was »geben« Sie für eine Beziehung gewöhnlich »auf«?

8. Was ärgerte Sie an den Liebhabern, die Sie hatten?

9. Haben Sie Angst vor Nähe, weil Sie zum »Verschmelzen« neigen?

10. Spüren Sie Eifersucht, Neid, Wut oder Konkurrenz, wenn Sie eine Beziehung haben?

11. Was löst diese Gefühle aus?

12. Welche Themen vermeiden Sie in Gesellschaft? Gibt es Themen, vor denen Sie wegen der Sehnsüchte, die sie auslösen, zurückschrecken?

13. Möchten Sie ein Kind? Verleugnen Sie diesen Wunsch, weil ein Kind Ihre Karriere stören würde? Oder unterdrücken Sie ihn, weil Sie niemanden haben?

14. Gehen Sie Sex aus dem Weg? Oder geben Sie sich oft hin, und fühlen sich danach aber leer?

15. Benutzen Sie Ihre Arbeit, um Nähe zu vermeiden?

16. Stellen Sie Ihre Partnersuche zurück, bis Sie genügend abgenommen haben?

17. Haben Sie die ganze Sucherei so satt, daß Sie sie lassen?

18. Haben die Männer, mit denen Sie sich getroffen haben, Sie geängstigt oder abgestoßen?

19. Haben Sie Freunde, mit denen Sie sich regelmäßig und vertraulich unterhalten?

20. Sind Ihre Freunde Bekannte oder Vertraute?

21. Gehen Sie ungern nach Hause, weil Sie sich dort einsam fühlen? Wie könnten Sie die Wohnung für Sie gemütlich machen?

22. Haben Sie Menschen und Ideen aus Ihrem Umfeld ausgeschlossen, die anders sind?

23. Haben Sie anderen erzählt, daß Sie einen Partner kennenlernen möchten?

24. Ist Ihre Arbeit so befriedigend, wie Sie glauben, oder träumen Sie von einer anderen, die Ihnen mehr entspräche?

25. Verdienen Sie genug, um Ihre Bedürfnisse zu befriedigen?

26. Trinken Sie zur Zeit mehr als sonst? Warum? Wann? Haben Sie Katererscheinungen, die Ihnen Energie rauben?

27. Nehmen Sie Drogen – Aufputschmittel, Beruhigungsmittel, Kokain, Haschisch –, um Ihre Stimmung zu manipulieren? Warum? Wann?

28. Werden Sie immer mehr zur »Einsiedlerin«?

29. Kümmern Sie sich um Ihre körperliche Gesundheit?

30. Wie könnten Sie Ihr Leben einrichten, so daß Sie schließlich »etwas von allem« bekommen können?

Wenn Sie diese Fragen zu beantworten versuchen, sollten Sie immer daran denken, daß das Burn-out-Tagebuch Ihre Privatsache ist. Beim Schreiben entdecken Sie vielleicht interessante und wertvolle Aspekte an sich, die verschüttet oder von der Arbeit überschattet waren. Wenn Sie aufgrund von Problemen ausbrennen, die in Konflikt mit Ihren Werten und Bedürfnissen stehen, dann stellen Sie sich die wichtigste Frage überhaupt: »Wessen Leben ist es?«

Wenn Drogen und Alkohol zu Freunden werden

Eines der auffälligsten Kennzeichen des Burn-out ist eine »Scheuklappensicht« der Welt. Wenn Sie zwanghaft auf ein Ideal, eine Situation oder Person fixiert sind, fassen Sie alles, was den Zwang stört, als gefährlich auf, schieben es rasch weg, unterdrücken und verleugnen es. Wenn Sie sich Burn-out-gefährdet – egal aus welchen Gründen – fühlen, schränkt sich Ihr Interesse an der Welt allmählich ein. Die Symptome Erschöpfung, verflachte Einstellungen zum Leben, dumpfes Mißtrauen gegen andere und Minderwertigkeitsgefühle tauchen auf und werden übermächtig. Ihre Hauptsorgen kreisen um den verlorenen Elan und Idealismus. Um diese Symptome abzuwehren und den Zwang aufrechtzuerhalten, greifen viele Frauen zu Drogen. Marcia ist eine der zahlreichen Frauen, die wegen Depressionen die Praxis aufsuchte; bald erwiesen sie sich als Resultat einer Burn-out-Erschöpfung. Beim Erstgespräch erwähnte Marcia, Aufputschmittel seien »das einzige, was mich hochhält«. Sie berichtet:

»Ich war immer mit Leuten zusammen, die Drogen nahmen, aber mich interessierte das überhaupt nicht. Dann beschloß ich, es mal zu probieren, und stellte fest, daß meine Depression wegging. Im Lauf dieses Abends fühlte ich mich immer stärker, selbstsicherer, beherrschter und voller Energie ... die Lebenslust kam wieder. Ich war gesprächig und voll dabei ... Ich weiß noch, daß ich wahnsinnig hoffnungsvoll war ...«

Marcias erste Erfahrung mit Drogen entspricht denen vieler anderer Frauen, die aufgrund der Gefühle von Sinn- und Hoffnungslosigkeit, die so typisch sind für die letzten Stadien des Burn-out, zu Tabletten gegriffen haben. Psychopharmaka sind verfügbar, modern und tragen kein soziales Stigma. Doch als die Wirkung nachließ, belasteten Marcia wieder dieselben ausgebrannten Einstellungen und Emotionen. Bald gehörten diese Mittel nicht nur als fester Bestandteil zu ihrem Leben, sondern wurden zur einzigen Lösung ihrer Probleme.

»Wenn du weißt, daß es dich euphorisch macht, und zugleich glaubst, daß du toll funktionierst, ist es sehr verführerisch. Es nahm mir die Angst bei Geschäftsessen und Besprechungen – und am Ende des Tages gab es mir den nötigen Energiestoß für Parties. Es half mir auch, Abende allein und einsame Wochenenden zu überstehen.«

Frauen, die zahlreiche Rollen unter einen Hut bringen müssen, erscheinen Drogen anfangs wie ein Segen. Die Erschöpfung und der Streß der vielen Aktivitäten kann zeitweise gedämpft und durch ein trügerisches Gefühl von Wohlbefinden ersetzt werden. Bei Frauen, die unter Einsamkeits-Burn-out leiden, überdeckt das Hoch für eine Weile die tiefsitzenden Entfremdungsgefühle.

Wie schon in Kapitel 1 erwähnt, greifen Ausbrennerinnen selten zu Drogen, um sich von der Welt zurückzuziehen. Im Gegenteil, sie wollen ihre ursprüngliche Energie wenigstens zeitweise zurückgewinnen und sich mit derselben zwanghaften Besessenheit ins Leben zurückstürzen. Marcias Fall ist typisch für dieses Syndrom. Um vor sich selbst, ihren Freunden und ihrer Familie das Gesicht zu wahren, fühlte sie sich gezwungen, ihre Burn-out-Symptome zu kaschieren. Sie fährt mit ihrem Bericht fort:

»Ich war immer diejenige, die ›mit dem Kopf durch die Wand‹ mußte. Nur Einsen in der Schule, und die Leute sagten immer zu mir: ›Du übertreibst.‹ Meine Freunde betrachten mich mit einer Art Hochachtung, die es mir unmöglich macht zu sagen, daß ich mich bei meiner Arbeit elend fühle oder daß ich Angst habe. Sie glauben, ich hätte mich im Griff und täte, was mir Spaß macht. So werde ich einfach nicht ernst genommen; wenn ich die Wahrheit sage, glauben sie mir nicht – oder wollen mir nicht glauben . . . es nimmt ihnen ihre Illusionen und ihre Hoffnung. Ich trage da so etwas wie Verantwortung . . . Damit ich niemanden hängenlasse, muß ich stark erscheinen. Wenn ich Drogen nehme, brauche ich mir darüber keine Sorgen zu machen . . .«

Marcias »Krise der Nähe« spiegelte sich in ihrem Leben doppelt wider. Um die Intimität mit Männern zu vermeiden, benutzte sie Sex; um die dringend benötigte Nähe zu Freunden zu vermeiden, benutzte sie Tabletten. Die Spirale ihrer inneren Isolation löste weitere Burn-out-Symptome aus. Marcia besuchte schließlich neben der Therapie eine Gruppe der Anonymen Alkoholiker. Doch die entscheidende Wende trat erst ein, als sie wirklich begriff, daß sie Alternativen hatte.

Ausgebrannte Frauen können genau das nicht mehr: Alternativen für sich sehen. Die Symptome beeinträchtigen ihre Weltsicht, ihr Urteilsvermögen und ihre Fähigkeit, eine Zukunft jenseits der eingefahrenen Gleise zu entwerfen. Wenn die Gründe für den Burn-out zusätzlich mit Drogen, Alkohol und Tabletten maskiert werden, besteht häufig ein heftiger Widerstand, auf etwas oder jemanden anderen als die Droge zu vertrauen. Als Marcia eine andere Art zu leben, Freundschaften zu halten, zu arbeiten und zu lieben durchscheinen sah, konnte sie sich von ihrer Abhängigkeit befreien.

Es gibt inzwischen in zahlreichen Städten Beratungs- und Therapieangebote für Suchtkrankheiten. Sie können sich auch bei den Anonymen Alkoholikern oder ähnlichen Organisationen erkundigen.

Viele betroffene Frauen greifen zum Alkohol. Anders als beim Drogenkonsum jedoch ist das Verhalten von trinkenden Frauen sozial stigmatisiert – im Gegensatz zu dem von Männern. Vielleicht fällt es ihnen aus diesem Grund schwer zuzugeben, daß sie ein Alkoholproblem haben. Trotz aller gesellschaftlichen Veränderungen verbergen sie sorgfältig ihre Alkoholabhängigkeit, weil, wie es eine Frau ausdrückte, »zuviele Drinks als unweiblich gelten«.

Aus diesem Grund schaffen es ausgebrannte Frauen, die ihre Ängste mit Alkohol dämpfen, kaum, sich das Ausmaß

ihres Alkoholproblems klarzumachen. Carla, eine Illu-
striertenredakteurin, schildert ihr Alkoholproblem; ihrer
Ansicht nach hatte es vor mehreren Jahren angefangen, als
sie gegen ihre Einsamkeit und ihre »heimliche Verunsiche-
rung und Qual« ankämpfte.

»Ich hatte zuvor nie allein getrunken. Dann trennten sich
mein Mann und ich ... oder vielmehr sollte ich sagen, er
verließ mich. Ich konnte dieses furchtbare Verlassenheits-
gefühl nicht ertragen. Ich war so durcheinander und gekränkt, daß ich anfing, allein zu trinken, um diesem Alptraum ein Ende zu machen. Aber ich wollte keinesfalls, daß
mich jemand trinken *sah* oder mitbekam, wie oft ich einen
Drink brauchte, um die Welt zu ertragen. Ich hätte mich
sonst irgendwie ... heruntergekommen gefühlt. Es gibt
Zeiten und Orte, wo eine Frau trinken darf; andere sind mit
eindeutigen, sozialen Tabus belegt.«

Wenn die Gefühle ausbrennen, kann der Alkohol als Ver-
leugnungsinstrument für Abhängigkeitswünsche dienen.
Carlas Trennung und anschließende Scheidung lösten bei ihr
zahlreiche Ängste vor der Eigenverantwortlichkeit aus.

»Ich mußte nach wie vor zur Arbeit gehen, Aufträge aus-
führen, koordinieren, kreativ sein, Geschäftsessen durchstehen ... Mir wuchsen die Verantwortung und die Verzweiflung über den Kopf ... ich trank, bis ich dieses ›Pling‹
hörte – wenn ich wieder emotional ›eingerastet‹ war. Wenn
es ›geplingt‹ hatte, fühlte ich mich hübsch, sinnlich, als ob
ich dazugehörte ... nicht so allein und nicht mehr so als
Außenseiterin ...«

Der Alkoholkonsum verwandelt sich schließlich in Alkoholmißbrauch und in ein Preisgeben des empfindungsfähi-
gen Selbst. Genau wie bei der Drogensucht können die
zugrundeliegenden Symptome von Streß, Angst oder Alleinsein nicht lokalisiert und bewältigt werden, solange sie
unter dem Deckel bleiben. Deshalb glauben Sie vielleicht,
Sie wollten einen Drink, doch in Wirklichkeit wissen Sie,
daß Sie eigentlich einen Menschen brauchen, mit dem Sie

reden, Nähe und vielleicht Zärtlichkeit erfahren können. Wenn Sie ein Alkoholproblem haben, wollen Sie sich das vielleicht nicht eingestehen, oder Sie wissen vielleicht nicht, was als Problem gilt und was nicht. Denken Sie über die Motive für jeden Drink nach, den Sie zu sich nehmen. Sie werden erkennen, welche Bedeutung der Alkohol in Ihrem Leben angenommen hat; dann können Sie sich vielleicht zusammenreimen, warum Sie schon so lange zuviel trinken.

Beim Interview für dieses Buch nannte eine Gruppe betroffener Frauen folgende Gründe für das Trinken:

– »Ich trinke, wenn mich die Leute um mich herum langweilen. Wenn ich einen Schwips habe, merke ich meine Ruhelosigkeit oder meinen Ärger nicht.«
– »Ich fühle mich dann selbstsicherer.«
– »Das Trinken hilft mir beim Denken.«
– »Ich kann dann besser reden.«
– »Ich trinke, wenn ich wütend bin und es nicht zeigen darf.«
– »Es nimmt mir die Nervosität und gibt mir den Anschein von Beherrschung.«
– »Ich trinke, um meine Angst, meine Depression und meine Ungeduld zu unterdrücken.«
– »Ich trinke, um lockerer und mutiger zu werden.«
– »Ich kann mich dann sexuell freier fühlen.«
– »Es nimmt den Druck.«
– »Es tröstet.«
– »Ich trinke, um zu schlafen.«
– »Es ist dann, als ob ich abends jemanden zum Reden hätte.«
– »Es verscheucht die Einsamkeit.«
– »Es hilft mir einfach, mit allem fertigzuwerden.«

Insbesondere Ausbrennerinnen sind anfällig für Alkoholmißbrauch. Weil Erschöpfung, Druck, Angst vorm Alleinsein oder Einsamkeit sofort nachlassen, bringt der Alkohol – wie es eine Frau formuliert – »eine magische Erlösung von der Angst und dem Streß meiner Existenz«. Doch hier ist keine Hexerei im Spiel – nur der Fortbestand der eigentlichen Konflikte und gewöhnlich ein sehr übler Kater. Wenn Sie eher mittags und abends trinken, haben Sie morgens der Flasche wahrscheinlich mehr als einmal abgeschworen. Doch wenn Sie am gleichen Abend wieder trinken, verleugnen Sie eindeutig Ihr Problem und verbieten sich, sich an die Empfindungen von vor zwölf Stunden zu »erinnern«. Wenn Sie gerade eine besonders schwierige Lebensphase durchmachen und Burn-out-Symptome wie Depersonalisation, innere Leere oder Depression erleben, beschleunigen Sie den Erholungsprozeß nicht durch Alkoholkonsum. Im Gegenteil, Alkohol wirkt wie ein Beruhigungsmittel, das langfristig Kummer, Sorgen und Wut verstärkt. Wenn die schwierige Phase vorüber ist, haben Sie sich vielleicht ein noch schwierigeres Problem aufgehalst. Eine andere Frau berichtet:

»Ich fing an zu trinken, um meine Unsicherheit zu überspielen ... Ich war unglaublich abhängig von dem Mann, mit dem ich zusammen war, und trank, um mich ihm ebenbürtiger zu fühlen, wissen Sie, in seiner Nähe nicht so ängstlich zu sein. Aber ich wurde nur gefühlsduselig und weinerlich ... Meine Nerven lagen einfach völlig bloß. In einem Jahr nahm ich etwa sieben Kilo zu und haßte mich deswegen ... Dann trank ich, um zu vergessen, wie ich aussah. Als ich beschloß aufzuhören, erkannte ich, daß ich jetzt von etwas anderem abhängig war und mit dem dauernden Trinken kein einziges Problem gelöst hatte. Ich weiß immer noch nicht genau, warum ich aufgehört habe – manchmal denke ich, es war einfach sinnlos ...« Die einzelne Frau interpretiert ein »Alkoholproblem« gewöhnlich je nachdem, wie gut sie sich selbst und ihre Verhaltensweisen kennt. Irgend etwas läßt sie dann das Ausmaß ihres Problems erkennen. Manchmal ist es das Gefühl von Sinnlosigkeit. Doch wenn Alkohol Ihre Arbeit, Ihr Privatleben, Ihre Familie, Kinder, Sexualität, Beziehungen oder Gesundheit beeinträchtigt und Sie weitertrinken, haben Sie unbewußt oder bewußt angefangen, ihn als Ihren besten Freund zu betrachten, und stecken wahrscheinlich tief in der Verleugnung. Sie sollten anfangen, nach den Gründen für Ihren Alkoholmißbrauch zu suchen. Wenn Sie das Problem für ernst halten, sollten Sie Kontakt mit den Anonymen Alkoholikern, einer Suchtberatungsstelle, einem Facharzt oder einer Fachklinik aufnehmen. Wichtig ist, daß Sie etwas unternehmen. Die Isolation verschärft Ihre Alkoholabhängigkeit und treibt Sie tiefer in die Burn-out-Depression.

Alleinverantwortlichkeit und Burn-out

Es gibt einen speziellen Streßfaktor bei geschiedenen oder verwitweten Frauen und alleinlebenden Frauen über 35, der in den letzten Jahren zahlreiche Frauen unterschiedlich weit in den Burn-out-Zyklus getrieben hat.

Was geschieht, wenn unser tiefverwurzelter Wunsch nach Mann und Kind sich nicht erfüllt hat? Welche Ängste werden geweckt, wenn Sie – vielleicht als Tochter konservativer Eltern – allmählich begreifen, daß Sie die Werte, nach denen Sie erzogen wurden, nicht verwirklichen? Welche Enttäuschungen und Sorgen werden heraufbeschworen, wenn sich eine Ehe durch Scheidung oder Tod nach Jahren der Gemeinsamkeit auflöst? Kurz, was passiert, wenn Sie der »Alleinverantwortlichkeitsschock« trifft, mit dem Sie nie gerechnet hatten?

Das sind schlimme Vorstellungen. Für viele Frauen sind sie jedoch eine harte Realität, die sie wahrscheinlich nie freiwillig auf sich nehmen wollten. Eine Frau, die für sich und vielleicht ihre Kinder alleinverantwortlich ist, verschleudert häufig in ihrer anfänglichen Panik ihre Energie, und ihre Psyche reagiert schließlich mit Burn-out-Erschöpfung. »Es ist wirklich schwer«, sagte Leigh, eine 40jährige, geschiedene, alleinerziehende Mutter. »Ich ackere und ackere und

ackere . . . Wie soll ich je zur Ruhe kommen, wenn ich be-
fürchte, vielleicht für den Rest meines Lebens alles allein
machen zu müssen?«

Leigh ist Mutter zweier Schulkinder, und in ihren Erfahrungen spiegeln sich die für diesen Konflikt typischen Ge-
fühls- und Einstellungsumschwünge:

»Ich habe eine Riesenwut, daß ich die Alleinverantwortli-
che bin. Wenn ich gewußt hätte, daß meine Ehe so laufen
würde, dann weiß ich nicht, ob ich zwei Kinder bekommen,
ein Haus gekauft, all die Tiere angeschafft hätte . . . Ich will
diese ganze Verantwortung nicht. Ein Haus zu besitzen bedeutet, wenn etwas kaputtgeht, muß ich die entsprechenden Leute holen, mir von der Arbeit freinehmen, wenn die
Handwerker kommen, die Preise aushandeln und Dutzende von Entscheidungen treffen, die sich gewöhnlich um
viel Geld drehen. So als das Dach undicht war oder das
Garagentor kaputtging oder der Kühlschrank den Geist
aufgab – ich wollte das alles nicht! Ich ernähre die Kinder,
zahle das Haus ab, finanziere das Auto, zahle Versiche-
rungsbeiträge, kaufe die Kleidung für die Kinder, begleite
sie zu ihren Unternehmungen, rufe den Arzt, bekoche sie,
bringe sie zur Schule, sorge dafür, daß sie ihre Hausaufgaben machen, chauffiere sie herum, stelle fest, wer ihre
Freunde sind und was sie tun. Das macht mich so wütend.
Wenn ich darüber nachdenke, könnte ich vor Wut ausra-
sten, deshalb lasse ich es . . . Ich möchte nicht, daß sich
diese Wut zu etwas Unbeherrschbarem auswächst.«

Als Leighs Ehe nach vierzehn Jahren zerbrach, zog ihr
Mann fort und heiratete später wieder. Im ersten Jahr jagte
ihr der Schock des Alleinseins Angst ein und machte sie
orientierungslos. Sie erzählt:

»Ich war völlig weggetreten. Ich mußte unaufhörlich herumrennen. Ich ertrug es überhaupt nicht, mit mir allein zu
sein . . . Ich mußte da sein, wo sich etwas abspielte – ausgehen oder immerzu Leute zu Besuch haben . . . Ich war damals so hektisch, daß ich nicht stillsitzen konnte – ich hatte

das Gefühl, daß nur die Bewegung mich am Leben hielt. Das ging so sechs Monate, dann merkte ich, daß ich völlig erschöpft war, richtig ausgebrannt. Doch in den nächsten sechs Monaten rappelte ich mich auf und merkte während des folgenden halben Jahrs, daß es mir wieder besser ging. Bei dieser Geschwindigkeit führe ich vielleicht bald ein neues Leben – wenn ich 206 Jahre alt bin ... oder ich habe mich bis dahin als Solovorstellung akzeptiert ...«

Leighs Burn-out-Symptome waren das Ergebnis eines Rennens gegen ihre eigenen Verlust- und Verzweiflungsgefühle. Sie leugnete diese Gefühle nicht – sie fand sie überwältigend. Sie versuchte wie viele Frauen in ihrer Lage hektisch, die Illusion von Zugehörigkeit aufrechtzuerhalten. Sie raste herum, nahm sich zuviel vor und blockierte ihre Ängste durch eine Mauer aus hektischer Betriebsamkeit.

»Man kann nur eine bestimmte Zeitlang so herumrennen. Wenn Kinder Sie mit großen Augen anschauen und Sie *brauchen,* dann können Sie sie nicht immer zu McDonald's schicken und sich selbst bedauern. Es kommt der Punkt, wo Sie, egal wie ausgebrannt oder durcheinander Sie sich fühlen, die Verantwortung auf sich nehmen und sich mit den Tatsachen auseinandersetzen müssen. Sie begreifen, daß Sie jetzt für die Kinder wohl oder übel sowohl die Gute als auch die Böse sind.«

In den folgenden sechs Monaten konzentrierte sich Leigh, statt herumzuhetzen, auf ihren Haushalt und wurde »zu einer Ordnungs- und Genauigkeitstyrannin«. Die beiden Kinder und sie selbst lebten nach einem Terminkalender, in dem für jeden genau umrissene Aufgaben aufgeführt waren.

»Ich mußte es so machen. Ich wußte nicht, wie ich sonst alles hätte managen sollen. Ich brauchte eine Struktur ... Ich lernte, streng auf Disziplin zu achten. Ich fühlte mich durch die ganze Scheidung und die Erschöpfung so betrogen, so hereingelegt, daß ich mich als Maschine zu betrachten begann – und die Kinder mußten es ausbaden.«

Sie erinnert sich, wie diese Phase allmählich auslief, und in der Therapie konnte sie ihre zerrissenen Gefühle wieder sammeln und die Geschichte ihres emotionalen Schiffbruchs aufklären.

»Am wichtigsten war die Erkenntnis, daß ich schon *vor* der Scheidung ausgebrannt war ... doch die Symptome waren anders. Es waren dramatische Auftritte ... alles war abgestorben, trübe ... keiner veränderte sich ... Ich klammerte mich möglichst fest an, um mich vor diesen Ängsten vorm Alleinsein zu schützen. Aber Freude hatte ich dabei nicht – nicht an ihm, nicht an mir, nicht an uns. Im Grunde definierte ich mich als ›Hausfrau und Mutter‹ mit ganz genauen Vorstellungen, was man tut und denkt und was nicht. Ich war innerlich gespalten. Im Büro nahm ich die Arbeit ernst, aber nicht mich selbst. Ich fand mich weder kompetent noch energisch noch besonders begabt – dieser Teil von mir hatte mir nie wirklich gehört. Und ich redete zu Hause selten über meine Arbeit – das gehörte nicht zur Rolle als perfekte Ehefrau.«

Als Leigh ihre zurückliegende Ehe analysiert hatte, überdachte sie ihr gegenwärtiges Leben. Sie entdeckte, daß sie viele Vorstellungen vertreten hatte, die sie unflexibel und ängstlich gemacht hatten. »Ich hatte viele innere Vorschriften, was eine ›gute‹ Mutter niemals tut, was eine ›liebe‹ Ehefrau nicht sagt und was ein ›braves‹ Mädchen nicht kriegt, wenn es nicht höflich ist.« Diese tief verwurzelten Vorstellungen gingen auf ihre Familiendynamik zurück. Leigh sagt: »Ich wurde dazu erzogen, entweder Kind oder Mutter zu sein – ich habe nicht gelernt, eine Frau zu sein.«

Die Wut, mit der Leigh über das Problem der Alleinverantwortlichkeit sprach, ist neu für sie. Zuvor hatte sie sich nur als Opfer männlicher Vorherrschaft und Launenhaftigkeit gesehen, was Ohnmachts- und Minderwertigkeitsgefühle in ihr aufsteigen ließ. Sie sagt:

»Ich glaube, die Wut ist gesund und berechtigt. Ich suhle mich jetzt nicht mehr im Selbstmitleid, aber nur, weil ich mich der Idee einer Veränderung geöffnet habe. Manchmal kriege ich noch Panik bei dem Gedanken, allein zu sein, aber ich bin mit ein paar Männern ausgegangen und habe versucht, sie als Freunde, nicht als Ehemänner zu sehen. Ich vermisse die emotionale Verbundenheit mit einem Mann, aber ich weiß jetzt, daß das nur ein Teil dessen ist, was ich brauche – wenn auch ein wesentlicher Teil ... Nur wenn ich die Hoffnung verliere, falle ich wieder in das alte Burn-out-Gleis. Ich werde aufbrausend, pessimistisch und vorwurfsvoll – komme völlig aus dem Gleichgewicht ...«

In Leighs Erfahrungen können sich zahlreiche, geschiedene, alleinerziehende Frauen wiederfinden. Wenn Sie nie gelernt haben, selbständig zu leben, Ihre eigenen Energiequellen zu nutzen, zu experimentieren, sich auf sich selbst zu verlassen oder sich Fürsorge und Unterstützung bei Freunden zu holen, kann die Aussicht, ohne einen Partner zu leben, krisenhafte Dimensionen annehmen. Leighs Odyssee durch die Scheidung und ihre Nachfolgeerscheinungen spiegeln die verschiedenen Phasen dieser Krise wider, dazu die Streßfaktoren und Streßverstärker, die zum Burn-out führen.

Daß die Alleinverantwortung solche Angst auslöst, ist ein Zeichen dafür, daß ein Teil von Ihnen während Ihrer Ehe »im Untergrund gelebt« hat und daß die Machtlosigkeit, die Sie jetzt empfinden, mit einem übermäßig abhängigen Lebensstil zu tun hat. Es gibt einige einfache Verfahren, mit denen Sie Ihre emotionalen Reaktionen auf Verlust ändern können.

Wenn Panik den Burn-out verursacht, »befiehlt« der damit einhergehende Streß dem Körper abzuschalten, fast als ob er sich totstellt. Da die körperlichen, geistigen und emotionalen Anteile des Selbst miteinander zusammenhängen, werden auch Gedanken und Gefühle »abgetötet«. Dieser Zustand ist charakteristisch für die Burn-out-Dynamik. Sie können diese Panik jedoch überwinden, indem Sie sich Ihren Körper wieder »aneignen«.

Fangen Sie bei Ihrer Körperhaltung an. Vielleicht halten Sie sich krumm, wie eine Unterlegene. Versuchen Sie aufrecht zu gehen und so zu sitzen, als seien Sie verantwortlich für die Person auf dem Stuhl. Wenn Sie keine körperliche Bewegung haben, sollten Sie Dehnungsübungen oder Aerobic machen, wenn möglich in einem Kurs. Wenn Sie Ihren Körper in Bewegung bringen, geben Sie damit auch Ihren Gedanken, Einstellungen und Gefühlen einen Schubs. Auch sollten Sie lernen oder wieder lernen, sich direkt und klar auszudrücken, vielleicht mit Hilfe eines Kassettenrecorders. Oft erkennt man die Burn-out-Depression an einer undeutlichen, verwischten, unentschlossenen Sprechweise. Sie müssen kein Selbstsicherheitstraining machen, um Ihre Wut zuzulassen. Wenn die Wut verdrängt ist und Sie nur noch die Schuldgefühle spüren, versuchen Sie daran zu denken, daß hinter den Schuldgefühlen gewöhnlich Groll liegt, und wenn Sie den Keim dieses Grolls ausfindig machen, können Sie einen Teil der angestauten Energie herauslassen.

Wann spüren Sie den Verlust am stärksten? Zu welcher Tageszeit und bei welchen Tätigkeiten? Wenn es Ihnen gelingt, die Auslöser der Einsamkeitsgefühle dingfest zu machen, finden Sie auch Mittel und Wege, Ihre Denk- und Verhaltensmuster zu ändern. Unterhalten Sie sich nicht mehr mit Freunden und Kollegen? Haben Sie sich isoliert und zurückgezogen? Waren Sie in letzter Zeit oft krank? Ziehen Sie sich häufig vor der Welt ins Bett zurück? Diese Symptome sprechen für eine blockierte Wahrnehmung und eine verengte Weltsicht. Vielleicht müssen Sie die Fähigkeit, in der Phantasie Vergnügen zu erleben, neu lernen. Die schwärzesten Tage fördern oft Selbstmordphantasien. Wenn es Ihnen häufig so geht, müssen Sie sich vor Augen halten: *Die Selbsttötung ist eine endgültige Lösung eines vorübergehenden Problems.* Was Sie eigentlich loswerden wollen, ist der Teil von Ihnen, der weh tut – nicht den ganzen Menschen. Sie können diese Phantasien meistern.

Wenn Sie in einen destruktiven Tagtraum hineinrutschen, bremsen Sie sich. Ersetzen Sie ihn durch konstruktive Gedanken, durch ein Bild der Zukunft mit einem reichen, ausgeglichenen und erfüllten Leben. Sich selbst aus der Verzweiflung herauszuziehen, gelingt nicht von heute auf morgen. Das braucht Geduld und kleine Schritte, die sich im Lauf der Zeit zu einem spürbaren Fortschritt summieren. Auch müssen Sie lernen, Ihren Wert für sich und vielleicht gegenüber Ihren Kindern neu zu definieren, düstere Stimmungen durch heitere Gedanken aufzuhellen, wieder zu lachen und sich zu freuen und sich Ihre eigenen, tiefsten Bedürfnisse vor sich selbst und der Außenwelt zuzugestehen.

Wie Leigh deutlich gemacht hat, sind wiederholte Burnouts nicht immer identisch. In ihrem Fall gab es den Burnout durch ihre Ehe; Burn-out durch den Trennungsschock und das darauffolgende Davonrennen vor ihren Gefühlen; Burn-out aufgrund der Vielzahl ihrer Rollen und Pflichten im Zusammenhang mit Haus, Kindern, Arbeit und Selbst; und Burn-out, ausgelöst von dem Gefühl des Alleinseins und der Alleinverantwortlichkeit. Wie viele andere Frauen hielt sich Leigh angesichts der Krise für schwach und minderwertig, doch die Realität bewies etwas ganz anderes. Sie experimentierte mit Bewältigungsstrategien und griff nach dem, was für sie fester Boden war. Auch wenn sie behauptet, sie führe »vielleicht bald ein neues Leben – wenn ich 206 Jahre alt bin«, spricht der Humor ihrer Aussage für ihren Wunsch, sich zu verändern und ihren Mut durchzuhalten.

Beverly hatte mit demselben Problem zu kämpfen, jedoch mit einem anderen Hintergrund. Mit 37 begann sie, sich selbst als »reizbar und ruhelos ... unvollständig, obwohl doch ich diese fehlerhafte Person war«, zu erleben. Daß sie sich durch ihre Leistungen als freie Journalistin einen ausgezeichneten Ruf unter ihren Kollegen erworben hatte, zählte nicht; daß sie keinen Mann und keine Kinder hatte, daß ihre biologische Uhr jeden Tag lauter tickte und daß ihr Einkommen so unregelmäßig war, hinderte sie daran, sich selbst als erfolgreich wahrzunehmen. Sie berichtet: »Im Kopf wußte ich, daß persönliche Erfüllung wenig mit beruflichen Leistungen zu tun hat. Ich bin eine gute Journalistin ... und ich habe immer gern aus den Zentren des Geschehens berichtet. Aber ich fühlte mich nicht mehr motiviert ... ich war müde – deprimiert. Ich trug dieses Gewicht mit mir herum und fürchtete mich davor. In meinem Beruf muß man sich und seine Ideen dauernd vorantreiben. Die Einkünfte hängen davon ab, ob man Stories erwischt und recherchieren kann – man muß jeden Tag auf der Matte stehen und schreiben. Niemand bezahlt einen bei Krankheit, Urlaub, an Tagen, wo man sich selbst was Gutes tut oder an Burn-out-Tagen ...«

Für Beverly bedeutet das Problem der Alleinverantwortlichkeit, daß ihr eine häusliche Basis fehlte und daß einige tief in ihr verwurzelte Werte auf den Kopf gestellt waren. Sie berichtet: »Ich komme aus einer konservativen Familie. Meine Mutter war nie berufstätig. Auch wenn das Geld knapp war, stand es außer Frage, daß sie arbeiten ging ... Erst im College begriff ich, daß ich nicht nur arbeiten wollte, sondern Karriere als Journalistin machen wollte. Das wurde dann so verstanden, daß ich eben irgendwann später heiraten und Kinder kriegen würde, aber nicht sofort. Doch plötzlich war ›irgendwann später‹ jetzt, in der Gegenwart, und nichts ergab sich ...«

Beverly interpretierte ihre Anspannung als Depression, eine Form der Burn-out-Erschöpfung. Angst vor der Zukunft schuf eine innere Ängstlichkeit, die sich oft bis zur Panik steigerte. Das drückte sich in Reizbarkeit und Ruhelosigkeit aus, die ihre Energie aufzehrten und sie ihrer Kreativität beraubten.

»Ich begann, mir wegen Kleinigkeiten Sorgen zu machen. Einmal zerrte ich mir beim Tennis einen Muskel. Am nächsten Tag hatte ich fürchterliche Rückenschmerzen. Ich

wollte mich einreiben, konnte die Stelle aber nicht erreichen ... Da überfiel mich die Panik. Eigentlich war die
Sache geringfügig, doch in meinem Kopf wuchs sie sich zu
einem Symbol von Hilflosigkeit und Einsamkeit aus. Etwas
später kam eine Freundin vorbei und half mir, doch ich
konnte nicht aufhören, über dieses ›was ist, wenn‹ nachzu-
grübeln. Was ist, wenn ich schwer krank werde? Was ist,
wenn ich nicht arbeiten kann? Was ist, wenn ich das Telefon
nicht erreichen kann? Diese Fragen wälzte ich hin und her
... ich fühlte mich manchmal so verletzlich. Es wurde alles
sehr deprimierend ...«
Die meisten alleinlebenden Menschen erleben solche dunklen Momente. Doch die von Beverly wurden durch ihr
Selbstbild als »fehlerhaft« noch dunkler; ein solches Selbstbild fördert Hilflosigkeit angesichts des Unberechenbaren.
Ihr Alleinverantwortungs-Burn-out begann sich in Symptomen niederzuschlagen, die ihr selbst und anderen auffielen
und die in radikalen Stimmungsumschwüngen gipfelten.
»Es gab – und gibt immer noch – Tage, an denen ich einfach
allein sein wollte ... Ich bringe die Energie nicht auf, über
Politik zu diskutieren oder auch nur zu denken ... Ich
schlafe dann viel und stopfe junk food in mich rein. Die
folgenden paar Tage platze ich dann förmlich vor Aktionis-
mus, bin in Höchstform und ackere wie blöde, um den
Kreativitätsstoß auszunutzen. Eine Zeitlang lief ich wie besessen – sechs Meilen jeden Tag und unter allen Umständen. Ich hatte das Gefühl, etwas zu leisten und mich nur
dann unter Kontrolle zu haben, wenn ich mich bewegte.
Nach ein paar Monaten hatte ich einen Lauf-Burn-out.
Manchmal wünschte ich, ich hätte nicht insgeheim gehofft,
daß sich das alles ändern würde – dann hätte ich mich in der
nötigen Weise – welche auch immer – mit der Möglichkeit
vertraut gemacht, nicht zu heiraten und kinderlos zu bleiben. So dachte ich immer, es gäbe etwas, das ich hätte
ändern können, und wenn ich es nicht konnte, dann war
eben etwas an mir falsch.«

Beverly spielte wie viele Frauen in ihrer Lage mit dem Gedanken, den Beruf zu wechseln, weil sie glaubte, sie würde in einer anderen Umgebung oder Stadt vielleicht einen Mann kennenlernen. Aus dem Bedürfnis nach so etwas wie menschlicher Verbundenheit hatte sie eine Reihe von Affären mit Männern, die verheiratet oder bindungsunfähig waren oder die ihren Ansprüchen nicht genügten.

»An diesem Punkt kann ich mit ziemlicher Sicherheit sagen, daß ich auch bei der Partnersuche ausgebrannt war. Ich hatte das ganze Getue und die Rituale satt und begann Männer unter dem Gesichtspunkt zu betrachten, ob ich auch ohne Ehe ein Kind von ihnen haben wollte. Ich glaube immer noch nicht, daß ich das Zeug dazu habe, aber ich weise den Gedanken nicht ganz von mir ... Was mich davon abhält, ist die Angst wegen des Geldes.«

Diese »Torschlußpanik« erleben viele Frauen als innere Erschöpfung; sie sind enttäuscht oder desillusioniert, daß sie in ihrem Leben kein Gleichgewicht zwischen Arbeit und Liebe erreicht haben. Nicht jede Frau gerät in diese Krise. Manche haben eine feste emotionale Basis im Beruf, in ihren Freunden und ihrer Verwandtschaft gefunden. Andere haben den Schritt gewagt und Kinder bekommen, ohne zu heiraten, manche haben Kinder adoptiert, während wiederum andere sich gar nicht gedrängt fühlten, ein Kind zu bekommen. Jede Frau hat ihre eigenen, einzigartigen Bedürfnisse. Diejenigen jedoch, die die Vorstellung der Alleinverantwortlichkeit beunruhigt, berichten häufig, sie litten unter dem Gefühl der Sinnlosigkeit – weil sie es nicht schaffen, ihre privaten Ziele zu erreichen. Bei vielen Frauen wachsen die Burn-out-Symptome proportional mit der Abnahme der gebärfähigen Zeit oder dem Grad der finanziellen Unsicherheit. In der Angst vor der Alleinverantwortung laufen drei Hauptängste zusammen: das Fehlen eines Lebensgefährten, die unerfüllte Sehnsucht nach einem Kind und chaotische Anfälle von materieller Existenzangst.

Nicht alle Frauen reagieren gleich stark auf diese drei »Unterängste«. Auch wenn Sie sich vielleicht – bisher vergebens – auf Mann und Kind eingerichtet haben, können Ihre Hauptängste doch ums Geld kreisen. Das Fehlen einer Familie verschärft jedoch bisweilen finanzielle Unsicherheit. Beverly meint dazu:

»Mein Beruf ist finanziell unsicher, doch erst, als ich auf die 35 zuging, machte ich mir ernsthafte Sorgen deswegen. Zuvor hatte ich immer im Hinterkopf, daß ich schließlich irgendwann eine Doppelverdienerehe führen würde und wir uns in schwierigen Zeiten gegenseitig stützen konnten. Ich dachte nicht daran, für die Zukunft irgendwelche finanziellen Vorkehrungen zu treffen. Wie bei den meisten Freiberuflern war mein Einkommen zu unregelmäßig . . . ein dikker Scheck in einem Monat, dann zwei Monate lang nichts. Ich lag viele Nächte wach und grübelte über Geld nach – Krankenversicherung, Steuern, Mieterhöhungen, Schulden, Arzt- und Zahnarztkosten . . . sogar Haareschneiden . . . Wenn Sie nicht genug verdienen, können Sie keinen Urlaub machen, nicht übers Wochenende wegfahren, keine Kurse belegen – all das, was man braucht, um abzuschalten. Ich wurde richtig panisch bei Geld. Ich muß mich absichern. Wenn sich herausstellt, daß ich allein bleibe, möchte ich nicht auch noch arm sein . . .«

Auch Frauen mit einer Festanstellung bleiben nicht von Geldängsten verschont. Ihr Einkommen mag zwar vorhersagbar sein, es muß jedoch nicht ausreichen. Wiederum trägt die Verleugnung entscheidend dazu bei, ob Sie Ihre eigenen finanziellen Bedürfnisse richtig wahrnehmen oder nicht. Beverly sagt:

»Ich glaube, als Zwanzigerin lebte ich wie im Märchen. Ich hatte Ehrgeiz und nicht die geringsten Sorgen. Ich wollte vor allem Anerkennung. Wenn ich überhaupt an Geld dachte, dann im Zusammenhang mit meinen unmittelbaren Bedürfnissen . . . Ich würde ja heiraten und Kinder kriegen. Irgendwann später würde sich alles von selbst regeln.«

Die Einstellungen Ihrer Eltern hinsichtlich finanzieller Verantwortung wirken gewöhnlich als innere Richtschnur, weil Sie ihre Botschaften verinnerlicht haben. In der traditionellen Familienstruktur werden Töchter nicht immer für ein finanziell unabhängiges Leben erzogen. Wenn Alleinverantwortung für Sie übermäßigen Streß darstellt, obwohl Sie vielleicht äußerlich sehr verantwortungsvoll handeln, hegen Sie wahrscheinlich unterschwellig Erwartungen, die ganz anders aussehen. Wenn Sie dann – wie Beverly – ein »Damaskuserlebnis« haben, folgt gewöhnlich eine Phase mühsamer und schmerzlicher Anpassungsversuche. In dieser Phase brennen Sie möglicherweise aus – wegen Angst, Wut, Desillusionierung oder des zwanghaften Triebs, die vermeintlich verlorene Zeit aufzuholen. Die Art jedoch, wie Sie die Tatsachen wahrnehmen, macht den Unterschied, ob Sie sich selbst als machtlos oder machtvoll wahrnehmen.

Wenn Sie Ihr Alter, Ihren Status, Ihre finanzielle Sicherheit und Ihre Verbundenheit mit anderen realistisch wahrnehmen können, dann kann das Ihr persönliches Wachstum und Ihre Veränderung erstaunlich voranbringen. Beverly zeigt beispielhaft, wie sie die Energie der Angst – die »reizbaren und ruhelosen« Gefühle – in eine Veränderung ihres Lebensplanes umsetzt. Allmählich erkennt sie, daß ihr Gefühl, abhängig zu sein, auf eine tiefverwurzelte Denkgewohnheit zurückgeht:

»Ich muß die Art und Weise, wie ich mit meinem Leben umgehe, gründlich ändern. Ich versuche, mich nicht mehr darauf zu verlassen, daß es zukünftig schon jemanden geben wird, der mir die Entscheidungen abnimmt. Ich habe meine beruflichen Zielvorstellungen überdacht ... ich nehme nur noch anspruchsvolle Aufträge an und lehne die ab, die zu schlecht bezahlt werden. Schon das hat mir ein neues Gefühl von Kompetenz und Kontrolle gegeben. Es kommt der Augenblick, wo man aufhören muß, sein Licht unter den Scheffel zu stellen, und wo man kapieren muß, daß Unsicherheit zum Geschäft dazugehört ... Man darf sich nicht immer nur danach beurteilen, was man nicht hat, sondern man muß überdenken, was man tut . . .«

Beverly nahm nicht nur in ihrem Beruf die Zügel in die Hand, sondern suchte sich auch einen Finanzberater, was sie dazu zwang, einen soliden Plan für ihre Zukunft zu entwerfen. In der Folge schrieb sie ein Testament, das einige überraschende, emotionale Auswirkungen für sie hatte. Sie berichtet:

»Ich ging mit einem gewissen Schauder an das Testament heran, doch nach einer bestimmten Zeitspanne, in der ich im Geiste die Menschen in meinem Leben – Familie, Verwandte, Freunde – und das, was ich ihnen von meinem Besitz geben wollte, durchging, gewann ich allmählich einen anderen Zugang zu mir selbst. Einfache Dinge wie Bücher, Platten, Kassetten, Manuskripte, Illustrierte, ein antiker Schreibtisch, ein Familienring . . . Dinge, die mir wertvoll sind . . . fanden einen Platz bei Menschen, die ich liebe, an denen ich hänge, aber die ich oft vergesse . . . Als ich es fertig hatte, hatte ich ein viel tieferes Gefühl der Verbundenheit zu Menschen. Ab da fühlte ich mich viel weniger allein . . .«

Beverly hat sich eine feste Grundlage geschaffen, von der sie in Zukunft ausgehen kann, und glitt dadurch immer weniger in Panik und Depression ab. Sie ist eine der zahlreichen Frauen, auf die das Problem der Alleinverantwortung positiv und wachstumsfördernd gewirkt hat. Weil sie das Verleugnen verlernte, konnte Beverly sich die Kontrolle aneignen, die sie vorher durch Fluchtstrategien zu erreichen trachtete. Infolgedessen verringerte sich ihre Burn-out-Gefährdung, und sie glaubt auch, daß sie jetzt in einer besseren emotionalen Ausgangsposition für die Partnersuche ist.

Partnersuche und Burn-out

Es überrascht nicht, daß auch die Suche nach einem Partner – männlich oder weiblich – in Burn-out-Streß ausarten kann. Je mehr Zeit vergeht, desto mehr sehnen Sie sich nach einer Verbindung. »Ich weiß nicht, was ich machen soll, wenn ich nicht bald jemanden treffe« ist eine häufig zu hörende Klage, die völlig zu Recht das primäre Bedürfnis nach emotionaler Erfüllung ausdrückt. Wenn dieses Bedürfnis unbefriedigt bleibt und Ihre Versuche, einen (neuen) Partner zu finden, andauernd enttäuschend verlaufen, öden Sie Flirts und Verabredungen schließlich nur noch an. Eine Frau sagt das ganz deutlich:

»Was soll die ganze Ausgeherei? Es läuft ja doch alles immer gleich ab ... Ich glaube allmählich, für mich gibt es sowieso keinen. Ich sehe diese ganzen vergeudeten Abende vor mir, die zu nichts geführt haben, und ich habe es satt, mit hochgespannten Hoffnungen herumzurennen, die dann doch immer wieder zerplatzen.«

Diese für Burn-out charakteristische Verstimmung hat zwei Ursachen: die Erschöpfung aufgrund des pausenlosen »Ausgehens« – des auf die Suche Gehens nach einem Partner – und die Furcht, wieder enttäuscht zu werden. Rita, eine Frau Anfang 30, beschreibt ihre Resignation so:

»Es gibt einen alten Fernsehsketch mit Mary Tyler Moore, die den Nagel auf den Kopf trifft. Mary ist mit einem neuen Mann zum Essen ausgewesen. Als sie in ihre Wohnung zurückkommen, geht sie in die Küche, um Kaffee zu kochen ... Als sie ins Wohnzimmer zurückkommt, zieht sich ihr Verehrer gerade die Kleider aus. Außer sich vor Wut schreit sie: ›Was machen Sie da? Hören Sie sofort damit auf!‹ Der Mann schaut sie an und sagt ziemlich herablassend: ›Na, Sie sind bestimmt noch nicht sehr erfahren.‹ Marys Augen werden zu Schlitzen. ›Ich bin 37 Jahre alt‹, sagt sie. ›Ich treibe diese Spielchen seit ungefähr 20 Jahren – etwa zweimal pro Woche. Das sind 2000 Rendezvous!

Erzählen Sie mir nicht, ich sei nicht erfahren!‹ Genauso fühle ich mich«, fährt Rita fort. »Ich habe schon alles mögliche erlebt . . . Ich kenne die Geschichten, die Rituale, die erotische Spannung, die Erschöpfung, wenn ich nach Hause komme und endlich zu lächeln aufhören kann, und das Warten, daß das Telefon klingelt. Ich bin nicht mehr aufgeregt, manchmal nicht einmal mehr interessiert, wenn ich wieder einmal einen ›neuen‹ Mann treffe. Das Ritual geht mir auf die Nerven. Wenn ich davon noch nicht ausgebrannt bin, dann bin ich auf dem besten Weg dazu . . .«

In Ritas Klage können andere Frauen mit ihren Variationen einstimmen:

– »Es ist einfach zuviel Mühe. Ich habe es satt, mich ›herzurichten‹, meine Wohnung zu putzen, das Bett frisch zu beziehen, nett, ›gut drauf‹, lustig und interessant zu sein und das männliche Ego zu stützen, wo ich doch das Ganze nur abkürzen will zu: ›Magst du mich?‹ und ›Mag ich dich?‹, und – wenn dieses gewisse Etwas vorhanden ist – schauen wir, was wir uns sonst noch zu bieten haben . . . lauf nicht weg.«

– »Ich hasse es, meine ›Geschichte‹ immer wieder zu wiederholen . . . oder das Gefühl, jemanden zu interviewen. Einen ganzen Abend lang die Persönlichkeit eines Menschen, den man kaum kennt, zu erforschen und die Illusion von kameradschaftlichem Verständnis aufrechtzuerhalten, ist sehr energieraubend. Ich habe so viele ›erste Rendezvous‹ mitgemacht, aus denen nichts geworden ist – das ist viel harte Arbeit. Ich bin müde und wütend. Ich glaube jetzt, wenn ein Mann zu mir sagt, ich sei ›interessant‹ oder so wundervoll ›unabhängig‹, dann ist das ein eindeutiges Zeichen, daß er mich nie wieder anrufen wird.«

– »Ich habe mir immer gewünscht, einen Mann zu treffen und gleich zu ihm zu sagen: ›Tun wir so, als seien wir die ältesten und besten Freunde.‹ Auf diese Weise könnten wir uns diese öden ›Wo-sind-Sie-zur-Schule-gegangen‹-Geschichten sparen, die doch im Grunde niemanden interessieren. Ich sehne mich nach Intimität mit einem Mann, aber ich glaube nicht, daß es so funktioniert. Und jetzt habe ich eine fast schon phobische Angst vor Zurückweisung ... Ich weiß nicht, ob ich gelassen und unabhängig bleiben oder ob ich ›ich selbst‹ sein soll. Ich bin ganz durcheinander ...«

Wenn es Ihnen so ähnlich geht, wissen Sie wahrscheinlich auch nicht, was Sie tun sollen und ob Sie die Situation ändern können. Ihre Desillusionierung kann zu einem Großteil darauf beruhen, daß Sie sich ständig ausmalen, der Abend werde wieder einmal mechanisch ablaufen; das wird noch gefördert von dem, was eine Frau einmal »das Rätsel des männlichen Verhaltens« nannte. Es gibt keine Kurztherapie für die gegenwärtigen Konflikte zwischen Frauen und Männern; Sie können jedoch die Dynamik der Partnersuche unter dem Aspekt untersuchen, sich in der Situation möglichst wenig Unbehagen und Belastung aufzuhalsen.

Selbstauferlegte Erwartungen – Maßnahmen gegen Burn-out bei der Partnersuche

Es gibt zwar keine Methode, mit der Sie die Gefühle oder das Verhalten möglicher Partner voraussagen oder kontrollieren können, doch bestimmte Konflikte können Sie für sich selbst lösen.

Burn-out bei der Partnersuche ist gewöhnlich eine Folge zu hoch gespannter Erwartungen, die Sie sich im wesentlichen selbst auferlegt haben. Frauen neigen dazu, viel für Beziehungen zu tun – viele tun zuviel. Wenn Sie für einen erfolgreichen Abend Kriterien haben wie »nett, gut drauf, lustig, interessant zu sein« oder »die Illusion von kameradschaftlichem Verständnis aufrechtzuerhalten« oder eine »gelassene und unabhängige« Fassade zu präsentieren, dann muß Ihnen der Spaß an dem Ritual ja vergehen.

Wie bei anderen Burn-out-Formen suchen Sie vielleicht unbewußt die Verantwortung für den Erfolg oder Mißerfolg nur bei sich selbst. Das Rendezvous wird zur »Arbeit«, einem immer gleichen, unersprießlichen Ereignis; Sie messen die Ergebnisse gewöhnlich an den positiven oder negativen Reaktionen eines im Prinzip fremden Menschen.

Überfürsorgliche Frauen sind besonders anfällig für selbstgesetzte Erwartungen und neigen daher zur Verschleuderung ihrer emotionalen Energie. Sie fühlen sich oft gezwungen, sich um den Mann »zu kümmern«, dafür zu sorgen, daß er sich gut unterhält, und ihren Wert zu beweisen, indem sie seinen Vorlieben und Abneigungen Vorrang zumessen. Kurz, Umsorgerinnen haben oft wenig Selbstvertrauen und verbergen ihre Ängste, indem sie mehr geben, als es die Situation tatsächlich erfordert.

Eine gute Methode zur Überwindung dieser Verhaltensweise ist ein bewußter Versuch, den Impuls zur Vorwegnahme dessen, was geschehen oder nicht geschehen wird, oder zur intuitiven Einfühlung in die verborgenen Bedürfnisse des Mannes zu unterdrücken. Versuchen Sie, sich an Ihren eigenen Bedürfnissen zu orientieren. Beginnen Sie mit dem Versuch, sich über Ihre Motive klarzuwerden, aus denen heraus Sie die Einladung annehmen. Fragen Sie sich beim nächsten Mal zuerst: »Was will *ich* von diesem bestimmten Abend haben?« Wenn Sie ihn als Frau, die *ihn* umsorgt und *ihm* alles von den Augen abliest, beeindrucken wollen, definieren Sie vielleicht sich selbst nicht angemessen. Sie wollen ihm vielleicht etwas bieten, um Ihre eigenen Abhängigkeitsbedürfnisse zu verbergen. Nach allgemeiner Überzeugung laufen Männer schon beim geringsten Anzeichen einer weiblichen Forderung davon; deshalb gehen Sie vielleicht davon aus, daß Sie sich übermäßig anstrengen und die Situation manipulieren müssen.

Wichtiger ist festzustellen, welchen Wert er für Sie hat. »Mögen« Sie diesen Mann wirklich? Finden Sie ihn sympathisch? Ist er interessant und erweist er sich als Mensch, in dessen Nähe Sie sich wohl fühlen? Wenn Sie Ihre Motive durchschauen, können Sie *ihm* leichter einen Teil der Verantwortung für den Abend zuweisen. Denken Sie daran, solange Sie darauf eingestellt sind, die ganze »Arbeit« auf sich zu nehmen, ist er »fein raus«, und Sie haben die Arbeit für zwei.

Viele Frauen und Männer neigen dazu, ihre Spannungen bei der Kontaktaufnahme dadurch zu verringern, daß sie sich vorzeitig in Vertraulichkeiten stürzen. Die Sehnsucht nach Intimität ist eine normale, menschliche Reaktion. Das Bedürfnis nach sofortiger Intimität bereits beim ersten Rendezvous beruht normalerweise auf aufgeschobenen und vernachlässigten Bedürfnissen, und die sind kaum an einem Abend zu befriedigen. Vorzeitige Vertraulichkeit kann sich als Bumerang erweisen. Oft verhüllt sie die tiefliegenden Ängste und ist nur ein bloßes Strohfeuer. Wenn Sie weitere Enttäuschungen vermeiden wollen, sollten Sie zwischen Menschen, mit denen man »gut reden« kann, und Menschen, die sofort »intim« werden, unterscheiden lernen. Der Unterschied ist beträchtlich.

Obwohl Sie vielleicht die »öden ... Geschichten« und die Höflichkeitsrituale der Partnersuche übergehen möchten, sollten Sie einem Mann – und sich selbst – mißtrauen, wenn sich zu rasch ein Gefühlsüberschwang einstellt. Diese Dynamik kann erregend sein, sie kann jedoch auch täuschen. Häufig passiert es, daß eine Frau, die das erste Rendezvous in glühenden Farben schildert und ihn als »total *offen –* keine Geheimnisse, keine Grenzen« beschreibt, sich sehr wundert, wenn sie nichts mehr von dem Mann hört. Paradoxerweise kann Intimität dazu dienen, zahlreiche Ängste zu verbergen – auch die Angst vor Intimität. Einen anderen Menschen kennenzulernen ist ein Prozeß, der langsam, über einen längeren Zeitraum vonstatten gehen sollte. Und der Prozeß ist zweiseitig. Wenn Sie Wechselseitigkeit anstreben und sie nicht bekommen – ziehen Sie sich zurück. Wenn Sie merken, daß Sie zu schwer »arbeiten« oder sich zu früh in Intimität stürzen – versuchen Sie sich bewußt zu bremsen. Denken Sie daran, das wird nicht erwartet. Sie können sich bei der Partnersuche viel Erschöpfung und viele Enttäuschungen ersparen, wenn Sie Ihren eigenen Rhythmen, Ihrem eigenen Stil und Ihren eigenen Bedürfnissen folgen.

Furcht vor Zurückweisung – Maßnahmen gegen Burn-out bei der Partnersuche

Sehr oft wurzeln diese hohen, selbstauferlegten Erwartungen in der Furcht vor einer weiteren – realen oder eingebildeten – Zurückweisung. Um dem zu entgehen, »schalten« Sie vielleicht Ihr wahres Selbst »ab« und stellen das falsche in den Vordergrund. Wenn Sie wiederholt Zurückweisungen erlebt haben, entwickeln Sie leicht eine Abneigung gegen das »Ausgehen« und das ganze Drumherum. In diesem Fall haben vorweggenommene Zurückweisungen mehr Gewicht als zu erwartendes Vergnügen. Ihre Bemühungen, sich als passende Partnerin darzustellen – und nicht als Sie selbst –, können Sie entmutigt und verausgabt zurücklassen.

Samantha, eine Frau Mitte 20, berichtet eine Episode, die den Kern des Problems verdeutlicht:

»Letzte Woche ging ich mit einem neuen Bekannten aus. Wir gingen ins Kino und erwischten *Sophie's Choice*. Wir hatten den Film beide noch nie gesehen. Als wir später das Kino verließen, fragte er mich, wie mir der Film gefallen habe. Ich fand ihn furchtbar. Er fand ihn toll. Ab da begann ich zu kneifen. ›Na, vielleicht war er ja nicht *so* schlecht‹, sagte ich. ›Vielleicht geht es mir nur so, weil ich das Buch gelesen habe.‹ Von da an ging es bergab. Ich hatte das Gefühl, ich müßte unsere Meinungen ausgleichen, um sein Interesse wachzuhalten. Für den Rest des Abends wurde ich zu dem Menschen, den er, wie ich glaubte, mögen würde, und verlor mich selbst völlig. Schließlich endete die Sache im Bett, und ich fühlte mich noch schlechter ... Manchmal, wenn ich mit einem neuen Mann ausgehe, fühle ich mich wie ›im Kühlhaus‹. Wenn ich ihn besonders sympathisch finde, verliere ich mich selbst und ›friere ein‹. Ich habe solche Angst, zurückgewiesen zu werden, daß ich sogar vergesse, was ich mag und was nicht ...«

Die Angst vor Zurückweisung zeigt sich genauso in vielen anderen Einstellungen. Eine Frau kommt zu dem Schluß, Rendezvous seien »zu riskant«, weil ihr »Selbstwertgefühl in jedem einzelnen Augenblick auf dem Spiel steht«. Eine andere Frau gesteht ihre tiefe Angst: »Immer rede ich zuviel und fülle alle Pausen aus, weil ich nicht weiß, was er denkt.« Wieder eine andere sagt, sie erwarte eine Zurückweisung, weil »ich wahrscheinlich auf einer Liste hundert anderer Frauen stehe, die methodisch zum Essengehen und zum Sex angerufen werden«.

Die Angst vor Zurückweisung ist ein starker Streßfaktor. Er wird häufig verstärkt durch den Druck, sich selbst an jede neue Situation vollständig anzupassen. Natürlich gibt es keine todsichere Methode, eine Zurückweisung zu verhindern, doch Sie können Ihre Gefühle schützen und wieder eine lebbare Perspektive gewinnen.

Gute, männliche Freunde können oft helfen, verunsicherndes, männliches Verhalten zu enträtseln. Hilary, eine geschiedene Frau Anfang 40, behauptet, sie hätte die Suche nach einem neuen Partner sicher aufgesteckt, wenn ihre Freunde nicht gewesen wären.

»Nach dem ganzen Scheidungsgezerre konnte ich keine Zurückweisung mehr ertragen. Ich war zu verletzlich. In meinem Alter und nach einer Ehe ist es entwürdigend, dieses Spielchen spielen zu müssen und zu spüren, daß man mit all diesen jungen Schickimicki-Frauen verglichen wird. Ich habe darüber mit meinen Freunden geredet, und sie verstanden mich. Das war eine interessante Zeit. Meine Freundschaft zu zwei bestimmten Männern wurde enger und sehr viel intimer. Wir lernten gegenseitig unsere Probleme kennen und konnten schließlich über viele lachen. Wir verbrachten viel Zeit zusammen, und obwohl wir nie die sexuelle Grenze überschritten, begann ich zu begreifen, daß ich mir das, was ich mit ihnen erlebte, von einem Partner wünschte. Ich begann ganz bewußt, neue Bekannte als Freunde zu behandeln. Ich hörte auf, mich zu benehmen, als sei eine Zurückweisung eine Frage auf Leben oder Tod. In meinem Leben gab und gibt es Männer, die mir helfen, nicht nur männliche Ängste und Empfindlichkeiten zu verstehen, sondern mich auch an meinen Wert erinnern ...«

Arlene ist eine andere Frau, die ihre Methode gefunden hat, um mit Zurückweisungen umzugehen. Als Besetzungsassistentin bei einem großen Fernsehsender hat sie Kontakte zu zahlreichen Schauspielern und Schauspielerinnen, die jeden Tag mit Zurückweisung fertigwerden müssen. Sie sagt:

»Ich habe angefangen, ihre Einstellungen zu Absagen zu übernehmen. Wenn man für eine Rolle nicht geeignet ist, kann man das nicht ohne Schaden persönlich nehmen. Man kann zu klein, zu groß, brünett und nicht blond sein, jemanden an seine Ex-Ehefrau erinnern oder einfach zur falschen Zeit am richtigen Ort sein ... Ich will das nicht zu lässig darstellen, aber diese Einstellung hat mir geholfen, und ich halte sie für sehr realistisch ...«

Hilary und Arlene konnten so ihre Angst vor Zurückweisung überwinden, doch ihre Methoden kommen vielleicht Ihren Bedürfnissen nach körperlicher und sexueller Zuneigung nicht entgegen. Vielleicht schlafen Sie wie Samantha vorzeitig mit Männern, um die Angst vor Zurückweisung abzuwehren.

Noreen hat eine andere Lösung gefunden. Sie erzählt:

»Ich habe mir etwas zugelegt, das ich als ›männliche Haltung‹ bezeichne. Ich sorge zuerst für meine persönlichen, sexuellen Bedürfnisse. Es klingt vielleicht kalt, aber ich kenne ein paar Männer, mit denen ich nur schlafe ... Wir haben Spaß miteinander und keine Illusionen über eine gemeinsame Zukunft. Dann habe ich platonische Freunde und Männer, mit denen ich ausgehe. Ich habe nicht mehr dieses verzweifelte Bedürfnis, jemanden zu beeindrucken – ich hungere nicht nach Zuwendung. Ich fühle mich zwar emotional nicht befriedigt, aber ich lasse mir wenigstens die Zeit, neue Männer langsam kennenzulernen ... Seit ich angefangen habe, mich um mich zu kümmern, bin viel öfter ich diejenige, die zurückweist ...«

Die Angst vor Zurückweisung sitzt tief – in Frauen und Männern gleichermaßen. Sie wird für Frauen zum Burnout-Problem, wenn sie anfangen, sich ängstlich und unter Druck zu fühlen, und spüren, wie sie sich innerlich von ihrem wahren Selbst entfernen, wie es Samantha so lebhaft beschrieben hat. Vielleicht denken Sie einmal über die Maßnahmen und Methoden nach, die andere Frauen gefunden haben, und befreien sich von dem Streß, der sich für Sie mit der vorweggenommenen Zurückweisung verbindet.

Vielleicht gewinnen Sie weitere Einsichten in das Problem des Partnersuche-Burn-out, wenn Sie Ihre Maßstäbe für einen akzeptablen Partner überprüfen. Stellen Sie eine Liste aller Eigenschaften zusammen, die Sie bei einem Partner erwarten. Sind Sie bereit, irgendwo Kompromisse zu schließen? Frauen weisen oft kategorisch jeden Mann zurück, der 1) nicht genausoviel verdient, 2) nicht mindestens fünf Jahre älter ist, 3) auf seinem Gebiet nicht genauso erfolgreich ist, 4) bei denselben Themen nicht genauso versiert ist, 5) nicht völlig selbstsicher ist, 6) nicht offen und einfühlsam ist, 7) die falsche Kleidung trägt, 8) zu geräuschvoll kaut, 9) unangemessen lacht, 10) keinen Spaß treibt etc. Die Liste, sich von neuen Möglichkeiten zu distanzieren, ist unerschöpflich. Wenn Sie sich weigern, Ihre Maßstäbe zu überprüfen, investieren Sie vielleicht zuviel Zeit in die Suche und verschleudern unnötig Ihre wertvolle Energie.

Der Druck, sich mit einem akzeptablen Partner zu verbinden, und die durch die Suche bedingte Erschöpfung tragen wesentlich zum Burn-out bei Frauen bei. Wenn die Suche in den Mittelpunkt Ihres Lebens gerückt ist, haben Sie unter Umständen schon einen Zwang entwickelt, von dem Sie sich unbedingt befreien müssen, wenn Sie eine realistische Betrachtungsweise und Ihr Gleichgewicht wiederfinden wollen. Das schaffen Sie allerdings nur, wenn Sie sich von dem Glauben lösen, Ihre Befriedigung könne nur aus einer einzigen Quelle kommen. Sobald Sie sich wieder Aktivitäten widmen können, die nichts mit der Partnersuche zu tun haben, gewinnen Sie paradoxerweise eine bessere Ausgangsposition für diese Suche. Zwänge wirken selbstbeschränkend; sie verstellen den Blick. Da es einige Zeit dauern kann, bis Sie einen Partner finden, sollten Sie über befriedigende Alternativen verfügen. Sonst kann es passieren, daß, wie es eine Frau formuliert, »zuviel Zeit auszufüllen« ist. Wenn Sie jeden Tag Ihrem eigenen Rhythmus folgen, können Sie den Streß der Einsamkeit vermeiden und schließlich eine Harmonie zwischen Arbeit und Liebe herstellen.

Kapitel 7
Burn-out von Beziehungen

»Ich empfand überhaupt nichts mehr für ihn ... Sex wurde eine Routineaufgabe. Ich schlief nur mit ihm, damit er zufrieden war, aber mich ließ es kalt ... Ich war ausgebrannt von der mechanischen Routine des Sex, daß es immer dasselbe war ... Diese wunderbare Intensität war verschwunden ...«
Virginia L.

»Seine Trägheit ging mir auf die Nerven ... ich sah mich schon so langweilig werden wie er. Das einzige, wobei er überhaupt Gefühl zeigte, war Sex, doch ansonsten hatten wir einfach verschiedene Rhythmen ... Ich konnte dieses Abgestorbensein nicht mehr ertragen – sein Burn-out wurde ansteckend ... Ich versank immer tiefer darin ...«
Celia C.

»Als ich ausbrannte ... war ich so fix und fertig von meiner Arbeit, den Kursen, meinem Sohn, dem Kochen, Einkaufen ... Ich war zu fertig, als daß ich auch noch das Betthäschen hätte spielen können. Mein Burn-out zog immer mehr in seinen Sog hinein ... Unsere Ehe ging baden, und ich war so müde, daß mir das egal war ...«
Lynn S.

Burn-out von Beziehungen hat einen ganz eigentümlichen Charakter, weil er zu den wenigen Burn-out-Arten gehört, die normalerweise bereits beim ersten Auftreten von Symptomen sofortige, massive Verleugnung oder reflexhaftes »Verlassen des sinkenden Schiffes« auslösen. Sie können bei jedem Ihnen nahestehenden Menschen dieses Absakken der Gefühle erleben – ob Ehemann, Geliebter, Freunde und manchmal Kinder. Sehr oft schwinden die Gefühle wechselseitig, oder Ihr Partner ist das erste Opfer, und dann »erwischt« es Sie wie die Grippe.

Es gibt drei Hauptarten des Beziehungs-Burn-out: Intensitäts-Burn-out, ansteckender Burn-out und Burn-out mit Sogwirkung.

Beziehungen, die aufgrund ihrer emotionalen Intensität ausbrennen, erkennen Sie daran, daß Sie irgendwann vom wirklichen Potential Ihres Partners enttäuscht sind; es kann dabei um seine oder Ihre tatsächliche Fähigkeit gehen, intensive Gefühle aufrechtzuerhalten oder um das unausgesprochene Versprechen, Ihnen die Entscheidung über Ihr Leben abzunehmen. Wenn die Intensität »verpufft« ist, nehmen die hochgespannten Erwartungen im grellen Licht der Objektivität normale Proportionen an, und oft treten Unterschiede zutage, die enttäuschend, sogar unerträglich sind. Diese Art Beziehung zerbricht an ihrer eigenen, trügerischen Intensität. *Diesen Burn-out können Sie verhindern.*

Ansteckender Beziehungs-Burn-out beruht auf den »infektiösen« Anteilen der Symptome Ihres Partners. Die lähmende Wirkung des Burn-out Ihres Partners bedroht häufig die eigene Vitalität. Wenn Sie längere Zeit mit einem innerlich abgestorbenen, depressiven Menschen umgehen, stumpfen Sie auch selbst ab. Wenn Sie Ihrem Fluchtwunsch nicht nachgeben, können Sie der Lethargie um Sie herum verfallen und ebenfalls ausbrennen. *Diesen Burn-out können Sie verhindern.*

Der Beziehungs-Burn-out mit Sogwirkung ist zu einem sehr verbreiteten Phänomen geworden. Wenn zuviele Aktivitäten und Krisen an Ihrer emotionalen und körperlichen Kraft zehren oder wenn Ihnen Isolation und Langeweile den Elan rauben, übertragen Sie Ihre daraus folgende Reizbarkeit und innere Distanz auf Ihren Partner. Die Burn-out-Symptome breiten sich aus und entwickeln eine Sogwirkung auf Ihr gesamtes persönliches Leben. Ihr Partner kann die bequemste Zielscheibe für Ihre Desillusionierung sein. Sie fühlen sich von vermeintlich unerfüllbaren Forderungen aufgerieben, schieben die Schuld für Ihre Freudlosigkeit bewußt oder unbewußt auf ihn, und die Beziehung selbst wird allmählich vom Burn-out erfaßt. *Diesen Burn-out können Sie verhindern.* Die Symptome dieser drei Burn-out-Formen sind sehr ähnlich. Doch obwohl Ihnen die jeweils damit verbundenen Einstellungen vertraut sein mögen, wissen Sie vielleicht nicht, was sie bedeuten oder warum die bleiernen Gefühle Ihnen so unüberwindlich scheinen. Eine streßgeladene Beziehung ist gewöhnlich eine Belastungsprobe für die Intimität zwischen den Partnern. Der Energieaufwand zehrt auch an der besten Beziehung, und leider werden Burn-out-Symptome nur allzuoft mit einem endgültigen, emotionalen Tod verwechselt. Einer der Partner »wirft das Handtuch«, bevor beide geklärt haben, warum die Nähe verlorengegangen ist.

Es ist nicht allzu schwierig zu verstehen, warum als Therapie für Beziehungs-Burn-out – egal welcher Form – so oft harte und vorschnelle Maßnahmen ergriffen werden. Die einschlägigen Gefühle sind nicht angenehm. Im Verlauf des Burn-out verliert sich jede Begeisterung, Erregung, Hingabe, sogar das Interesse am Schicksal des anderen. Entscheidend ist aber häufig der Verlust der sexuellen Energie. Die Beziehung wird fade und farblos. Was anfangs erregend war, wird trivial und vorhersagbar. An die Stelle des Interesses für den Partner tritt Indifferenz; an die Stelle intensiver Gefühle tritt Apathie. Sogar der Wunsch, die Konflikte »auszufechten«, fehlt. Oft mischen sich Schuldgefühle und Ressentiments in die Empfindungen. Virginia, die seit zwei Jahren mit ihrem Geliebten zusammengelebt hatte, berichtet:

»Das Feuer erlosch. Ich empfand überhaupt nichts mehr für ihn. Unsere Beziehung wurde automatisch, freudlos.

Ich wußte, welche Reaktionen kamen, wenn ich dies sagte oder das tat ... Alles war so vorhersagbar ... und langweilig. Sex wurde eine Routineaufgabe. Ich schlief nur mit ihm, damit er zufrieden war, aber mich ließ es kalt. Ich hatte Schuldgefühle deswegen – dann wurde ich sauer und wütend. Ich war ausgebrannt von der mechanischen Routine des Sex. Es war immer dasselbe. Ich wurde sehr kritisch – manchmal richtig gemein – und dann einfach nur noch müde. Nichts machte mich mehr froh. Diese wunderbare Intensität war verschwunden. Ich wurde taub für alles, was er zu mir sagte. An dieser Stelle wußte ich, daß die Beziehung ausbrannte ...«

Die Symptome setzten mit dem »erloschenen«, sexuellen Feuer ein und erweiterten sich dann allmählich zu einem allgemeinen Gefühl von Ruhelosigkeit und Unzufriedenheit. Sie fährt fort:

»Sex und Sauersein passen für mich nicht zusammen, besonders wenn der Partner nicht mehr auf der gleichen Wellenlänge ist. Ich stellte mir andere Männer dabei vor ... und hoffte, daß wir es bald hinter uns bringen würden, damit ich wieder meinen privaten Gedanken nachhängen oder einfach für mich sein konnte. Manchmal wünschte ich, er würde eine Affäre anfangen, aber davor hatte ich Angst, und deshalb tat ich so, als ginge ich auf ihn ein. Es war ein furchtbares Dilemma ... Wir versteckten und entfernten uns immer mehr vor- und voneinander.«

Andere Frauen spüren die Burn-out-Gefährdung, wenn sie sich nicht mehr für das interessieren, was ihnen ihr Partner erzählt. (Das sexuelle Desinteresse folgt später.) In diesem Fall vermissen Sie wechselseitiges Engagement oder gemeinsame Interessen und distanzieren sich deshalb von dem, was Ihr Partner sagt. Zwar tun Sie vielleicht, »als ob« Sie zuhörten, in Wirklichkeit sind Sie aber mit Ihren Gedanken ganz woanders. Sie »vergessen«, daß Sie an diesem Abend ins Kino oder in das neue, chinesische Restaurant gehen wollten. Ärgerlich erinnern Sie sich gegenseitig an

»vergessene« Termine: »Weißt du denn nicht mehr, daß ich heute nach Boston fahre?« »Ich hab' dir doch vor drei Tagen von der Party erzählt – da im Kalender steht es!« »Du wußtest doch, daß ich sie heute abend zum Essen eingeladen habe – warum hast du die Karten genommen?« Wenn wiederholt zwischen Ihnen solche Bemerkungen fallen, dann hört einer nicht mehr zu, hat sich einer innerlich verabschiedet, befindet sich die Beziehung auf dem Weg in den Burn-out.

Symptomzyklus und Beziehungs-Burn-out

Wenn Sie vermuten, daß Ihre Beziehung Burn-out-gefährdet ist, können Sie Ihre Gefühle oder beobachtbare Verhaltensänderungen Ihres Partners mit dem Symptomzyklus vergleichen, den wir in Kapitel 4 dargestellt haben. Die Gefühle, Verhaltensweisen und Einstellungen, die mit den verschiedenen Arten des Beziehungs-Burn-out einhergehen, spiegeln sich in etwa in den verschiedenen Stadien dieses Zyklus wider. Sehen wir uns den Zyklus noch einmal an. Wenn Sie (oder Ihr Partner) ausbrennen, dann denken Sie an den Beginn der Beziehung zurück. Brach sie sozusagen mit leidenschaftlicher Glut über Sie beide herein? Grenzte sie an den zwanghaften Wunsch, miteinander zu »verschmelzen«? In der Hitze des Zwangs sich zu beweisen (Stadium 1), gewinnen wechselseitige Leidenschaft und Versprechungen gewöhnlich eine Intensität, die zu einem erhöhten Einsatz (Stadium 2) für die Beziehung führt und durch Dringlichkeit und Hartnäckigkeit gekennzeichnet ist. Viele Frauen fürchten dieses Stadium, weil hier instabile Ichgrenzen zusammenbrechen und es kaum eine Trennung zwischen »ich« und »du« gibt.*

* Das Thema »Ichgrenzen« wird ausführlich in Kapitel 4 diskutiert.

Bei einem Intensitäts-Burn-out ist das ein entscheidendes Stadium. Oft löst es weitergehende Symptome aus.

Sie sollten sich aber vor Augen halten: *Beziehungen, die mit diesen Gefühlen und Symptomen beginnen, müssen nicht notwendig ausbrennen!* Wenn Sie (oder Ihr Partner) sich jedoch starken Gefühlen gegenüber hilflos fühlen, können Sie den Verletzlichkeiten, die sich in Stadium 1 und 2 herauskristallisieren, zum Opfer fallen. Insbesondere können Sie Ihr Leben als Gesamtheit aus dem Blick verlieren und sich nur noch auf den »Verschmelzungswunsch« konzentrieren. Dann setzen sich Verleugnung und Zwang durch, und Sie fangen wahrscheinlich an, sich zu vernachlässigen (Stadium 3), weil Sie sich jegliche Fürsorge von außerhalb der Beziehung vorenthalten. Diese Selbstvernachlässigung erscheint Ihnen vielleicht nicht als solche, sondern vielmehr als der Wunsch nach »kleinen Fluchten«. Ihre Arbeit leidet, Ihre Freunde kommen zu kurz, Ihre Wohnung, Ihre Gesundheit und sogar Ihre Kinder treten in den Hintergrund. Die alltägliche Fürsorge für sich selbst löst bei Ihnen störende Konflikte aus (Stadium 4). Obwohl Sie sich völlig darüber im klaren sein mögen, daß Sie der Zwang, »diese Beziehung zum Funktionieren zu bringen«, ganz und gar beherrscht, verdrängen Sie solche Gedanken rasch. Der unbewußte »Verschmelzungswunsch« überdeckt oft auch praktische Notwendigkeiten und macht Sie blind für die tatsächlichen Fähigkeiten Ihres Partners oder Ihrer Partnerin, Ihre Bedürfnisse zu erfüllen.

Die Gefühle, Verhaltensweisen und Einstellungen dieser Stadien ähneln denen des Burn-out im Beruf. Während dort der Leistungszwang die Oberhand gewinnt, ist es hier der Zwang, die Beziehung zu retten. Und genau wie beim Burn-out im Beruf verdrängt an dieser Stelle das Gefühl von »Getriebensein« Ihre persönlichen Werte, so daß Sie diese verleugnen oder umdeuten (Stadium 5).

Wiederum kann dieses Phänomen jeden der beiden Partner betreffen. Vielleicht sind Sie sich der unausgesprochenen

Der Burnout-Zyklus

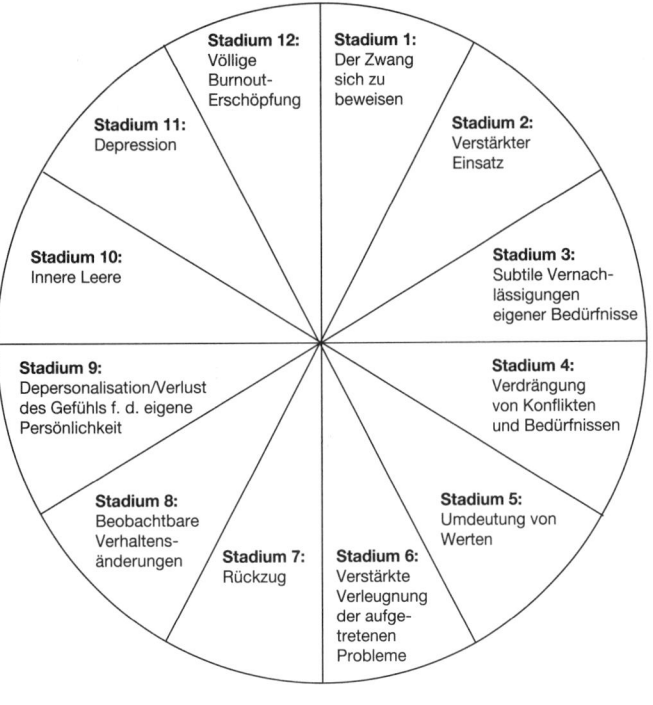

Stadium 12: Völlige Burnout-Erschöpfung

Stadium 1: Der Zwang sich zu beweisen

Stadium 11: Depression

Stadium 2: Verstärkter Einsatz

Stadium 10: Innere Leere

Stadium 3: Subtile Vernachlässigungen eigener Bedürfnisse

Stadium 9: Depersonalisation/Verlust des Gefühls f. d. eigene Persönlichkeit

Stadium 4: Verdrängung von Konflikten und Bedürfnissen

Stadium 8: Beobachtbare Verhaltensänderungen

Stadium 5: Umdeutung von Werten

Stadium 7: Rückzug

Stadium 6: Verstärkte Verleugnung der aufgetretenen Probleme

Zielvorstellungen Ihres Partners oder sogar Ihrer eigenen nicht bewußt. Vielleicht erscheinen Ihnen beiden die Anforderungen der Beziehung als normale, tragbare Kompromisse, in Wirklichkeit aber gehen diese Kompromisse um einer trügerischen Sicherheit willen zu Lasten wichtiger Aspekte Ihrer eigenen Werte und Ihrer wahren Bedürfnisse. Umgekehrt befinden Sie und/oder Ihr Partner sich vielleicht im Beruf in einem Burn-out-Prozeß und enthalten sich darum gegenseitig persönliche Zuwendung vor. In diesem Fall trägt einer von Ihnen den Burn-out aus einem anderen Bereich nach Hause, und die Beziehung wird von einem ansteckenden oder einem Burn-out mit Sogwirkung erfaßt. Die Anforderungen der Arbeit oder der Ausbildung erschöpfen Ihre Energiereserven, und Sie oder Ihr Partner leiden unter einem Mangel an Intimität.

Stadium 5, die Umdeutung der Werte, ist entscheidend für den Verlauf des Burn-out-Prozesses. In manchen Beziehungen werden Wertunterschiede sofort als ernstzunehmendes Hindernis für die Zukunft erkannt und mit dem Ziel lebbarer Kompromisse untersucht und angegangen. Wenn die Differenzen zu groß oder nicht zu bewältigen sind – etwa bei religiösen Einstellungen, politischen Ansichten oder persönlichen Zielvorstellungen –, geht die Beziehung oft auseinander. Die weniger offensichtlichen Unterschiede jedoch sind nicht so leicht zu erkennen und werden häufig geschluckt, weggesteckt und verleugnet, manchmal jahrelang. Wenn sie aufflackern, werfen Sie dem Partner vielleicht insgeheim oder offen vor, daß er/sie Ihr wahres Selbst »unterdrückt« hat, und versuchen auszubrechen. Manchmal dauert es lange, bis Sie Ihre Verleugnungsmechanismen durchschauen. Eine Frau beschreibt ihre Verleugnung und die folgende Burn-out-Depression:

»Fünf Jahre lang habe ich den Ausbruch in mir unterdrückt. Es ist so schwer, etwas zu ändern, wenn man es so lange hat laufen lassen ... Wenn ich es ausspreche, hört es sich trivial an, aber das hat alles so an mir genagt ... Ich habe immer gern mitten im Trubel gewohnt – in der Stadt. Er wollte auf dem Land wohnen. Also gab ich nach und damit auf, woran mir lag, nur um seinem Bedürfnis entgegenzukommen. Ich habe gern viele Leute um mich herum; er mag lieber ein ruhiges, beschauliches Leben. Ich muß alles ausdiskutieren – er behauptet, das sei ›Nervosität‹. Er hat immer das Gefühl, ich sei zu schnell, und wir hätten keinen gemeinsamen Rhythmus. Ich habe mich gebremst, weil ich darin eine Drohung hörte ... Jetzt bin ich wütend, erschöpft und mir selbst entfremdet ... Ich habe von Anfang an nicht klar gesagt, was ich will – und jetzt ist es mir egal ... ich hab's vergessen.«

Eine andere Frau erzählt die umgekehrte Geschichte:
»Wir waren zwölf Jahre lang sehr eng miteinander verbunden, und ich war immer zufrieden, unabhängig und glücklich. Die Macht lag hauptsächlich auf meiner Seite . . . doch dann schlug es um. Er fing an zu jammern, er sei nicht glücklich, sexuell ließe ihn alles kalt und er sei depressiv. Ich ahnte nicht, daß er litt, bevor er es mir sagte; er wirkte immer genauso zufrieden mit unserem Arrangement wie ich. Er brennt aus, und ich weiß nicht, was ich tun soll . . . Er sagt, wir hätten nicht die gleichen Werte und ich wäre immer, ohne zu fragen, davon ausgegangen. Er steckt voller Wut . . . Die ganze Sache ist sehr schwierig . . .«

Beide Frauen schlagen sich mit den Folgen von Stadium 5 herum, jedoch von zwei verschiedenen Seiten. Ihre Berichte illustrieren, wie die entscheidenden Weichen für einen Burn-out gestellt wurden, der sich erst Jahre später bemerkbar macht. Das Ausmaß der Wertverzerrung unterscheidet sich von Fall zu Fall, doch die dahinterstehenden Gründe können oft bis zu der Phase der Beziehung zurückverfolgt werden, in der einer oder beide Partner ihre wahren Werte und Bedürfnisse zu verzerren und zu verleugnen begannen. Beide Beispiele zeigen, zu welchen Konsequenzen das führt.

Stadium 6 des Zyklus bezeichnen wir als verstärkte Verleugnung, weil hier der Drang zugrundeliegt, sich noch mehr anzustrengen und diejenigen Anteile von sich selbst oder dem Partner loszuwerden, die den glatten Verlauf der Beziehung zu stören drohen. Sie verleugnen vielleicht Ihre Müdigkeit oder sogar Krankheit, wenn Ihr Partner Schwierigkeiten hat, damit umzugehen. Umgekehrt kommen Sie mit den Stimmungsschwankungen oder der Erschöpfung Ihres Partners schlecht zurecht und verleugnen seine oder Ihre Symptome. Wenn einer von Ihnen Ihre möglicherweise sowieso schon instabile Beziehung weiter kompliziert, verstärken Sie die Verleugnung und geben vor, alles sei in Ordnung, statt das Problem durchzuarbeiten. Wenn

Sie auf die Frage, wie es Ihnen gehe, antworten: »Uns geht's gut«, sollte das für Sie ein Signal sein, daß es *Ihnen* nicht gutgeht und daß Sie sich nicht mehr als selbständige Person, sondern als symbiotischen Teil eines anderen Menschen wahrnehmen. Frauen berichten oft, daß sie ihren Partner bedrängen, die Probleme offen und ehrlich »durchzudiskutieren«. Doch häufig sind sie selbst nach einem »guten Gespräch« nicht zufriedenstellend gelöst, meist wegen der Furcht, zuviel Druck auszuüben. Schließlich etabliert sich ein festes Muster, wonach einem die Macht in der Beziehung zusteht und der andere sich scheinbar unterwirft. Je stärker Sie diese inneren Verwicklungen verleugnen, desto mehr distanzieren Sie sich von sich selbst, klammern sich aber nichtsdestotrotz an die durch stillschweigende Übereinkunft errichteten Mythen der Beziehung.

In Stadium 7 – Rückzug – möchten Sie zwar weiter mit Ihrem Partner harmonisch zusammenleben, sehen sich jedoch außerstande, Ihren emotionalen Einsatz aufrechtzuerhalten. Ihr Begehren läßt nach, ebenso Ihre Aufmerksamkeit für seine (oder Ihre) Bedürfnisse. Nach außen hin verhalten Sie sich vielleicht »unverdächtig«, doch innerlich haben Sie Mühe, Energie oder Interesse aufzubringen. Eine Frau erzählt: »Ich merkte, daß meine Gefühle schwächer wurden, aber ich war so beunruhigt von meinen eigenen, ausgebrannten Empfindungen, daß ich meine Aufmerksamkeiten verdoppelte, um mich selbst zu täuschen ... Ich wollte nicht wissen, daß ich diejenige war, die innerlich wegdriftete. Wenn ich mir das eingestanden hätte, hätte ich etwas dagegen unternehmen müssen, und das war zu kompliziert und angstbesetzt.« Wenn Sie sich zurückziehen, fühlen Sie sich bald wie »auf Automatik«. Die Beziehung ist zum Alltag geworden, und obwohl Sie desillusioniert oder von der Dynamik gestreßt sein mögen, tun Sie weiter so, als ob »alles klar« sei.

In Stadium 8 werden Sie gewöhnlich von anderen auf beobachtbare Verhaltensänderungen aufmerksam gemacht.

Freunde sagen Ihnen, daß sie besorgt seien, weil Sie sie nicht mehr besuchen, weil Sie so erschöpft aussähen, weil Sie nicht mehr spontan und so humorlos geworden seien oder nur noch mit Ihrem Partner beschäftigt. Vielleicht haben Sie sich in Arbeit vergraben, um der Situation zu Hause auszuweichen, oder Sie haben sich völlig isoliert.

Wie beim Burn-out im Beruf empfinden Sie im Beziehungs-Burn-out Besorgnis meist als Kritik. Genau das, was Sie brauchen – Wärme, liebevolle Aufmerksamkeit, Intimität –, schieben Sie weg. Dieses Muster tritt in unterschiedlichen Formen auf. Sie mögen Freunde aufsuchen, haben aber eine Mauer um sich herum errichtet. Wenn Sie Freunde um ein Gespräch bitten, dann nicht, damit sie Ihnen raten und Sie trösten, sondern damit Sie Ihre Opferrolle bestätigen. Jedenfalls betrachten Sie Ihre Freunde als Leute, die »nicht verstehen«, was Sie durchmachen, und deshalb unfähig sind, Ihnen zu helfen. Sie haben sich »festgefahren«.

Die Depersonalisation (Stadium 9) ist ausgesprochen unangenehm und desorientierend. Die Interaktion zwischen Ihnen und Ihrem Partner ist zu diesem Zeitpunkt rigide und unflexibel geworden. Die Unterhaltung beschränkt sich gewöhnlich auf das Notwendigste, und Sex wird als »Routineaufgabe« erlebt. Sie mögen die Illusion von Nähe vortäuschen, indem Sie sich äußerlich scheinbar wie immer verhalten; Sie fühlen sich jedoch so, als ob jemand anderes Ihren Körper bewohne. Manchmal ist die Depersonalisation gekennzeichnet durch eine Spaltung zwischen Gefühlen und Handlungen. Unterschwellige Wut, Schuldgefühle und Ressentiments ersetzen Sie durch die Lethargie der Erschöpfung. Sie schlafen sehr viel oder leiden an Schlaflosigkeit. Ihre Konzentration ist sehr leicht störbar; Sie »überhören« oft, was andere sagen. In diesem Stadium erreichen viele Frauen keinen Orgasmus mehr, und viele Männer werden zeitweise impotent. Der Sexualtrieb erlischt entweder, oder er wird als Betäubungsmittel, als »falsche Therapie« für die ausgebrannten Gefühle eingesetzt. Häufig »infiziert« ein Partner, der im Burn-out-Prozeß steckt, den anderen.

Der Depersonalisation folgt die innere Leere (Stadium 10). Diese Leere versuchen Sie mit irgend etwas zu füllen, nicht notwendig mit Menschen. In diesem Stadium werden sowohl Frauen als auch Männer häufig fernsehsüchtig. Viele Frauen entwickeln Eßsüchte oder greifen zu Alkohol oder Drogen. Die Leere drückt sich auch in übertriebener sportlicher Betätigung oder in Konsumrausch aus. All das dient dazu, die unerträglichen Gefühle zu überdecken, die Probleme zwischen den Partnern zu umgehen und zu verleugnen. »Ich will einfach Abstand von ihm halten«, schildert eine Frau ihr Stadium 10. »Ich lese einen Groschenroman nach dem anderen, damit die Krise nicht hochkommt ... Ich weiß, daß ich etwas Konstruktives unternehmen sollte, aber ich habe keine Energie mehr. Ich will nur noch für mich sein ...«

Diese Gefühle verwandeln sich sehr rasch in eine Burn-out-Depression (Stadium 11). An dieser Stelle gibt es kein Gefühl mehr für die Zukunft und auch keinen Impuls zur Veränderung. Sie oder Ihr Partner nehmen den anderen als »gegeben« hin und haben die Fähigkeit, Alternativen zu sehen, tatsächlich verloren. Ihre Energien sind durch die ständigen Anpassungsversuche an die gestörte Beziehung erschöpft, so daß Ihnen einfach alles egal ist. Ihr Selbstwertgefühl ist wahrscheinlich auf dem Nullpunkt, und Sie fühlen sich hoffnungslos, verzweifelt und dennoch wie festgenagelt. Ihre hohen Erwartungen sind zerschellt; Selbsttötungsgedanken keimen auf.

Doch nicht immer wird die Burn-out-Depression als lähmende Verstimmung erlebt. Manchmal drückt sie sich als hochgradige Nervosität aus. Gerade weil Ihnen nicht alles egal ist und weil Sie sich ständig abgemüht haben, hat sich aufgrund des Dauerdrucks eine gefährliche Angstreaktion eingeschliffen. Sie erleben die Depression in diesem Fall

nicht als Lethargie, sondern als Übererregung. Der Dauerstreß hat Ihre Energien aufgezehrt und Sie überempfindlich
für jegliche Störung gemacht. Sie ertragen auch die geringste emotionale Belastung nicht mehr, brechen oft in Tränen
aus, haben Wutanfälle oder das Bedürfnis, sich unausge-
setzt zu bewegen – mit den Fingern trommeln, an den Nä-
geln kauen, sich auf die Lippen beißen –, als ob Ihr innerer
Motor auf Hochtouren liefe und sich nicht mehr abstellen
ließe.

Frauen, die dieses Stadium erlebt haben, erinnern sich, daß
sie auch bei den alltäglichsten Frustrationen keine Geduld
mehr aufbrachten. Eine Frau erzählte, sie sei »ausgerastet,
als die Waschmaschinen im Waschkeller alle belegt waren.
Ich nahm meinen Wäschekorb und schmiß ihn wieder in
den Schrank, wo er zwei Wochen lag . . .« Eine andere Frau
erzählt, daß sie auch die kürzeste Warteschlange nicht mehr
ertragen konnte. Unabhängig davon, ob sich die Burn-out-
Depression als Dauererregung oder als Lethargie ausdrückt, in diesem Stadium ist Ihr Immunsystem angegriffen, und Ihre Widerstandskraft gegen Krankheiten funktioniert nicht mehr optimal.

Wie schon in Kapitel 4 besprochen, stellt Stadium 12 – völlige Burn-out-Erschöpfung – einen gefährlichen, gesund-
heitsbedrohlichen Zustand dar, der sofortiger Behandlung
bedarf. Ihre Beziehung ist hier nicht mehr das zentrale Problem; vorrangig ist jetzt Ihre körperliche, emotionale und
geistige Gesundheit. Sie brauchen professionelle Beratung
und/oder medizinische Hilfe. Bitte beachten Sie: Ein Beziehungs-Burn-out erreicht selten das Stadium der völligen
Burn-out-Erschöpfung. Weil hier zwei Menschen beteiligt
sind, wird der Prozeß gewöhnlich vorher abgebrochen. Jah-
relange, exzessive Verleugnung, die nicht erkannt wird,
kann Sie jedoch unter bestimmten Umständen bis in dieses
Stadium bringen.

Wenn Sie einen Beziehungs-Burn-out durchmachen, können Sie eine Zeitlang in einem Stadium steckenbleiben und

nie in das nächste hineingeraten. Oder Sie erleben mehrere Stadien gleichzeitig. Wichtig zu wissen ist jedoch, daß ein Beziehungs-Burn-out nicht eskalieren muß. Wenn Sie Ihre Symptome identifiziert haben, können Sie den Burn-out-Prozeß stoppen oder rückgängig machen. Wenn Sie sich festgefahren haben, heißt das nicht, daß Sie sich überhaupt nicht mehr rühren können.

Die drei Arten des Beziehungs-Burn-out

Bevor wir jedoch über Lösungsmöglichkeiten nachdenken, sollten Sie klären, welche Art Beziehungs-Burn-out Sie erleben. Sie wissen jetzt, worauf die Symptome hindeuten, doch Sie sollten auch die Dynamik hinter den Symptomen kennenlernen. Es gibt drei Hauptarten des Beziehungs-Burn-out:

1. Intensitäts-Burn-out
2. Ansteckenden Burn-out
3. Burn-out mit Sogwirkung

Jeder Typ hat spezielle Ursachen und eine spezielle Dynamik; die Ergebnisse ähneln sich. Versuchen Sie, Ihr Problem zu identifizieren.

1. Intensitäts-Burn-out

Die Gefühle für einen wichtigen Menschen flauen dann am häufigsten ab, wenn sich beide Partner anfangs intensiv zueinander hingezogen fühlten und sich mit größtem Einsatz in die Beziehung stürzten. Die Beziehung begann wahrscheinlich »himmelhoch jauchzend«, und beide Partner zeigten sich »von ihrer besten Seite«. Nach dieser Phase begann die Beziehung auszubrennen. Wenn Gefühle derartig »hochkochen«, müssen sie notwendigerweise auch wieder »abkühlen«, und in den ersten, kleinen Enttäuschungen liegt der Keim des Burn-out. Dies ist für Paare eine kriti-

sche Phase, insbesondere wenn die Beziehung ausschließlich auf sexueller Anziehung beruht. Viele kurzlebige Ehen
und Affären sind das Ergebnis eines Intensitäts-Burn-out.
Einer oder beide Partner gehen mit riesigen Erwartungen
auf einen ewigen, sexuell erfüllten und konfliktfreien, sieb-
ten Himmel in die Beziehung.

Sie brauchen sich dieser Erwartungen nicht immer bewußt
zu sein, doch sie wirken aktiv in Ihrer Psyche. Um sich
darüber klarzuwerden, müssen Sie unterscheiden zwischen
den Wünschen, die Sie Ihrem Partner gegenüber aussprechen, und den Bedürfnissen, die Sie fühlen. Oft klafft das
weit auseinander. Beispielsweise behaupten Sie, Sie wollten eine gleichwertige Partnerschaft mit wenig Abhängigkeit, sind aber gekränkt und fühlen sich betrogen, wenn
sich Ihr Partner nicht beschützend verhält. Oder Sie wollen
auf bewußter Ebene einen erfolgreichen und starken Partner, grollen ihm oder ihr jedoch, wenn er oder sie nicht so
auf ihre Bedürfnisse eingeht, wie Sie es brauchen. Umgekehrt streben Sie vielleicht nach einem fürsorglichen und
einfühlsamen Partner, fühlen sich jedoch gestört, wenn er
oder sie Nähe sucht oder wenn Ihr Berufsleben Ihnen sehr
viel Zeit, Aufmerksamkeit und Energie abverlangt. Diese
Kluft zwischen Anspruch und wirklichem Bedürfnis ent-
hüllt sich gewöhnlich dann, wenn sich die erste Verliebtheit
legt. Enttäuschung macht sich breit, und oft nimmt ein
Partner, der entweder die mangelnde oder die übermäßige
Intensität nicht ertragen kann, die Gelegenheit wahr und
flüchtet. Vielleicht erleben Sie diese spezielle Dynamik in
Ihren Beziehungen immer wieder und betrachten sich als
Opfer der unberechenbaren Fluchten Ihrer Partner.

Hochgespannte Erwartungen sind ebenfalls im Spiel, wenn
Sie oder Ihr Partner sich Versprechungen für die Zukunft
machen, die sie nicht einlösen (können). Zusammen mit
den erotischen und romantischen Hochgefühlen nähren
Wunschphantasien das Engagement oder die Intensität. Sie
werden einen Roman schreiben, Sie werden ein Geschäft

gründen, Sie werden eine bestimmte Position, Ruhm, Reichtum erreichen oder ein unbekanntes Talent entwikkeln; Ihr Partner oder Ihre Partnerin wird Sie stärken. Obwohl Ehrgeiz, Fähigkeiten und Zukunftsaussichten durchaus vorhanden sein können, kommt der Handlungsimpuls nie. In dieser besonderen Situation nimmt jeder Partner den anderen als größer, stärker und vielleicht auch durchsetzungsfähiger wahr, als es die Realität dann erweist. In der ersten Verliebtheit »erfinden« die Verliebten einander oft und sind sehr erstaunt, wenn sich der andere dann als ganz durchschnittlicher Mensch mit Fehlern entpuppt. Der Aufbau der Beziehung im Prozeß des gegenseitigen Kennenlernens wird entweder vorzeitig abgebrochen, oder Sie klammern sich voller Enttäuschung und verhehlter Bitterkeit an die »Erfindungen«, so daß die Burn-out-Stadien sich hinziehen, manchmal über Jahre. Bei einer anderen Form des Intensitäts-Burn-out glaubt einer der beiden Partner, er oder sie könne die sexuellen und/oder emotionalen Intensitätsmuster des anderen »wiederaufbauen« und versucht, den perfekten Partner zu »erziehen«. In diesem Fall wird der geliebte Mensch zu einem »Projekt«, auf das Sie Ihre gesamten kreativen Energien richten. Als »Zielobjekt« dieser Energien glauben Sie sich anfangs gebraucht und geschützt, doch irgendwann fühlen Sie sich unter Druck gesetzt, ständig so zu handeln und zu reagieren, daß es mit dem Traum Ihres Partners übereinstimmt. Die Fähigkeit, offen und ehrlich zu reagieren, geht immer mehr verloren. Mit der Zeit macht Sie der Druck, »jemand anders zu sein«, fertig. Sie ziehen sich zurück, und der Burn-out Ihrer Zuneigung kommt in Gang.

Wenn Sie hingegen diejenige sind, die Ihren Partner zu ändern versucht, haben Sie wahrscheinlich den bewußten oder unbewußten Wunsch, sowohl zu herrschen als auch sexuell und emotional unentbehrlich zu werden. Zwanghafte Umsorgerinnen geraten oft in diese Falle. Ihre massive Unsicherheit verbergen Sie häufig hinter einer scheinbar überströmenden, jedoch nicht befreienden Großzügigkeit. Diese »Großzügigkeit« wirkt einschränkend und aufdringlich, doch vor allem greift das pausenlose »Geben« – das Zuhören, Vorausahnen, Unterhalten, Kochen, sich hübsch Anziehen, Helfen und Beraten – allmählich Ihre Energiereserven an und verwandelt sich in Streß. Wenn Sie nicht ausbrennen, tut es möglicherweise Ihr Partner; der Druck überlastet Sie beide.

Eine betroffene Frau berichtet: »Ich arbeitete für zwei. Ich fühlte mich verantwortlich dafür, daß die erotische Spannung zwischen uns erhalten blieb . . . aber ich holte alles nur aus mir raus und bekam sehr wenig dafür zurück. Ich verleugnete diese Tatsachen, weil ich ihn nicht verlieren wollte . . . und weil ich mich nie gut genug fühlte . . .«

Wenn die Beziehung selbst ausbrennt, wird die Intensität durch emotionale Leere ersetzt, und häufig sammelt sich in der Umsorgerin ein bitterer Groll, weil sie sich betrogen fühlt. Besitzansprüche gehören ebenfalls zum Intensitäts-Burn-out. Wiederum können beide Partner davon betroffen sein. Einer von beiden spielt den »Besitzergreifenden«, der andere den »Besitz«.

Eine Frau, die sich in Besitz genommen fühlt, erzählt: »Ich brenne in einer Beziehung am schnellsten aus und breche sie ab, wenn ich anfange, mich wie ein Kaninchen vor der Schlange zu fühlen. Wenn er anfängt zu fragen: ›Wohin bist du gegangen?‹ – ›Wer war das, mit dem du gesprochen hast?‹ – ›Wo warst du, als ich angerufen habe?‹ oder ›Wie lange hast du mit ihm gesprochen?‹ fühle ich mich unbehaglich und eingezwängt – als ob ich unter Hausarrest stünde, als ob meine Gedanken überwacht würden. Und wenn ich hier nicht klar die Grenze ziehe, muß ich mich mit seiner ganzen unterdrückten Wut herumschlagen . . . Ich möchte schreien: ›He, laß das! Rede mit mir – aber verhöre mich nicht!‹ . . .«

Eine andere Frau berichtet von ihrem besitzergreifenden Verhalten:

»Ich engagiere mich innerlich immer sehr stark und brauche es, daß diese Intensität erwidert wird. Ich habe mich in meinen Beziehungen noch nie zurückhalten können. Ich will wissen, was er denkt, was er fühlt, und ich brauche immer wieder Bestätigung. Wenn wir nicht übereinstimmen, fühle ich mich nicht sicher. Es dauert lange, bis ich mich gehenlassen kann, und dann passiert immer etwas, das mich bedroht . . . Ich strotze nicht gerade vor Selbstvertrauen . . .«

Das Gefühl, vom Partner erdrückt zu werden, und die umgekehrte Erfahrung würgender Angst beim Fehlen ständiger Bestätigung zehren gleichermaßen an den Kräften. Die erste Frau läuft an den wirklichen Eigenschaften des gewählten Partners vorbei, die zweite ist blind für die Höhe der Ansprüche, die sie an den Partner stellt.

Es gibt ebensoviele Variationen des Intensitäts-Burn-out, wie es Paare gibt. Wenn Ihnen diese Dynamik vertraut ist, sollten Sie Ihre Verhaltensmuster analysieren, Ihre Bedürfnisse klären und Ihre Erwartungen mäßigen.

Abwendung des Intensitäts-Burn-out

An und für sich sind intensive Gefühle nicht schädlich. Wenn sie Sie jedoch blind machen oder Ihre Realitätswahrnehmung verzerren oder wenn sie durch Angst ausgelöst werden, fangen Sie an, sich Ihres Partners nicht ganz sicher zu sein. Die ständige, unaufgelöste, intensive Anspannung entkräftet Sie. Wenn die Hochspannung zusammenbricht, fällt leicht ein Partner beim anderen »in Ungnade«. Ein Schritt zur Verhinderung dieses Intensitäts-Burn-out besteht daher darin, sich sofort einzugestehen, daß Sie dazu neigen, intensive Spannung aufzubauen und zu halten, und daß viele Ihrer idealisierten Vorstellungen von Ihrem Partner »erfunden« sein können.

Schildern Sie Ihren Partner in »glühenden« Farben? Das sollte ein Alarmsignal sein. Wahrscheinlich verleugnen Sie die Einsichten, die Ihnen warnend durch den Kopf schie-

ßen. Der Aufbau einer Beziehung ist ein Prozeß, kein Ereignis. Wenn Sie merken, daß Sie Charakterzüge, die problematisch werden könnten, »reinwaschen«, fesselt Sie die Intensität und nicht die Person. Welche Eigenschaften oder Verhaltensweisen Ihres Partners beunruhigen Sie? Diese Frage soll Sie nicht zu einer kritischen, wählerischen, distanzierten Haltung verleiten, sondern Ihnen helfen, Ihre »Erfindungen« zu klären und Gefühle ehrlich einzugestehen. Eine betroffene Frau drückt das so aus:
»Wenn mich diese Intensität erwischt, dann tue ich so, als sähe ich nichts, was mein Hochgefühl stören könnte . . . Ich verändere die Realität so, daß sie meinen unmittelbaren Wünschen entspricht. Später dann, wenn die Beziehung sich verschlechtert, bin ich gewöhnlich wütend auf mich, daß ich mich nicht auf meine Intuition verlassen habe . . .«
Diese Frau beschreibt eine Form der Verleugnung – bewußte Unterdrückung. Auch wenn Ihr Wunsch nach einer funktionierenden Beziehung riesengroß ist, sollten Sie Ihre Ahnungen anerkennen und sich mit ihnen auseinandersetzen. Viele Frauen fürchten, ihren Partner mit ihrem Klärungswunsch zu sehr zu fordern, »weil er (oder sie) das als Anspruch auffassen und sich zurückziehen könnte«. Doch es ist ein qualitativer Unterschied, ob Sie jemanden mit Ansprüchen überhäufen oder ob Sie sich informieren.
Die Kehrseite der Medaille ist genauso wichtig. Beschreibt Ihr Partner Sie zu »glühend«? Stilisiert er Sie zur »Retterin« hoch? Da Sie beide sich von Ihrer besten Seite zeigen, weiß Ihr Partner vielleicht kaum, was Sie langfristig mögen, wünschen oder erwarten.
Prüfen Sie Ihre Erwartungen lange und gründlich. Ist dieser Mensch in der Lage, Ihre Erwartungen zu erfüllen? Wenn Ihre Ansprüche übermäßig sind, werden Sie sie ändern müssen. Oft wählen Frauen und Männer Partner mit Eigenschaften, die sie bei sich selbst vermissen. Wenn Sie sich beim Umgang mit anderen hilflos oder ohnmächtig fühlen, suchen Sie zum Beispiel einen Partner, der stärker wirkt als

Sie. Versagt jedoch diese begehrte Stärke, fühlen Sie sich möglicherweise desillusioniert und betrogen. Eine Filmschauspielerin berichtet über ihre zweijährige, jetzt aufgelöste Ehe: »Als wir uns kennenlernten, standen wir beide bei zwei verschiedenen Filmen in der engeren Auswahl für Rollen. Ich bekam meine Rolle, aber er nicht, und er fing an, mich mit einem neuen Respekt zu betrachten. Nachdem wir geheiratet hatten, bekam ich eine Ablehnung nach der anderen. Wir hatten beide keinen Erfolg, und in unserer Ehe kriselte es heftig. Dann verschwand er einfach. Später erzählte er mir, er hätte geglaubt, ich würde berühmt ... Das kränkte mich und machte mich wütend ... aber ich weiß jetzt, daß er dachte, mein Ehrgeiz und mein Erfolg würden auf ihn abfärben, ich würde ihm sozusagen ein gemachtes Nest bieten.«

Diese Dynamik wiederholt sich bei Paaren mit derartigen Erwartungen stets aufs neue. Wenn Sie den Burn-out vermeiden wollen, müssen Sie dieser Erwartung »auf die Schliche« kommen, bevor sie sich hinter Ihrem Rücken durchsetzt. Können Sie die Unterschiede zwischen sich und Ihrem Partner ertragen? In der ersten Verliebtheit übernehmen Frauen häufig den Geschmack und die Vorlieben ihres Partners. Eine andere Frau erzählt:

»Ich mag keine Kammermusik, aber weil meine Partnerin sie liebt, tat ich so als ob. Ich wollte sie nicht merken lassen, daß mein Geschmack nicht so ›hochgestochen‹ war und daß ich auf Country Music, Rock und Jazz stehe. Aber solche Täuschungen lassen sich nicht lange durchhalten; es machte mich fertig, und ich war ständig mürrisch und angespannt. Schließlich brechen die Unterschiede auf, und der Partner fühlt sich übers Ohr gehauen ...«

Die Unterschiede sind nicht immer leicht aufzudecken. Oft verbergen sie sich hinter vager Unzufriedenheit oder unterschwelligem Ärger. Um Burn-out zu vermeiden, müssen Sie sich jedoch im klaren darüber sein, wer Sie sind, was Ihnen gefällt und was Sie vorziehen.

Können Sie miteinander lachen? Ein ähnlicher Sinn für Humor federt die Dramatik und die Intensität zwischen den Partnern ab und erhält die Intimität. Wenn Meinungs- oder Verhaltensunterschiede Ihre Gefühle stören, Sie aber an diesen Geplänkeln Vergnügen finden können, vermindern sich möglicherweise die Spannungen. Wer Spaß hat, brennt nicht aus.

Umsorgen Sie Ihren Partner zu sehr? Falls ja, dann ist jetzt eine gute Gelegenheit, auf Abstand zu gehen. Es könnte sich sonst leicht herausstellen, daß die Energie, die Sie in die Beziehung stecken, sich »nicht lohnt« und Sie nur auszehrt. Vielleicht machen Sie sich ja wirklich unentbehrlich, aber auf Kosten Ihrer eigenen Bedürfnisse. Umsorgerinnen verleugnen unweigerlich ihre eigenen Bedürfnisse »um der Beziehung willen« und verbittern schließlich. Wenn Sie eine Umsorgerin sind, sollten Sie sich bremsen, bevor Sie mehr als nötig geben. Wenn Sie sich ertappen, daß Sie Ihrem Partner Stimmungen, Gelüste, Ruhebedürfnis, Wunsch nach Gesellschaft oder alles mögliche andere Unausgesprochene »von den Augen ablesen« – Halt! Wenn Sie merken, daß Sie Ihre Prioritäten ständig denen Ihres Partners anpassen – Halt! Die pausenlose geistige und körperliche Aktivität »hilft« der Beziehung nicht. Sie sollten sich gelegentlich – und sei es anhand einer Liste – an das erinnern, was Sie vor der Beziehung bewegt und beschäftigt hat.

Das bedeutet nicht, daß Ihr Einfühlungsvermögen und Ihre Zuwendungsfähigkeit nicht begrüßenswert wären; werden diese Eigenschaften jedoch zwanghaft und angstgetrieben, kann die Kunst des eleganten Rückzugs den Burn-out-Prozeß aufhalten. Versuchen Sie, die emotionalen oder sexuellen Intensitätsmuster Ihres Partners »umzubauen«? Wenn Sie sich vorstellen, Sie könnten durch Ihre tapferen und vielleicht durchaus wohlmeinenden Bemühungen die offenbar mangelnde Bereitschaft Ihres Partners »ändern«, Gefühle zu zeigen, Ihren Wunsch nach Dialog zu erfüllen, Ihr

Bedürfnis nach »Raum« zu respektieren, sich Ihrem Rhythmus und Stil anzupassen oder auf Ihre Empfindlichkeiten einzugehen, dann ist einer von Ihnen beiden möglicherweise bald im Burn-out-Zyklus. Viele Frauen glauben, daß ihr Einfluß stark genug sei, um in langen Jahren eingeschliffene Reaktionen ihres Geliebten zu ändern. Das gilt auch für Männer, doch Frauen neigen in zahlreichen, offensichtlich viel aussichtsloseren Situationen zu diesem Muster. Beziehungen zu Alkoholikern oder Drogenabhängigen sind Extrembeispiele; sie beleuchten den Mechanismus jedoch am grellsten. Sie nehmen den Menschen, den Sie »ändern« wollen, nicht mehr als eigenständige Person wahr, sondern als »Projekt« oder »Problem«. Vielleicht streben Sie im Grunde gar nicht nach einer Beziehung, sondern nach Erlösung von Ihren eigenen Spannungen. Doch ganz im Gegenteil vertiefen sich diese und führen zu Streß-, Erschöpfungs- und Wutsymptomen. Um in dieser Situation den Burn-out abzuwenden, müssen Sie Ihre eigenen Erwartungen und vielleicht die Ihres Partners realistisch einschätzen und entweder die Unterschiede respektieren oder sich zurückziehen. Vielleicht benutzen Sie die – zugegebene – Schwäche Ihres Partners nur, um Ihre eigene nicht zugeben zu müssen.

Ist ein zu großer Besitzanspruch Ihr Beziehungs-Burn-out-Problem? Wenn der Besitzanspruch von Ihnen ausgeht, können Sie untersuchen, ob diese Gefühle in die Gegenwart gehören und sich wirklich auf Ihren Partner beziehen oder ob sie durch unangemessene Übertragungsreaktionen aus der Vergangenheit gespeist werden. Diese verborgenen Streßverstärker – verdrängte Wut, Schuldgefühle, verleugnete Aggressivität, vernachlässigte Bedürfnisse, niedriges Selbstwertgefühl – wirken unablässig von innen heraus und nähren wechselseitige Befürchtungen und Verdächtigungen. Das zehrt an den Energiereserven und trübt die Wahrnehmung und das Urteilsvermögen.

Das Bedürfnis, ständig bestätigt zu werden, kann kein

Mensch befriedigen. Diese »Scheuklappensicht« beruht jedoch häufig auf Intensitäts-Burn-out. Sie glauben, die einzig wahre und befriedigende Quelle für Bestätigung liege in Ihrem Partner. Das ist ein entscheidender Fehler, und unzählige Frauen erleiden nur aus diesem Grund einen Intensitäts-Burn-out. »Wenn ich es nicht von ihm kriegen kann, kriege ich es auch von niemand anderem bzw. versuche ich es erst gar nicht von jemand anderem zu kriegen« ist die typische Reaktion auf die erlebte Vernachlässigung. Wenn Ihr Bedürfnis nach Bestätigung größer zu sein scheint als das Ihres Partners, müssen Sie versuchen, sie sich von Ihren Freunden, durch Ihre Arbeit und aus sich selbst heraus zu holen. Wenn Ihr Selbstbild und Ihr Selbstvertrauen auf einem bedrohlich niedrigen Niveau liegen, müssen Sie vielleicht Hilfe bei Fachleuten suchen. Auf jeden Fall sind Besitzansprüche ein Symptom eines Bedürfnisses, das die Fähigkeiten Ihres Partners bei weitem übertrifft. Unter Besitzansprüchen lauern vielfältige Ängste. Diese Probleme müssen Sie angehen, wenn Sie den Burn-out abwehren wollen.

»Meine Grundangst«, so berichtet eine betroffene Frau, »ist, daß ich abgelehnt werde . . . Deshalb muß er mir so oft sagen, ob er sich mit mir wohl fühlt.« »Abgelehnt werden« ist eine Wendung, die dafür spricht, daß das Problem älter ist als die gegenwärtige Beziehung. Wenn Sie sie verwenden, stoßen Sie bei einer Nachforschung in der Vergangenheit wahrscheinlich auf die Erinnerung an Eltern, die damit drohten, Sie allein zu lassen oder Sie tatsächlich psychisch oder physisch allein ließen. Dieses Trauma übertragen Sie jetzt auf Ihren Partner. Sie fühlen sich ständig bedroht – durch die Frau, mit der er auf der Party eine Minute zu lange spricht, durch den üblichen Anruf, den er heute unterlassen hat, durch seinen Wunsch, »früh ins Bett zu gehen«, um zu schlafen. Wenn Ihre Innenwelt so aussieht, müssen Sie lernen, Realität und Einbildung auseinanderzuhalten. Vielleicht können Sie so Ihre Beziehung vor dem

Burn-out und sich selbst vor der verzehrenden Angst vor Zurückweisung bewahren.

Wenn Sie dagegen auf der anderen Seite des Besitzanspruchs stehen, fühlen Sie sich vielleicht »in der Falle« und sehen Ihre Beziehung sehr ernüchtert. Wahrscheinlich trifft auf Ihren Partner die vorangegangene Beschreibung zu, und wenn Sie die Beziehung retten wollen, sollten Sie ihm oder ihr nicht nur die benötigte Bestätigung geben, sondern ihm oder ihr auch sagen, daß Sie diese unaufhörliche Forderung nach Zuwendung voneinander entfremdet. Vielleicht können Sie Vorschläge machen, die Ihnen beiden entgegenkommen.

Ermutigen Sie Ihren Partner oder Ihre Partnerin, Beziehungen mit seinen oder ihren Freunden wiederzubeleben, etwas ohne Sie zu unternehmen, sich wieder dem zuzuwenden, was er oder sie für die Beziehung aufgegeben hat. Erklären Sie, daß das übertriebene Engagement für die Beziehung schließlich Ihrer beider Enthusiasmus ersticken wird. Leider gibt es keine sichere Methode, Ihrem Partner Schmerz zu ersparen. Wenn er oder sie von Angst getrieben wird, werden seine oder ihre Gefühle verletzt. Doch so ersparen Sie sich vielleicht die weit schlimmeren Folgen einer kaputten, ausgebrannten Beziehung.

Es gibt keine sichere Therapie für den Intensitäts-Burn-out. Doch Selbstachtung und die Bereitschaft, Ihre Verleugnung abzulegen und Ihrer Intuition, Ihren Gefühlen und Bedürfnissen nachzugehen, ermöglichen Ihnen beiden vielleicht einen neuen Anfang.

2. Ansteckender Burn-out

Ist Burn-out »ansteckend«? Unter Umständen ja; das hängt vom Zustand Ihres emotionalen Immunsystems und Ihrer körperlichen Widerstandskraft gegen Krankheiten ab. Sie selbst oder Ihr Partner können »ansteckend« sein – das hängt davon ab, wie Sie mit dem Burn-out des jeweils anderen umgehen.

Ein Leben mit Burn-out ist nicht angenehm. Sie haben den ganzen Tag angestrengt gearbeitet, Probleme gelöst, an Besprechungen teilgenommen, Termine vereinbart. Sie sind noch aufgedreht von dem Tempo, und wenn Sie nach Hause kommen, freuen Sie sich darauf, über den Tag zu schwatzen, auf ein gemeinsames Abendessen, vielleicht mit einer Flasche Wein, darauf, miteinander zu lachen und vielleicht miteinander zu schlafen. Was Sie jedoch vorfinden, ist ein Mensch ohne Schwung, mit einem dünnen, gepreßten Lächeln, mechanischen Reaktionen, übertriebener Höflichkeit, der vor einem plärrenden Fernseher auf der Couch hockt und Sie wortlos warnt, ihn durch Ihre gute Laune noch weiter zu reizen. Oft entspinnt sich etwa folgendes Gespräch: »Wie geht es dir?« – »Gut.« – »Hattest du einen angenehmen Tag?« – »Ja.« – »Hast du Hunger?« – »Nein.« – »Möchtest du darüber reden?« – »Laß' mich in Ruhe!« Nun lassen Sie diese Szene sich eine Woche, einen Monat, ein halbes Jahr lang wiederholen, und stellen Sie sich Ihre Reaktionen vor. Können Sie sich angesichts der Haltung Ihres Partners Ihre Unverdrossenheit bewahren? Wahrscheinlich dauert es – auch weil Sie sich zurückgewiesen fühlen – nur einige Wochen, bis Sie bedrückt, reizbar und wütend werden, dann distanziert, depersonalisiert, leer und schließlich depressiv. Sie haben sich bei dem Burn-out Ihres Partners »angesteckt«.

Kehren Sie nun das Szenario um. Sie kämpfen mit Beziehungs-Burn-out, waren den ganzen Tag mit den Kindern allein zu Haus, leiden unter zuvielen undankbaren Pflichten, Schuldgefühlen wegen Ihres Wunsches, vor allem davonzulaufen, und Ihr jüngstes Kind hat Fieber. Sie langweilen sich, sind aber dennoch angespannt, gestreßt, überlastet. Dann kommt Ihr Mann nach Hause, und Sie glauben, jetzt beanspruche auch noch er Ihre Aufmerksamkeit. Sie sollen sich die neuesten Vorfälle im Geschäft anhören, und im gerade aufgeräumten Wohnzimmer verstreut er seine Zeitung, seine Aktentasche und sein Jackett. Er scheint etwas von Ihnen zu wollen, und Sie wollen doch nur noch Ihre Ruhe. Etwa folgendes Gespräch entspinnt sich: »Wie war dein Tag?« – »Na, wie soll er schon gewesen sein?« – »Wie geht's den Kindern?« – »Jeffrey hat Fieber.« – »Hast du den Arzt geholt?« – »Er braucht keinen Arzt.« – »Hör mal, wollen wir nicht heute abend essen gehen?« – »Als ob ich noch Lust hätte, mich groß umzuziehen ...« – »Ach, komm schon ...« – »Laß' mich in Ruhe!«

Nun lassen Sie wieder diese Szene dauernd ablaufen, und stellen Sie sich die Reaktionen Ihres Partners vor. Mit der Zeit fällt auch er Ihren Symptomen zum Opfer und entwickelt eine ähnliche Haltung. Er hat sich an Ihrem Burn-out »angesteckt«.

Wenn Sie oder Ihr Partner an Burn-out leiden, fühlt sich der eine aufgrund der Lethargie und der Kommunikationsunwilligkeit des anderen zurückgewiesen oder sogar im Stich gelassen. Die Wechselseitigkeit der Beziehung wird ernsthaft beeinträchtigt und das Gleichgewicht von Zuneigung und Energie gefährlich gestört.

Wie auch schon für Intensitäts-Burn-out sind insbesondere Umsorgerinnen anfällig für ansteckenden Burn-out.

Unverständnis Ihres Partners kann Ihren Impuls zu geben noch weiter anfachen. Sie wissen vielleicht nicht einmal, was passiert oder was nötig ist, doch Sie glauben, Sie seien für die Situation verantwortlich. Egal wie Sie sich auch bemühen, Ihrem Partner den Kummer zu erleichtern, nichts funktioniert. Oft wird die Lage explosiv. Celia, eine Hausfrau, berichtet:

»Ich habe versucht, mit ihm zu reden, aber seine Lethargie hat mich schließlich fertiggemacht. Ich war nicht stark genug, Diskussionen herbeizuführen, die mir vielleicht einen Hinweis gegeben hätten. Er behauptete immer wieder, daß alles in Ordnung sei, oder er explodierte und verließ das Zimmer, oder er vergrub sich hinter der Zeitung oder vor dem Fernseher. Mir tat das weh, deshalb ließ ich ihn in Ruhe, und dann warf er mir vor, ich sei unsensibel. Ich fing

an, in seiner Nähe auf Zehenspitzen zu gehen, die Kinder
von ihm wegzuhalten, ihn aufzumuntern . . . ich machte ihm
sogar kleine Geschenke – ein Buch, für das er Interesse
geäußert hatte, eine Kassette, etwas, das er gerne aß . . . Er
zeigte einige Augenblicke lang höfliche Dankbarkeit, dann
war er wieder wie vorher. Seine Trägheit ging mir auf die
Nerven . . . ich sah mich schon so langweilig werden wie er.
Das einzige, wobei er überhaupt Gefühl zeigte, war Sex,
doch ansonsten hatten wir einfach verschiedene Rhythmen . . . Ein paar Monate später war ich ständig sehr
müde. Ich fürchtete die Abende und ging meist früh schlafen. Ich fing an, ihn wie ein Kind zu betrachten. Ich konnte
dieses Angestorbensein nicht mehr ertragen – sein Burn-
out wurde ansteckend . . . Ich versank immer tiefer
darin . . . Dann bekam ich öfter Kopfschmerzen, ungewöhnlich schmerzhafte Menstruationskrämpfe, Erkältungen . . . Aber das Schlimmste waren diese Anfälle von Müdigkeit . . . Es war lächerlich, aber ich versank selbst im
Burn-out . . .«
Wie Celias Mann weiß Ihr Partner vielleicht nicht, was los
ist, oder will es nicht zugeben und entfernt sich innerlich
jeden Tag weiter. Er oder sie schiebt es auf die Arbeit, die
Kinder, das fehlende Geld, die Politik, das Land, die Welt,
das Wetter oder Sie, doch so allgemein, daß Sie keinen
Anhaltspunkt haben. Das frustriert Sie und macht Sie un-
geduldig. Generalvorwürfe dienen gewöhnlich als Ablen-
kungsmanöver von den wahren Gründen des Burn-out. Als
Umsorgerin nehmen Sie jedoch diese Manöver wahrscheinlich ernst und überschütten Ihren Partner mit Aufmerksamkeiten, die er weder will noch braucht. Mit der Zeit geht
Ihre gesamte Energie für Ihren übertriebenen Einsatz
drauf. Ohne Belohnung oder Wechselseitigkeit wächst in
Ihnen allmählich Wut, Sie fühlen sich ausgenutzt und erschöpft, und bald haben Sie zwei Ausbrenner zu Hause.
Sogar Frauen, die nicht zum übermäßigen Geben neigen,
können sich am Burn-out ihres Partners »anstecken«. Mar-

tha ging es so, weil sie ständig mit den deprimierenden Einstellungen ihres Partners konfrontiert war:

»Ich betrat abends die Wohnung und wußte sofort, daß wieder einmal einer *dieser* Abende war ... der Kuß auf die Backe, ohne daß er aufsah, kein Gefühl, keine Freude, nur *Abgestorbensein!* Wir haben lange über das Problem diskutiert, doch es war sehr schwierig – er trank zuviel und drehte mir das Wort im Mund herum, so daß es aussah, als ob ich für seinen Gefühlszustand verantwortlich sei. Es war sehr beunruhigend ... ich spürte, daß er das Interesse an mir verloren hatte – wir hatten seit Wochen nicht mehr miteinander geschlafen, und meine Zuversicht schwand. Ich brauchte etwas für mich von ihm, doch nichts kam zurück. Ich fing an, ihn abzulehnen und dachte an andere Männer. Ich hatte den Impuls davonzulaufen. Dann fing ich an, mich ins Bett zurückzuziehen. Zuerst dachte ich, ich wollte mich auf diese Weise seinem deprimierenden Verhalten entziehen. Doch dann erkannte ich, daß ich durch die Sorgen, das endlose Gerede und mein eigenes Ohnmachtsgefühl aufgerieben war. Ich hatte mich mit seiner Krankheit angesteckt ...«

Die Flucht in den Schlaf kommt häufig vor. Ob Sie nun zu diesem Mittel greifen, um sich »deprimierendem Verhalten zu entziehen« oder um zu demonstrieren, wie vernachlässigt Sie sich fühlen – es sollte auf jeden Fall ein Alarmzeichen für Sie sein. Wenn Freude, Energie oder Lebenskraft fehlen und statt dessen Lustlosigkeit, Rückzug und Wut vorherrschen, können Sie sich emotional nicht regenerieren und verlieren die Motivation, die Beziehung lebendig zu erhalten. Nicht selten tauchen angesichts des Burn-out eines Partners auch psychosomatische Symptome auf. Manchmal erscheint Krankwerden als die einzige Methode, mit der wieder eine Kommunikation zwischen den Partnern hergestellt werden kann, die beide akzeptieren, beherrschen oder verstehen können – doch diese Art Kommunikation erhält die Symptome bei beiden aufrecht. Marthas

»Ansteckungs-Burn-out« hatte ein ungewöhnliches, jedoch nicht überraschendes Ende:

»Ich lief zu Hause wie betäubt umher. Dann stolperte ich auf der Treppe in den Garten und brach mir einen Fußknochen. Es tat höllisch weh, doch der Notfall schien ihn wachzurütteln. Der Unfall ließ ihn über seinen Schatten springen ... doch das hielt nicht vor ... Es war ja nichts wirklich ausgestanden ...«

Marthas Mann willigte schließlich ein, sich in Therapie zu begeben, doch erst als ihre Beziehung einen kritischen Tiefpunkt erreicht hatte.

Wenn Ihr Partner ausbrennt, müssen Sie sich kein Bein brechen oder ständig unter Kopfschmerzen, Rückenschmerzen, Erkältungen oder anderen psychosomatischen Symptomen leiden, weil Sie ständig versuchen, Ihre Angst zu verringern oder die Beziehung zu flicken. Und Sie brauchen auch nicht selbst auszubrennen. Es gibt Maßnahmen gegen einen doppelten Burn-out.

Abwendung des ansteckenden Burn-out

Zuallererst sollten Sie sich an die Definition von Burn-out erinnern: Burn-out ist ein Energieverschleiß, eine Erschöpfung aufgrund von Überforderungen, die von innen oder von außen – durch Familie, Arbeit, Freunde oder Liebhaber – kommen kann und einer Person Energie, Bewältigungsmechanismen und innere Kraft raubt. Burn-out ist ein Gefühlszustand, der begleitet ist von übermäßigem Streß und schließlich persönliche Motivation, Einstellungen und Verhalten beeinträchtigt.

Beim ansteckenden Beziehungs-Burn-out erschöpfen sich Ihre Bewältigungsmechanismen und inneren Energiequellen, weil Sie von Ihrer wichtigsten Bezugsperson keine Zuwendung (mehr) bekommen. Dieser Burn-out-Typ wirft ein neues Problem auf, daher auch eine neue Frage:

Können Sie Ihre eigene seelische und körperliche Gesundheit bewahren, wenn Ihre Hauptstütze – Ihr Partner – ausbrennt? Zunächst einmal müssen Sie Vorkehrungen treffen, daß Sie sich nicht anstecken.

1. Wenn der Ehemann oder Geliebte distanziert, kritisch und vielleicht abgestorben wirkt, empfinden viele Frauen spontan Angst und erleben den Rückzug des Partners als persönliche Zurückweisung. Obwohl diese Phase sehr schmerzlich und provozierend sein kann, müssen Sie unbedingt auf Ihr eigenes Wohlbefinden achten. Sorgen Sie deshalb unbedingt dafür, daß Sie die nötige Erholung bekommen, sich richtig ernähren und auf Ihre körperlichen Bedürfnisse achten. Ebensowichtig ist, daß Sie achtsam mit Ihrer emotionalen Energie umgehen; beobachten Sie sich und Ihr Leben außerhalb der Beziehung genau.

2. Sie müssen dafür sorgen, daß Sie Anregung und Unterstützung von außen bekommen. Sie dürfen sich jetzt keinesfalls von Freunden zurückziehen oder ihnen ständig erzählen, alles sei »in Ordnung«. Im Gegenteil: Halten Sie unbedingt Kontakt zu Menschen Ihres Vertrauens – Sie brauchen emotionale Zuwendung. Wenn Ihr Partner ausbrennt, können Sie nur dann mit dem Streß umgehen und Ihre Energiereserven wieder auffüllen, wenn Sie sich mit anderen Menschen verbunden fühlen. Sie brauchen Anschluß, Nähe und Intimität. Möglicherweise sehen Sie die Situation mit Ihrem Partner auch nicht realistisch und steigern sie im Geist zur Katastrophe. Alte Freunde können sich oft gut an Ihre Geschichte erinnern und Sie von destruktivem Denken abhalten. Auch können sie Sie auf Aspekte des Verhaltens Ihres Partners aufmerksam machen, die Sie übersehen haben. Ein kluger und liebevoller Freund oder eine Freundin machen Sie vielleicht auch auf Ihren eigenen Zustand aufmerksam und helfen Ihnen so, Ihr eigenes Gleichgewicht zu wahren und dem ansteckenden Burn-out zu entgehen.

3. Wenn Sie sich nicht anstecken lassen wollen, versuchen Sie, Ihre eigenen Bedürfnisse von denen Ihres Partners zu trennen. Wenn Sie in seinem ausgebrannten und verwirrten

Zustand wären, bräuchten Sie vielleicht viel Aufmerksamkeit, Zuwendung und Wärme. Ihr Partner fühlt sich dagegen möglicherweise von zuviel Aufmerksamkeit erdrückt und kann sich nicht anders wehren, als um sich zu schlagen. Das könnte Ihren Streß und Ihr Gefühl der Zurückweisung verstärken und Sie in die Burn-out-Gefahrenzone bringen.

4. Bei ansteckendem Burn-out hilft Ihnen eine gewisse Distanz, sich durchzusetzen und sich vor der »Ansteckung« zu schützen. Das bedeutet *nicht,* daß Sie sich kühl und abweisend verhalten und Ihren Partner in dieser kritischen Situation allein lassen sollten. Vielmehr heißt das, daß Mitfühlen viel nützlicher ist als Mitleid oder Selbstanklagen. Sie können verständnisvoll sein, ohne mit den Gefühlen Ihres Partners zu »verschmelzen«. Wenn Sie mitfühlen, können Sie in einer schlimmen Situation Ihr Bestes tun, ohne daß Sie damit die Verantwortung für die Gefühle Ihres Partners übernehmen oder sich vorwerfen müßten, Sie »genügten« ihm nicht. Denken Sie daran, sobald Sie anfangen, ihn oder sie zu »bedauern«, nehmen Sie damit eine Position der Überlegenheit ein. Das ist ein Abwehrmechanismus – Sie fühlen sich dann vielleicht dringend gebraucht und haben einen neuen Grund, seine oder Ihre Bedürfnisse in den Mittelpunkt zu stellen und dadurch Ihre eigenen Energien übermäßig zu verausgaben.

5. Wenn Ihr Partner ausbrennt, kann Ihnen der psychologische Druck auf Ihre eigene Gefühlswelt unüberwindlich scheinen. Sie müssen deshalb unbedingt unterscheiden, welchen Anteil an der Misere Sie tragen und was Ihnen Ihr Partner zu Unrecht vorwirft. Vielleicht ist er oder sie ständig auf der Suche nach Fehlern und richtet seinen Zynismus gegen Sie. Wiederum ist hier eine gewisse Distanz nötig. Sie müssen versuchen, die Burn-out-Probleme Ihres Partners, die mit Ihnen zu tun haben, und die, die anderswo hingehören, auseinanderzuhalten. (Siehe »Burn-out mit Sogwirkung«, S. 286)

Sehr häufig flackert unmittelbar nach dem Abschluß eines Examens, eines langfristigen Projekts, eines Urlaubs oder einer wichtigen und aufregenden Geschäftsreise im nachhinein eine Burn-out-Depression auf. Ihr Partner sucht vielleicht unbewußt Bestätigung und Belohnung oder die Fortsetzung der Intensität des Projekts bei Ihnen. Wenn die Belohnung oder die Intensität nicht kommen, schiebt er oder sie vielleicht Ihnen die Schuld an dem »Loch«, der Frustration, dem Verlust zu. Das müssen Sie nicht auf sich sitzen lassen. Versuchen Sie herauszufinden, was den Burnout ausgelöst hat, *ohne ihn mitzumachen*. (Weitere Ausführungen dazu in Kapitel 8 »Wie man mit einem ausgebrannten Menschen umgeht«.)

6. Versuchen Sie, stressige Gespräche zu vermeiden, die sich bis spät in die Nacht hinziehen, sich immer im Kreis drehen und darauf abzielen, einander zu »analysieren«. Psychologisieren Sie nicht und »diagnostizieren« Sie sein oder Ihr Verhalten nicht. Solche Gespräche provozieren Abwehr. Sie können niemanden aus einem Burn-out herausreden, doch Sie können Ihre eigene Stärke wahren, indem Sie sich vor den belastenden Wiederholungen, den Tränen, der Qual und dem emotionalen Druck dieser »Gespräche« schützen. Sie verschlimmern nur die Situation, und die daraus resultierende Erschöpfung trübt Ihre Urteilskraft und treibt Sie selbst in den Burn-out.

7. Wenn dagegen Ihr Partner zurückgezogen, eisig höflich und distanziert ist, können Sie bei der unaufhörlichen Suche nach einem Anknüpfungspunkt zu ihm oder ihr ausbrennen. Ihr Partner ist vielleicht nicht nur für Sie unzugänglich, sondern auch für sich selbst. Wenn Sie ständig Bestätigung und Antworten verlangen, verschleudern Sie Ihre Energien und verstärken Ihre eigenen Burn-out-Tendenzen.

8. Versuchen Sie nicht, sich der Stimmung Ihres Partners anzupassen. Geheuchelte Munterkeit erschöpft Sie genauso wie falscher Zynismus. Auf diese Weise gelingt es

Ihnen nicht, die Kluft zwischen Ihnen beiden zu überbrük-
ken; vielmehr lassen Sie sich von Ihrem Partner anstecken –
nach dem Motto »If you can't beat them, join them« (Wenn
du sie nicht besiegen kannst, dann schließ dich ihnen an).
Wenn Sie sich jedoch Ihrem Partner »anschließen«, *fühlen*
Sie sich schließlich genauso wie er oder sie und können nur
noch schwer zwischen »Dichtung und Wahrheit« unterscheiden. Versuchen Sie, sich Ihre eigenen Werte, Gefühle,
Ihren Sinn für Humor und Ihre Bedürfnisse zu bewahren.

9. Lassen Sie es mit Ihrem Partner langsam angehen. Denken Sie daran, daß Sie Ihren eigenen Rhythmus haben. Ihr
Körper sagt Ihnen, wann Sie sich zurückziehen müssen und
wann Sie helfen sollten. Sie dürfen nicht auch noch Ihr
Leben kaputtmachen. Sorgen Sie dafür, daß Sie Erholung
und Bestätigung außerhalb der Beziehung finden. Vielleicht geben Sie gerade das her, was Sie am nötigsten brauchen, und merken nicht einmal, wie Sie das erschöpft. Versuchen Sie festzustellen, ob Sie sich als Vorbild an Stärke
und Mut darstellen wollen. Wenn das so ist, dann glauben
Sie vielleicht, daß Sie sich angesichts des Zustandes Ihres
Partners keine Schwäche leisten dürfen. Doch gerade das
ist eine Garantie dafür, selbst auszubrennen.

10. Wenn Sie immer nur von Ihrem Partner die vollständige
Erfüllung Ihrer Wünsche erwartet haben, sollten Sie diese
Orientierung überdenken. Das heißt keinesfalls, daß es
Zeit sei, Ihren Partner zu verlassen. Wenn Sie jedoch merken, daß mit seiner oder Ihrer inneren Entfernung und
Reizbarkeit Ihr eigenes Wohlbefinden und Ihre Stabilität
steht und fällt, sollten Sie jetzt über diese Abhängigkeit
nachdenken. Vielleicht können Sie selbst innerlich wachsen, wenn der Burn-out Ihres Partners allmählich nachläßt.

11. Zu guter Letzt sollten Sie sich eingestehen, daß Sie ech-
tem Streß ausgesetzt sind, und nach Bewältigungsmetho-
den suchen. Wenn Sie die Situation verleugnen, verschärfen Sie den Druck noch. Ansteckender Beziehungs-Burn-

out ist unangenehm und oft schwer zu identifizieren. Doch Sie können ihn verhindern, wenn Sie Ihre eigenen Energiequellen schützen – ohne daß Sie deshalb egoistisch wären.

3. Burn-out mit Sogwirkung

Beziehungs-Burn-out kann auch infolge einer Überlastung von außen auftreten, die auf den Partner projiziert wird. Häufig ist das der Fall bei »unangebrachten« Burn-out-Gefühlen, und sehr oft sind Frauen betroffen, die zuviele Rollen und Funktionen unter einen Hut bringen müssen oder die aufgrund ihrer Isolation als Hausfrau und Mutter ausbrennen. In dieser Situation dient der Partner als »Sündenbock«; die wahre Ursache des Burn-out wird verleugnet. Gefühle von Sinnlosigkeit, Zynismus und Intoleranz steigen hoch und werden auf den Mann oder Geliebten geschoben. Die unangebrachten Vorwürfe schaffen eine Atmosphäre der Distanz, und mit der Zeit geht die Beziehung in die Brüche.

Beim Burn-out mit Sogwirkung kann Ihre Beziehung zu Anfang intakt gewesen sein, doch wenn andere Lebensbereiche Ihre Energie und Ihre Lebenskraft aufzehren, muß es womöglich Ihr Partner ausbaden. Sie weisen ihm die Sündenbockrolle zu, wenn Sie gestreßt und überlastet sind und/oder die Verantwortung für zuviele Menschen, Situationen und Aufgaben übernommen haben, wenn Sie finanzielle Probleme haben, wenn Sie einen schweren Schlag für Ihr Selbstwertgefühl hinnehmen mußten, Anerkennung ausbleibt, Sie nicht so perfekt sind, wie Sie glauben sein zu müssen, oder wenn Sie Ihre Rolle als Hausfrau und Mutter nicht befriedigt und ausfüllt und Sie trotzdem unter sinnentleerten Aufgaben ersticken.

Häufig schieben Sie die Schuld an dem äußeren Leistungsdruck oder die inneren Isolationsgefühle Ihrem Partner zu, weil er »nicht die richtigen Entscheidungen« trifft. Die eigentlichen Gründe für die Beziehungsprobleme entgehen Ihnen. Sie sind vielleicht zu erschöpft, um sich abends noch mit Ihrem Partner auseinanderzusetzen; Sie sind vielleicht von undankbaren Aufgaben so entnervt, daß Sie keine Lust mehr haben, abends noch mehr von sich herzugeben. Wenn Sie zuviel unter einen Hut bringen müssen, erscheint Ihnen Ihr Partner nur als ein zusätzlicher, belastender Anspruch. Wenn Sie unter Langeweile und Einsamkeit leiden, sehen Sie Ihren Partner als den Hauptschuldigen am Zusammenbruch Ihrer Erwartungen und Träume.

In jedem Fall wird Ihr Partner zur Zielscheibe der Anspannung und des Pessimismus, die den Burn-out begleiten. Lynn, eine 34jährige Redakteurin, berichtet:

»Als ich ausbrannte, panzerte ich mich innerlich, bevor ich abends die Haustür öffnete, um meinen Mann auf Distanz zu halten. Ich war so fertig von meiner Arbeit, den Fortbildungskursen, an denen ich teilnahm, meinem Sohn, vom Kochen, Einkaufen, Planen. Mein Burn-out zog alles in seinen Sog. Ich war eingeschnappt, zurückgezogen, bissig und schob die Erschöpfung auf meinen Mann – wenn ein Bedürfnis nach Aufmerksamkeit erfüllt zu werden hatte, dann seines. Unsere Ehe drohte in die Brüche zu gehen, und ich war zu müde, um was dagegen zu unternehmen ...«

Lynn gestand, daß sie in dieser Zeit jegliche Bitte um Nähe als weiteren Anspruch erlebte, und daß in dem Maße, wie ihre Erschöpfung wuchs, auch ihr Groll auf ihren Mann zunahm. Sie fährt fort:

»Insgeheim warf ich ihm alles vor, was in meinem Leben schiefging. Das war eine sehr schwierige Zeit. Ich war am Ende, aber ich sagte ihm eigentlich nie, wie sehr mich meine Arbeit, der Leistungsdruck bei der Fortbildung, das ständige schlechte Gewissen wegen dem Kind und die hunderttausend Haushaltsaufgaben belasteten. Ich stand wahnsinnig unter Streß, zeigte es aber niemandem – außer meinem Mann. Ich schleppte den Burn-out mit mir nach Hause und lud ihn bei ihm ab. Wir gingen unnatürlich höflich miteinander um ... wenn ich etwas Wichtiges mitzuteilen hatte, ließ ich Notizzettel auf dem Küchentisch oder am Telefon. Er war für mich zu einem Problem geworden, um das ich mich kümmern mußte – er war keine Person mehr. Im Grunde stellte ich ihn kalt . . .«

Am Wochenende war Lynn zu müde und zu schlapp, um sich um ihren Mann zu »kümmern«. Oft verschlief sie beide Tage. Wenn sie nicht im Bett döste, richtete sie ihre ganze Aufmerksamkeit auf ihren kleinen Sohn und schob ganz bewußt die wachsende Spannung im Haus weg. »Wenn mein Mann mit mir reden wollte, bekam ich einen Wutanfall oder wurde starr vor Angst . . . Ich weiß nicht, was ich von ihm erwartete. Es ist ein Wunder, daß wir das durchgehalten haben . . .«

Das »Wunder« geschah nicht über Nacht. Als Lynns Energie sich weiter erschöpfte, erlebte sie eine schwere Burnout-Depression, begleitet von plötzlichen Tränenausbrüchen. In ihrem Fall erwies sich das Weinen als Spannungsabfuhr und durchbrach die Mauer der Verleugnung, hinter der sie sich verschanzt hatte. Langsam erkannte sie, daß sie nicht mit den übermäßigen Anforderungen an sie fertigwurde und daß sie nicht mehr mit der selbstauferlegten, emotionalen Vernachlässigung leben konnte. Als sie und ihr Mann endlich miteinander reden konnten, wirkte das so auf sie:

»Ich fühlte Wogen von Liebe zu ihm in mir aufsteigen, und dann mußte ich noch mehr weinen. Ich wollte nur noch, daß er mich festhielt . . . ich hatte das Gefühl, daß in mir ein Damm brach, daß ich in einem Käfig aus Eisen und Beton gelebt hatte und daß ich wieder zu einem Menschen wurde – ich liebte ihn, aber ich hatte die Sache mit nach Hause gebracht und ihm die Schuld gegeben.«

Wie viele andere Frauen meinte Lynn, sie müsse ihre Ängste – den Streß ihrer zahlreichen Rollen – für sich behalten. Sie glaubte, nicht nur bei der Arbeit und der Fortbildung perfekt sein zu müssen, sondern auch in ihrer Rolle als Mutter und Ehefrau. Sie hatte das Gefühl, das würde von ihr erwartet und sie dürfe keine Schwäche zeigen, um ihre Rollenwahl zu legitimieren. Je mehr sie unter Streß stand, desto schweigsamer wurde sie. Als die Kommunikation zu Hause zusammenbrach, versiegte eine wichtige Quelle der Unterstützung. Zum Glück hatte sie einen Mann, der ihren Burn-out durchstand, ohne sich anzustecken oder davonzulaufen. Erica, Hausfrau und Mutter von zwei Kindern, erlebte ebenfalls einen Burn-out mit Sogwirkung, den sie ihrem Mann anlastete. Bei ihr erwuchs der Burn-out aus Langeweile und Einsamkeit, die sie glaubte ertragen zu müssen, um als Ehefrau und Mutter anerkannt zu werden. Sie berichtet:

»Wenn ich morgens aufwachte, sah ich nur Arbeit und nochmals Arbeit vor mir. Hausarbeit – Putzen und Kochen – hat mir nie Spaß gemacht; das ist so undankbar. Man vollbringt keine Leistung, wenn die Kloschüssel glänzt. Das ist doch bloß Zeitverschwendung. Die gewichtigste Entscheidung des Tages, die ich zu treffen hatte, war, was ich abends kochen sollte . . . Das war nicht genug. Dann mußte ein Kind rechtzeitig im Religionsunterricht sein, und das andere mußte zur Bücherei gefahren werden, Turnschuhe waren zu kaufen, der Herd zu putzen, Geschirr zu spülen . . . Wenn ich mal Zeit für mich hatte, war ich entweder zu müde, um sie zu genießen, oder ich starrte vor mich hin und fragte mich, was ich damit anfangen sollte . . . Ich hatte Schuldgefühle, wenn ich nichts tat. Mein Mann redet nicht viel – ich glaube, man könnte ihn als introvertiert bezeichnen. Ich drängte ihn immer, mit mir zu reden, um die Langeweile zu vertreiben, doch schließlich wurde ich es leid. Ich begann, ihm die Schuld für alles, was bei mir schiefging, anzulasten. Ich wollte nie so werden wie die Ehepaare, die man in Restaurants schweigend essen sieht, und genau das passierte uns. Wenn wir allein ausgingen, redeten wir über die Kinder und dann nichts mehr. Ich saß da und stellte mir vor, ich sei mit einem anderen Mann hier. Wir seufzten beide und gähnten. Ich konnte mein Leben wirklich nicht mehr aushalten ... ich bildete mir ein, mit einem anderen Mann wäre es anders und daß eine Affäre meinem Dasein irgendwie Glanz verleihen würde. Mir ging es immer schlechter. Ich war ständig schläfrig und hatte für nichts mehr Energie ...«

Um ihre Lustlosigkeit und innere Einsamkeit zu betäuben, begann Erica Aufputschmittel zu nehmen – nichtverschreibungspflichtige Appetitzügler –, und dann fing sie an, während des Tages zu trinken. Diese Kombination rief bei ihr starke Stimmungsschwankungen hervor, die ihre wahren Bedürfnisse maskierten. In Anwesenheit ihres Mannes ging sie immer häufiger »an die Decke« und fühlte ihm gegenüber bald nichts mehr außer Ärger, Reizbarkeit und Wut.

»Es ging mir auf die Nerven, wie er kaute, wie er sprach, daß sein Hemd über den Gürtel hing ... ich meine, ich konnte ihn einfach nicht mehr ausstehen und wollte ihn provozieren, nur um eine Antwort zu bekommen. Alles an ihm brachte mich auf die Palme – meine Gefühle für ihn waren völlig ausgebrannt. Ich wollte den Mann aus meiner Phantasie, der alles perfekt machte und mich auf Händen trug ...«

Ericas Beziehungs-Burn-out war in ein kritisches Stadium gelangt. Da schlug ihr ihre Schwester vor, sich an einen Fachmann zu wenden, und nach kurzer Zeit begann sie sich über die Gründe klarzuwerden, warum ihre Gefühle für ihren Mann sich so verändert hatten. Im Lauf der Therapie erkannte sie, daß die Monotonie ihres Alltags und ein unkommunikativer Ehemann sie in die Burn-out-Depression getrieben hatten. Doch Erica fühlte sich immer noch unfähig, ihre traditionelle Rolle zu ändern. Ihre Erziehung gebot ihr, ihre Unzufriedenheit und Frustration als Ehefrau und Mutter als falsch zu betrachten und ihren wahren Gefühlen weiterhin falsche Werte aufzuzwingen.

Als sie der Ursache ihres Beziehungs-Burn-out allmählich auf die Spur kam, merkte sie auch, daß sie ausschließlich ihrem Mann die Pflicht aufgebürdet hatte, ihr Leben interessant, aufregend und erfüllend zu machen. Mit der Zeit konnte sie das eigentliche Burn-out-Problem angehen, langsam ihre Fühler in die Außenwelt ausstrecken und ihr Leben selbst abwechslungsreich und befriedigend gestalten.

Im Augenblick steht Ericas Beziehung zu ihrem Mann noch immer auf der Kippe. Doch ihre zwiespältigen Gefühle gegenüber ihrer Ehe beruhen nicht mehr auf Vorwürfen, falschen Beschuldigungen oder Phantasievorstellungen. Sie untersucht die Motive, aus denen heraus sie einen zurückhaltenden, verschlossenen Mann geheiratet hat, und kommt zu interessanten, doch noch nicht endgültigen Antworten:

»Ich glaube, es gab da in mir etwas, das in Schach gehalten werden wollte. Ich hatte Angst vor Männern, die spontaner, lebendiger waren ... vielleicht hätten sie mehr von mir erwartet. Ich weiß es nicht ... aber ich arbeite daran. Ich versuche gerade herauszufinden, was mein Mann und ich gemeinsam haben ... Das dauert seine Zeit.«

Abwendung des Burn-out mit Sogwirkung

Wie Sie sehen, ist ein Burn-out mit Sogwirkung schwierig und deshalb nicht immer sofort zu erkennen. Wenn er Ihren Partner erfaßt, ist es schwer zuzugeben, daß Sie sich auf den falschen »eingeschossen« haben. Wenn Sie vor lauter Streit und Qual tief gekränkt sind, blockieren Stolz und Wut häufig die Einsicht. Doch trotz der festgefahrenen Situation können Sie versuchen, die Entwicklung Ihrer ausgebrannten Gefühle nachzuzeichnen und einiges von dem Schutt wegzuräumen, der die Beziehung bedroht.

1. Versuchen Sie zuerst festzustellen, wann und wie Ihr Burn-out angefangen hat. Ab welchem Punkt fühlten Sie sich gestreßt, überlastet, einsam oder gelangweilt? Wenn Sie das Grundübel benennen können, können Sie auch Ihren Partner von der Schuld befreien.

2. Wenn Sie wie Lynn Ihre täglichen Aufgaben überfordern, müssen Sie diejenigen, bei denen das möglich ist, vielleicht zwischen sich und Ihrem Partner neu verteilen. Wenn Ihr Terminkalender dann immer noch überläuft, müssen Sie vielleicht den hohen Einsatz reduzieren, mit dem Sie jede Funktion oder Rolle ausfüllen. Lernen Sie, sich zu bremsen. Versuchen Sie, überflüssigen Perfektionismus abzulegen. Ihr Burn-out hört dann von selbst auf, und Sie können mit Ihrem Partner neue Prioritäten aushandeln.

3. Erstellen Sie eine Liste Ihrer täglichen Aktivitäten und Pflichten. Wieviel Zeit lassen Sie sich für die »einfachen Freuden« mit Ihrem Partner? Wenn die Romantik dahin ist, sind die Gründe vielleicht weniger kompliziert, als Sie glauben. Sie sind vielleicht nur deshalb sexuell desinteressiert, weil Sie sich zu überlastet – und daher zu sehr mit anderem beschäftigt – fühlen, als daß Sie Lust auf Vergnügen, Zuneigung und Sex hätten. Insgeheim werfen Sie vielleicht Ihrem Partner vor, er stelle nur weitere Ansprüche an Sie. Vielleicht fassen Sie Ihre abgestorbene Sexualität auch unbewußt oder bewußt als Anzeichen dafür auf, daß die Beziehung ausbrennt. Nehmen Sie sich Zeit, gehen Sie Ihre Liste durch und prüfen Sie, was Sie wirklich fertigmacht.

4. Sie müssen unbedingt die Kommunikationswege zwischen sich und Ihrem Mann oder Geliebten offenhalten. Wenn Sie selbst merken, daß Sie sich zurückziehen, sich verschließen und sich auf Ihre Position versteifen, verleugnen Sie wahrscheinlich Ihr Bedürfnis nach Nähe und Intimität und enthalten zugleich Ihrem Partner die Möglichkeit vor, Sie zu unterstützen. Bestimmt »verlieren« Sie nicht Ihr »Gesicht«, wenn Sie Ihre Erschöpfung oder Verwirrung zugeben. Ihr Partner ist vielleicht erleichtert, wenn er erfährt, daß Sie nicht ihn oder sie zurückweisen.

5. Wenn Sie beide berufstätig sind, haben Sie vielleicht beide einen vollgepackten Terminkalender und die Tendenz zu Burn-out mit Sogwirkung. Um eine wechselseitige Erosion der Gefühle zu verhindern, bevor der Burn-out einsetzt, sollten Sie sich vielleicht beide einen Abend in der Woche nur für sich freihalten. Besorgen Sie sich einen Babysitter und nehmen Sie sich etwas vor – einen Film, ein Theaterstück, ein Konzert oder eine Sportveranstaltung; Sie werden sich beide unterhalten und entspannen, vielleicht sogar verjüngen. Wenn Ihre Kommunikation nachgelassen hat, könnten Sie sich bei einem gemeinsamen Abendessen außer Haus vielleicht einmal richtig, ohne Ablenkung über Ihre Probleme aussprechen. Lernen Sie wieder, über sich selbst, statt nur über Ihre alltäglichen Aufgaben und Pflichten zu reden. So können Sie besser mit Ihren wechselseitigen Gefühlen in Kontakt bleiben und möglicherweise verhindern, daß der Burn-out auf die Beziehung übergreift.

6. Wenn dagegen Ihr Leben wie das Ericas im Grunde monoton und unausgefüllt ist, können Sie die Arbeiten und Aufgaben zusammenstellen, für die Sie verantwortlich sind, und dann feststellen, wieviel Zeit Sie für anregendere Aktivitäten, Situationen oder Menschen erübrigen können. Wahrscheinlich werden Sie entdecken, daß Sie gar nichts mehr tun, was Ihnen Freude macht. Schreiben Sie dann auf, was Sie tun möchten, um sich die Anregungen und Zielvorstellungen zu verschaffen, die Sie außer der Aufmerksamkeit Ihres Partners brauchen.

7. Versuchen Sie, sich zu ertappen, wenn Sie Ihre Langeweile und Ihre Ängste nur auf Ihren Partner schieben. Wenn Sie glauben, daß jemand anders für Sie über Ihr Leben entscheiden könne und er oder sie dieses angebliche Versprechen nicht erfüllt, unterliegen Sie vielleicht »magischem Denken«. Das Beste, was Ihr Partner für Sie tun kann, ist, Ihnen bei der Suche nach den Ursprüngen Ihres Burn-out zu helfen und Sie emotional zu unterstützen, wenn Sie Ihr Rollenverständnis ändern wollen. Er oder sie kann nicht Ihr Leben für Sie leben oder eine andere Persönlichkeit aus sich machen. Sie verfügen jedoch selbst über die innere Kraft, Ihr Leben zu ändern. Wenn Sie sich

trauen, werden Sie staunen, was alles in Ihnen steckt. Je mehr Ihr Selbstvertrauen wächst, desto mehr vertieft sich vielleicht auch die Beziehung.

8. Sich trauen heißt vor allem, Ihre Welt über Ihr Zuhause hinaus zu erweitern. Zu Beginn könnten Sie sich informieren, welche Stellen angeboten werden, angemessen für Sie sind und Ihren Wünschen entgegenkommen. Eine Teilzeitarbeit ist vielleicht das, was Sie jetzt suchen. Doch achten Sie darauf, daß Sie nicht isoliert in einem kleinen Büro landen.

Wenn Sie kleine Kinder haben, könnten Sie Abendkurse belegen. Dort lernen Sie nicht nur etwas Neues, sondern Sie begegnen auch anderen Menschen, mit denen Sie ein gemeinsames Interesse teilen. Wenn Sie politisch interessiert sind, warum treten Sie dann nicht in eine Partei ein und arbeiten dort aktiv mit?

Wichtig ist, daß Sie Ihren Lebensbereich erweitern, Ihr Selbstwertgefühl stärken und verborgene Talente und Kraftquellen in und für sich entdecken. Wenn Sie sich selbst den Luxus gönnen, in neuen Erfahrungen zu schwelgen, können Sie den Druck auf Ihre Beziehung verringern.

9. Wenn Ihr Partner wie Ericas Mann unkommunikativ ist und Konflikten ausweicht, sollten Sie ihm oder ihr direkt sagen, wie sehr Sie Unterstützung brauchen. Ihre Aufrichtigkeit könnte dazu beitragen, sein oder ihr Vertrauen in Sie zu stärken. Wenn er oder sie jedoch unerschütterlich einsilbig bleibt und keine andere Art von Intimität als Sex schaffen kann, müssen Sie sich vielleicht an einen Therapeuten oder an verständnisvolle Freunde wenden, die Ihnen helfen, die Reizbarkeit zu entschärfen und den Konflikt durchzuarbeiten.

10. Seien Sie bitte umsichtig. Jetzt ist nicht die richtige Zeit für eine wichtige Entscheidung bezüglich der Beziehung. Burn-out mit Sogwirkung löst oft impulsive Reaktionen aus. Vermeiden Sie es, Ultimaten zu stellen oder die Flinte ins Korn zu werfen, bevor Sie die Gelegenheit hatten, die wahren Gründe Ihrer Wut, Ihrer Ohnmachtsgefühle oder Ihrer Enttäuschung auszuloten. Wenn Sie Ihre Reaktionen auf Ihren Partner strikt unterdrücken oder wenn diese nur noch in Türknallen bestehen, gibt es Anlaß zu dem Verdacht, daß die Gründe Ihrer Reizbarkeit weniger mit Ihrem Partner als vielmehr mit Problemen außerhalb der Beziehung zu tun haben.

11. Schließlich müssen Sie lernen, das Wichtige in Ihrem Leben vom Unwichtigen zu unterscheiden. Beim Beziehungs-Burn-out mit Sogwirkung fällt Ihr Partner Ihren Symptomen gewöhnlich deshalb zum Opfer, weil er in Ihrer Nähe und mit Ihnen verbunden ist. Sie können den Streß von Ihrer Beziehung fernhalten, aber nur, wenn Sie die wahren Konflikte, die Sie beherrschen, richtig erkennen.

Alle Formen des Beziehungs-Burn-out sind häufig das Ergebnis der Verleugnung seitens eines oder beider Partner. Wenn die Verleugnung zuschlägt, verflüchtigt sich die Leidenschaft, und rasch brechen Gegensätze auf. Wenn Sie die wahren Ursachen Ihrer ausgebrannten Gefühle angehen, kann sich nicht nur der anfängliche Zauber wieder einstellen, sondern schließlich sogar vertiefen. Lynn erlebte das so: »Als ich erst verstanden hatte, was mich tatsächlich wegtrieb, hatte ich das Gefühl, aus einem Gefängnis befreit worden zu sein. Je besser ich lernte, mein eigenes Tempo einzuhalten, desto stabiler wurde unsere Beziehung ... Wer weiß, vielleicht hält sie ja sogar ...«

Kapitel 8
Wie man mit einem
ausgebrannten Menschen umgeht

Bisher lag der Schwerpunkt dieses Buches darauf, wie Sie Ihre eigenen, individuellen Symptome erkennen und sich selbst helfen können. Wir hoffen, daß wir die Zusammenhänge so dargestellt haben, daß Sie dem Burn-out vorbeugen, ihn aufhalten und endgültig dagegen gefeit sein können. Wenn Sie selbst nun mit dem Problem besser umgehen können, möchten Sie vielleicht noch wissen, wie Sie mit einem anderen Menschen, den Sie für Burn-out-gefährdet halten, umgehen sollten.

Es überrascht nicht, daß das Burn-out-Syndrom in unserer schnellebigen Gesellschaft epidemische Ausmaße angenommen hat. Während jedoch zahlreiche Menschen über einschlägige Symptome klagen, wissen nur wenige, wie ernst diese Klagen zu nehmen sind. Noch weniger Menschen können die Symptome richtig einschätzen, angemessen vorbeugen oder andere beraten, wenn Anzeichen auftreten. Sie gehören jetzt dazu. Nehmen wir einmal an, Sie haben eine Freundin, die sich in den letzten Wochen oder Monaten distanziert und zurückgezogen hat, unerwartet in Tränen ausbricht, über häufige Erkältungen, Kopfschmerzen und Müdigkeit klagt, eine Verbissenheit zeigt, die ihrem früheren Sinn für Ironie und Humor hohnspricht, über Schlaflosigkeit klagt und vielleicht viel mehr trinkt als sonst. Ihnen ist auch aufgefallen, daß sie in ihren Meinungen und Urteilen sehr unflexibel geworden ist, sich ständig darum sorgt, daß »alles richtig gemacht wird«, und anfängt, sich mit bitterem Zynismus über alles und jeden zu äußern.

Bevor Sie die Dynamik des Burn-out erkennen lernten,

hätten Sie sich vielleicht zurückgezogen, bis sie wieder »sie selbst« wäre, oder Sie hätten versucht, sie zu »retten«, indem Sie ihren Klagen über die »schlechte Welt« beigepflichtet hätten. Jetzt aber können Sie diese beiden Reaktionen vermeiden. Sie wissen, was mit ihr los ist, aber weiß sie es auch? Und wie können Sie ihr helfen, ohne sie zurückzustoßen?

Im folgenden machen wir Vorschläge zum Umgang mit einem ausgebrannten Menschen. Doch bevor Sie anfangen, danach zu handeln, *beachten Sie bitte folgendes:* Bevor Sie einer Freundin Unterstützung anbieten und sich damit eine zusätzliche Belastung auferlegen oder Ihre Grenzen überschreiten, müssen Sie Ihre eigenen Bedürfnisse berücksichtigen. Diese Vorschläge sollen Ihnen weder eine weitere Umsorgerinnenrolle aufbürden noch an Ihr Ehrgefühl appellieren. Nur wenn Sie selbst nicht Burn-out-gefährdet sind, bieten Sie der anderen Person unter allen Umständen Ihre Hilfe und Ihr Verständnis an.

1. Gehen Sie ernsthaft und mitfühlend auf Ihre Freundin zu. Sie können das Thema anschneiden, indem Sie ihr von Ihrer Vermutung erzählen, daß sie Burn-out-gefährdet sei und daß Sie ihr vielleicht helfen können. Wenn Sie selbst einen Burn-out erlebt haben, können Sie von ähnlichen Gefühlen und Einstellungen berichten, um ihr Vertrauen zu gewinnen und ihre Abwehr abzubauen.

2. Sie müssen ihr unbedingt *zuhören,* und Sie dürfen sie nicht kritisieren oder verurteilen. Drängen Sie sie, daß sie über ihre Wut, ihre Enttäuschung, ihren Schmerz, ihre Einsamkeit, ihre Ohnmacht, ihre Abhängigkeit und ihre Ängste nachdenkt. Seien Sie geduldig, wenn sie sich wiederholt; wahrscheinlich hat sie die Nase so voll, daß sie das braucht.

Ermutigen Sie sie, auch über ihre positiven Eigenschaften zu reden: ihre Leistungen, ihre Kompetenz, ihre Eigenschaft als gute Freundin, ihre Persönlichkeit und auch ihren persönlichen Charme, Aussehen, Frisur, Kleidung, Körper, Sprechweise. Obwohl sie sich mit der Verwirrung des Burn-out herumschlägt, reagiert sie innerlich vielleicht doch noch auf schmeichelhafte Aspekte und ist dankbar, wenn man sie daran erinnert.

3. Seien Sie ehrlich zu ihr. Übergehen, leugnen oder verniedlichen Sie ihre Gefühle nicht. Versuchen Sie nicht, ihr mit falscher Fröhlichkeit oder falschem Optimismus zu begegnen. Ausgebrannte Menschen haben dafür ein sehr feines Gespür. Daß sie ihr Vernachlässigtsein selbst verleugnet, heißt nicht, daß sie ihr Bedürfnis nach Ehrlichkeit und Zuneigung nicht unbewußt empfände. Wenn Sie gleich anfangs versuchen, mit ihr gemeinsam darüber zu lachen, macht sie äußerlich vielleicht mit, ist aber innerlich enttäuscht und zieht sich zurück.

4. Helfen Sie ihr dabei, das Labyrinth ihrer Verwirrung zu durchdenken. Vermeiden Sie möglichst zu analysieren, zu »psychologisieren« oder eine Ausdrucksweise zu verwenden, die sie als arrogant, bevormundend oder gönnerhaft empfinden könnte. Sie hat vielleicht an ihrem Arbeitsplatz oder zu Hause gegen ähnlich herabsetzende Einstellungen zu kämpfen und scheut entweder die weitere Diskussion oder schlägt unerwartet zurück. Ihre Gefühle sind jetzt sehr undifferenziert. Obwohl sie anlehnungsbedürftig ist, kämpft sie vielleicht gerade verbissen um die Wahrung ihrer persönlichen Würde.

5. Bestürmen Sie sie nicht mit Ratschlägen. Sie ist vielleicht gar nicht in der Lage, Ihnen zuzuhören oder alles auf einmal aufzunehmen. Ihre Konzentrationsfähigkeit kann beeinträchtigt sein. Zuviele Ratschläge auf einmal überwältigen und ängstigen. Sie tut dann vielleicht so, als ob sie zuhört, erlebt Ihren Übereifer insgeheim aber als einen weiteren Anspruch.

6. Ermutigen Sie sie herauszufinden, wann und wie ihr Gefühl, überlastet, verängstigt und übermüdet zu sein, angefangen hat. Fragen Sie sie, was sich in dieser Zeit ereignet hat, von welcher Person oder welchen Personen sie Wertschätzung und Anerkennung wollte, welchen Vorbildern sie nacheiferte, was sie beweisen zu müssen glaubte und wie diese Faktoren den Burn-out-Prozeß in ihr förderten. Wenn es ihr hilft, Ordnung in ihre Gedanken zu bringen, dann schreiben Sie die Hauptpunkte Ihres Gesprächs nieder oder zeichnen Sie es sogar auf Band auf. Das wird Ihnen beiden bei weiteren Gesprächen nützen.

7. Fragen Sie sie, ob sie sich als verändert erlebt – anders als früher. Ermutigen Sie sie, über die Veränderungen zu sprechen, die sie in ihren Einstellungen, ihrem Verhalten, ihren Gefühlen und vielleicht an ihrer Erscheinung feststellt. Weisen Sie darauf hin, daß auch andere Ausbrenner diese Veränderungen erlebt haben und daß sie insofern nicht ungewöhnlich sind. Das kann zur Verringerung ihrer Ängste beitragen.

8. Schlagen Sie ihr vor, diejenigen Situationen, Personen und Ereignisse, auf die sie über- oder unterreagiert, genauer zu untersuchen. Sie sollte zu benennen versuchen, was sie wütend macht, sie enttäuscht, langweilt, frustriert und was das Ohnmachtsgefühl in ihr fördert. Helfen Sie ihr, diese Probleme am Arbeitsplatz, in Gesellschaft, zu Hause, in ihren Intimbeziehungen aufzudecken. Das kann den Schocks und den unangenehmen Überraschungen, die sie so oft erlebt, etwas von ihrer Wirkung nehmen.

9. Problematisieren Sie, was Frauen angeblich »müssen« und »sollen« und worauf sie gewöhnlich hereinfallen. Lassen Sie sie über das sprechen, was sie in ihrer Herkunftsfamilie gelernt hat und was von ihr erwartet wurde. Weisen Sie darauf hin, daß sich diese alte Familiendynamik in ihr Leben als Erwachsene übertragen hat und jetzt als zusätzlicher Streßverstärker wirkt. ACHTUNG: Was Sie hier anbieten, ist Anleitung zur Selbsterforschung. Es kann einige Zeit dauern, bis sie diese Information annehmen will oder kann.

10. Ermutigen Sie sie, über ihre Werte zu sprechen. Sie hat sich innerlich vielleicht so sehr von ihrem wahren Wesen entfernt, daß sie nicht mehr unterscheiden kann zwischen dem Wirklichen und Wichtigen und dem Unwirklichen und Unwichtigen. Beim Reden begreift sie vielleicht, was ihr zutiefst wichtig ist und was ihr übergestülpt wurde. Drängen Sie sie zu prüfen, wohin sie gehen will, wohin sie gehen muß und wohin sie gerade geht. Dabei kann sie neue Einsichten und neuen Boden unter den Füßen gewinnen.

11. Helfen Sie ihr bei der Aufstellung einiger kurz- und langfristiger Ziele. Vermitteln Sie ihr die Vorstellung eines persönlichen Tempos und seiner Bedeutung für ein ausgeglichenes Leben. Trauen Sie sich, Ihre Besorgnis auszudrücken, wenn Sie das Gefühl haben, daß sie sich bei der Festlegung ihrer Ziele übermäßige Lasten, unerfüllbare Kriterien und unmögliche Leistungsanforderungen auferlegt. Vielleicht reagiert sie jetzt nicht auf Ihre Besorgnis oder nimmt sie nicht an, doch sie wird später bestimmt über Ihre Worte nachdenken.

12. Bitten Sie sie, Ihnen wirklich ehrlich zu erzählen, was sie in ihrem Leben ändern kann und was nicht. Wenn sie der Realität offen ins Gesicht sieht, hört sie vielleicht ganz allmählich auf, gegen unverrückbare Tatsachen anzukämpfen.

13. Wenn Sie beide über das reden, was sie ändern kann, helfen Sie ihr, verschiedene Strategien zu durchdenken. An dieser Stelle können Sie den Begriff der Verleugnung einführen und ihr erklären, daß sie ihren Streß nur verschärft, wenn sie versucht, ihn zu verleugnen. Sie sieht vielleicht gar keine andere Möglichkeit. *Ganz allmählich* können Sie ihr erklären, wie sich die Verleugnung in bewußten und unbewußten Mechanismen manifestiert. Sie können ihr auch andere Lösungsmethoden für ihre Probleme vorschlagen, aber nur wenn sie dafür aufnahmebereit zu sein scheint.

14. Es ist entscheidend, daß sie über die Bedeutung von Anschluß, Nähe und Intimität Bescheid weiß. Es wäre hilfreich, wenn ihr bewußt würde, wie sehr sich ihre Angst vermindert, wenn sie mit Ihnen über ihre Probleme spricht. Sie bringt dieses Gefühl vielleicht nicht mit ihrer weiteren Umgebung in Verbindung. Weisen Sie sie aber darauf hin, wie sehr Anteilnahme, Kommunikation und Mitteilen der eigenen Gefühle der Burn-out-Anspannung entgegenwirken. Schlagen Sie ihr vor, sich ein Unterstützungssystem am Arbeitsplatz und zu Hause aufzubauen. Sagen Sie ihr, welche wertvolle Hilfe, Unterstützung und Bestätigung von anderen gegen Burn-out sind. Und wenn Sie schon dabei sind, unterstreichen Sie, daß sie Isolation vermeiden muß.

15. Ermutigen Sie sie, ihren Gefühlen zu trauen und sie nicht zurückzuhalten, weil sie politisch, sozial oder traditionell »falsch« sind. Die gesellschaftlichen Regeln haben wenig mit Gefühlen zu tun. Machen Sie ihr klar, daß sie keine Erlaubnis zum Lieben, Hassen, Wütendsein, Begehren, Lachen oder Weinen braucht. Hier gibt es kein richtig oder falsch. Wenn sie meint, daß ihre Gefühle sie hindern, Neuland zu betreten, sollte sie diese Ängste daraufhin untersuchen, ob sie nicht auf emotionalem Schutt beruhen, den es wegzuräumen gilt.

16. Bitten Sie sie zu prüfen, was sie jetzt will und was sie jetzt braucht. Wenn sich das »Wollen« auf langfristigere oder größere Dinge bezieht, dann weisen Sie sie darauf hin, daß sie vielleicht durch den selbstauferlegten Zwang ihre Bedürfnisse in den Hintergrund gedrängt und vernachlässigt hat. Erinnern Sie sie an das persönliche Tempo und Gleichgewicht. Wenn sie ihrer Karriere die meiste Aufmerksamkeit widmet, dann sprechen Sie mit ihr über das, was sie in ihrem Privatleben braucht. Wenn ihre Beziehung alles andere überdeckt hat, fragen Sie sie, was sie außerhalb dieser Beziehung braucht, um dieser Ausschließlichkeit gegenzusteuern.

17. Wenn sie eine Frau ist, die schuftet wie ein Pferd, dann raten Sie ihr, ihre Arbeit ein bißchen weniger ernst zu nehmen und vor allem ein bißchen weniger persönlich. Schlagen Sie ihr Möglichkeiten vor, wie sie sich besser um sich selbst kümmern, ihren vernachlässigten Bedürfnissen nachgehen und Freizeit ohne Vorgaben genießen kann. Fragen Sie sie, wieviel Schlaf sie bekommt, ob sie vernünftig ißt, ob sie sich in letzter Zeit hat untersuchen lassen. Wenn sie anfängt, diesem Bedürfnis nach elementarer Fürsorge für sich selbst nachzugehen, rückt sich vielleicht ihr ganzes Interessengefüge zurecht.

18. Empfehlen Sie ihr Literatur über Streß, Angst und Burn-out. Sie kann die Vorschläge, die Sie ihr gemacht haben, vielleicht erst annehmen, wenn sie sich in schwarz auf weiß gedruckten Darstellungen der Symptome wiederfindet.

19. Wenn sie zu tief in den Stadien des Burn-out steckt, als daß sie noch über diese Vorstellungen nachdenken könnte, dann bringen Sie sie zu einer Beratung oder Therapie. Setzen Sie sich zu ihr, wenn sie anruft, und, wenn Sie die Zeit dafür haben, bieten Sie ihr an, Sie zum ersten Termin zu begleiten.

20. Reden Sie ihr mit allen Mitteln zu, sich ein Herz zu fassen. Unzählige andere Frauen wie sie haben in der Tretmühle des Burn-out-Zyklus gesteckt und konnten den Prozeß nicht nur rückgängig machen, sondern auch verhindern, daß er unter ähnlichen Umständen wieder einsetzte. Wenn sie die folgenden, einfachen Schritte unternimmt, kann sie ihre Lebensfreude, ihren Humor und ihren Idealismus wiedergewinnen.

Wenn Sie einer ausgebrannten Person helfen, ist vor allem wichtig, daß sie merkt, daß ihr Zustand durch Streß, Druck und nachfolgende Erschöpfung verursacht wird und daß sie daran nicht die Alleinschuld trägt. Zuviele Frauen glauben, daß sie für die Gefühle anderer verantwortlich seien, daß sie ändern müßten, was nicht zu ändern ist, auch Dinge, die bei klarer Betrachtung außerhalb ihrer Macht liegen. Helfen Sie ihr besonders dabei, sich von mit Schuldgefühlen verbundenen Belastungen zu befreien. Sie haben das alles schon durchgemacht und werden sich zweifellos daran erinnern, daß das Schwierigste beim Kampf gegen Burn-out die Härte war, mit der Sie sich selbst behandelt haben.

Schlußbemerkung
Zwölf Punkte zur Burn-out-Verhütung
und -Rekonvaleszenz

Wenn Sie glauben, daß Sie sich dem Burn-out nähern oder sich bereits in einem der kritischen Stadien befinden, können Sie das anhand der folgenden Liste überprüfen. Die Liste kann Ihnen auch als Gedächtnisstütze dienen – als Anleitung, wie Sie die Symptome rückgängig machen und sich ihrer Ursachen bewußt bleiben können.

Lesen Sie die Liste genau durch und lernen Sie sie eventuell auswendig. Die Punkte, die sich auf Sie besonders auswirken, sind zweifellos die Bereiche, auf die Sie den Großteil Ihrer Anstrengungen konzentrieren müssen. Denken Sie daran: Burn-out kann verhindert und rückgängig gemacht werden – der Schlüssel dazu ist die Selbstachtung.

1. Hören Sie auf mit dem Verleugnen. Vertrauen Sie auf die Weisheit Ihres Körpers. Gestehen Sie sich den Streß und die Zwänge ein, die sich körperlich, geistig oder emotional manifestiert haben.

2. Vermeiden Sie Isolation. Machen Sie nicht alles allein! Knüpfen oder erneuern Sie enge Beziehungen zu Freunden und Menschen, die Sie lieben.

3. Ändern Sie Ihre Lebensumstände. Wenn Sie Ihre Arbeit, Ihre Beziehungen, eine Situation oder eine Person fertigmacht, versuchen Sie, die Umstände zu ändern oder gehen Sie, falls nötig.

4. Vermindern Sie Ihren verstärkten Einsatz. Greifen Sie die Bereiche oder Aspekte heraus, in denen Sie sich am massivsten überengagieren, und arbeiten Sie auf eine Erleichterung dieses Drucks hin.

5. Hören Sie auf, sich überfürsorglich zu verhalten. Wenn Sie gewohnheitsmäßig anderen Menschen Probleme und Pflichten abnehmen, dann lernen Sie, höflich davon Abstand zu nehmen. Versuchen Sie, dafür zu sorgen, daß Sie selbst fürsorglich behandelt werden.

6. Lernen Sie »nein« zu sagen. Sie verringern Ihren übertriebenen Einsatz, wenn Sie für sich selbst eintreten. Das bedeutet, zusätzliche Forderungen oder Ansprüche an Ihre Zeit oder Ihre Gefühle zurückzuweisen.

7. Fangen Sie an, kürzer zu treten und Abstand zu nehmen. Lernen Sie zu delegieren, nicht nur am Arbeitsplatz, sondern auch zu Hause und im Freundeskreis. In diesem Fall bedeutet ein Rückzug, daß Sie sich für sich selbst retten.

8. Geben Sie sich neue Werte. Versuchen Sie, die bedeutsamen Werte von den vergänglichen und schwankenden – das Wichtige vom Unwichtigen – zu trennen. Sie sparen Zeit und Energie und fühlen sich besser zentriert.

9. Lernen Sie, Ihr persönliches Tempo zu bestimmen. Versuchen Sie, ausgewogen zu leben. Sie verfügen nur über eine begrenzte Menge Energie. Stellen Sie fest, was Sie in Ihrem Leben wollen und brauchen und versuchen Sie dann, Arbeit mit Spiel und Entspannung in ein Gleichgewicht zu bringen.

10. Kümmern Sie sich um Ihren Körper. Lassen Sie keine Mahlzeiten aus, quälen Sie sich nicht mit strengen Diäten, geben Sie Ihrem Schlafbedürfnis nach, halten Sie Arzttermine ein. Achten Sie auf gesunde Ernährung.

11. Versuchen Sie, sich so wenig wie möglich zu sorgen und zu ängstigen. Begrenzen Sie Sorgen, die jeder vernünftigen Grundlage entbehren, möglichst auf ein Minimum – sie ändern nichts. Sie bekommen Ihre Situation besser in den Griff, wenn Sie weniger Zeit mit Grübeln verbringen und statt dessen mehr damit, sich um Ihre wirklichen Bedürfnisse zu kümmern.

12. Behalten Sie Ihren Sinn für Humor! Bringen Sie Momente der Freude und des Glücks in Ihr Leben. Das sind die allerbesten Mittel gegen Burn-out.

Danksagung

Dieses Buch wäre nicht möglich gewesen ohne die Gedanken, Gefühle und Lebenserfahrungen der zahlreichen Frauen, die uns freundlicherweise ihre wertvolle Zeit opferten. Dank gilt auch den vielen Klientinnen und Teilnehmerinnen an Workshops und Seminaren, die in all diesen Jahren drängende Fragen aufgeworfen haben. Ihre Sorgen, Kämpfe, Freuden, Nöte und ihr Erfolg haben dieses Buch inspiriert.

Besonders herzlich danken wir Rosaire Appel, Laura Wachtel, Jill Gallen, Joanmarie Kalter, Pam Black, Liz Weiner, Rochelle Lefkowitz, Barbara Presley Noble, Marian Goodrich, Maya Travaglia, Jessie Shestack, Marie Brown, Louise Bernikow und Kathy Ryan. Ihrem großzügigen Verständnis, ihrer Offenheit, ihrem Vertrauen und ihrer Unterstützung hat dieses Buch viel zu verdanken.

Auch unserer Agentin Carol Mann, unserer Lektorin Loretta Barrett sowie Elizabeth St. John, Marilyn Ducksworth, Cynthia Barrett, Amy Herring und den anderen engagierten und hilfsbereiten Leuten von Doubleday schulden wir großen Dank.

Ausgewählte Literatur

Bepko, C./Krestan, J.-A.: Das Superfrauen-Syndrom, Vom weiblichen Zwang, es allen recht zu machen, Frankfurt/M. 1991.

Buchka, M./Hackenberg, D.: Das Burn-out-Syndrom bei Mitarbeitern der Behindertenhilfe. Studienarbeiten aus der Katholischen Fachhochschule NRW, ›modernes Lernen‹ 1988

Burisch, M.: Das Burnout-Syndrom. Theorie der inneren Erschöpfung, Berlin/Heidelberg/New York 1989

Dowling, C.: Der Cinderella-Komplex, Frankfurt/M. 1990

Eichenbaum, L./Orbach, S.: Was wollen die Frauen? Reinbek 1986

Freudenberger, H./Richelson, G.: Mit dem Erfolg leben, München 1983

Gilligan, C.: Die andere Stimme. Lebenskonflikte und Moral der Frau, München 1988

Hennig, M./Jardim, A.: Frau und Karriere, Reinbek 1987

Kleiber, D./Enzmann, D.: Burnout. Eine internationale Bibliographie, Göttingen 1990

Meyer, E. (Hrsg.): Burnout und Streß. Praxismodelle zur Bewältigung, Baltmannsweiler 1991

Miller, J.: Die Stärke weiblicher Schwäche, Frankfurt/M. 1977

Regine Schneider

Gefühle lügen nicht

Die Intelligenz der Emotionen

Band 14628

Nach jahrzehntelanger IQ-Hörigkeit, die sich allein am meßbaren Wissen ausrichtete, ist nun die ›Intelligenz der Gefühle‹ zu entdecken. Denn die Belastungen des Alltags, Wut, Streß, Aggressionen, Angst und Einsamkeit, sind nicht allein über den Verstand zu bewältigen. Hier zählen andere Qualitäten: die Fähigkeit, die eigenen Empfindungen zu verstehen und ihnen gemäß zu handeln; rücksichtsvoll auf andere einzugehen; sich von den eigenen Emotionen führen, aber nicht außer Kontrolle bringen zu lassen.

Der EQ, das Maß emotionaler Intelligenz, bestimmt den sozialen Erfolg, das eigene Lebensglück und den Umgang der Menschen miteinander, denn »seelische Krüppel« gehen schlecht mit sich selbst und anderen um. Regine Schneider setzt sich mit der Intelligenz der Emotionen in aktuellen Lebenssituationen auseinander. Sie zeigt Strategien auf, wie man den besseren Umgang mit sich selbst und anderen lernen kann.

Fischer Taschenbuch Verlag

Regine Schneider

Krisen als Chancen

Zur Bewältigung scheinbar ausweglose Situationen

Band 14084

Das Gefühl kennen populäre Spitzensportler ebenso wie stille Angestellte, Models und Politiker ebenso wie Hausfrauen und Mütter: Die Angst, vor einer großen Leere zu stehen, vor Veränderungen, die dazu zwingen, den Lebensplan von einem Tag auf den nächsten völlig umstellen zu müssen, die Angst vor dem Leben »danach«. Der Abschied von einer Sache, mit der man sich völlig identifiziert hat, ob im Beruf oder im privaten, ist sehr schmerzhaft. Dabei geht es einer Monica Seles, die nach der Attacke eines Fanatikers zwei Jahre nicht mehr ihrem Beruf nachgehen konnte, nicht anders als dem Arbeitnehmer vor dem Ruhestand, einer prominenten Mutter wie Isabel Allende nach dem Tod ihrer Tochter nicht anders, als dem, der nach langjähriger Partnerschaft plötzlich allein ist: Was tun, wenn das alte Leben unwiderruflich vorbei ist und das neue noch nicht begonnen hat? Regine Schneider zeigt, daß die Angst vor einem Neuanfang ganz verständlich ist. Entscheidend aber ist, diese Angst anzunehmen und zu überwinden.

Fischer Taschenbuch Verlag

Regine Schneider

Powerfrauen

Die neuen Vierzigjährigen

Band 12946

Natürlich ist die Mitte des Lebens mit Veränderungen verbunden. Auch mit unangenehmen. Die Krise, die viele Frauen während dieser Zeit erfaßt, wird heute jedoch zur bewußten Bilanzierung genutzt. Sie wird als Chance begriffen, Weichen anders zu stellen, und als Möglichkeit, etwas Neues anzufangen. Viele Frauen stellen um 40 ihr bisheriges Leben völlig in Frage, beginnen eine Therapie, lassen alte, unbrauchbare Muster hinter sich und finden heraus, was ihnen persönlich am besten entspricht. Sie stellen sich Entscheidungen, packen Probleme an und finden ein neues Selbstbewußtsein. In der Folge lassen sie oft verkrustete Beziehungen hinter sich, leben allein oder gründen erst jetzt eine Familie. Sie verabschieden die Kinder aus dem Haus oder bekommen ihr erstes Baby. Sie geben eine Karriere auf oder legen nach der Familienpause erst richtig los. In Protokollen erzählen Frauen von ihren Veränderungen, ihren Krisen und was sie daraus gemacht haben. Dazu gehört jeweils ein Theorieteil, der sich mit der Bedeutung der Lebensmitte, mit Themen, die in dieser Zeit anstehen, befaßt.

Fischer Taschenbuch Verlag

Ute Ehrhardt

Gute Mädchen kommen in den Himmel, böse überall hin

Warum Bravsein uns nicht weiterbringt

Band 14751

Dieses Buch hat wie kaum ein anderes für Wirbel gesorgt – und eine wahre Flut von Nachfolgetiteln ausgelöst.

Lassen Sie sich von Ute Ehrhardt sagen, warum es nichts bringt, immer nur rücksichtsvoll zu sein. Sagen Sie »NEIN!« und hauen Sie auf den Putz! Werden Sie aufmüpfig und auch böse – dann kommen Sie überall hin! Dieser amüsante Leitfaden zur Befreiung aus der weiblichen Denkfalle beschreibt einen souveränen Weg hin zu einem erfüllten, selbstbestimmten Leben.

»Frauen müssen lernen, nicht heimlich Dankbarkeit zu erhoffen, sondern klare Gegenleistungen zu fordern. Keine Angst vor Zoff!«

Fischer Taschenbuch Verlag

fi 1740 / 2

Ute Ehrhardt
Und jeden Tag ein bißchen böser
Das Handbuch zu
›Gute Mädchen kommen in den Himmel, böse überall hin‹
192 Seiten. Broschur

Wie kein anderes Buch hat Ute Ehrhardts »Gute Mädchen kommen in den Himmel, böse überall hin« die Leserinnen mitgerissen. Zuhörerinnen der weit über 150 Lesungen, Teilnehmerinnen in vielen Seminaren und zahlreiche Briefeschreiberinnen wünschten sich von Ute Ehrhardt praktische Hilfen für die konsequente Umsetzung der Ideen ihres Buches in den Alltag. Deshalb das Handbuch: »Und jeden Tag ein bißchen böser«.

Das Handbuch bringt mit kleinen und sicheren Schritten große Veränderungen auf den Weg. Es deckt mit seinen Programmen alle Lebensbereiche ab: Partnerschaft, Familie, Freundschaft, Beruf. Es räumt auf mit allgegenwärtigen Stolpersteinen und immer wiederkehrenden Denkfallen. Es macht Mut, auch eine (scheinbare) Niederlage zu verkraften, weil manches erst im zweiten Anlauf klappt. Es bietet einem ›ziemlich braven‹ Mädchen den passenden Einstieg ins Bösewerden und reizt die recht Bösen, noch einen Schritt weiterzugehen.

Wolfgang Krüger Verlag

fi 1749 / 2

Ellen M. Zitzmann

Keine Lust auf Frust

Mehr Lebensfreude gewinnen

Band 14324

Frust ist ein Alltagsphänomen. Er entsteht, wenn unsere Bedürfnisse und Erwartungen nicht so befriedigt werden, wie wir uns dies gewünscht, erträumt, ersehnt haben, wenn wir also gezwungen werden, auf etwas zu verzichten, oder weil wir uns selbst Wünsche versagen. Die Welt wird nie aufhören, uns mit Situationen zu konfrontieren, die wir nicht mögen, die uns Angst machen, in Wut versetzen, die uns belasten. Aber wie gehen wir mit Situationen um, die uns bedrücken?

Dieser Ratgeber leitet uns zum einen dazu an, unseren persönlichen Frust und unsere bisherigen Strategien im Umgang mit Frust zu erkennen. Zum anderen zeigt er uns, wie wir den konstruktiven, kreativen und flexiblen Umgang mit diesem alltäglichen Problem erlernen können.

Fischer Taschenbuch Verlag

Eva Wlodarek

Mich übersieht keiner mehr

Größere Ausstrahlung gewinnen

Band 14458

Sie wird umschrieben als »ein geheimnisvoller Zauber«, »das gewisse Etwas, das Menschen auf uns aufmerksam macht« oder als »eine Art Harmonie«. Und obwohl sie für jeden im Detail etwas anderes bedeutet, so wissen wir doch alle: Unsere positive Ausstrahlung bestimmt unser Auftreten. Mit ihr steht und fällt unsere Wirkung auf andere, sie ist damit die Voraussetzung für Erfolg in allen Bereichen des Lebens.

Doch wer ist schon richtig glücklich mit seiner Ausstrahlung? Frauen jeder Bildungsstufe, jeder Altersgruppe und jeglichen Aussehens haben Probleme. Sie zweifeln an sich selbst und an ihrer Wirkung auf andere. Sie stellen ihr Licht unter den Scheffel. Sie sind sich ihrer eigenen Wirkung nicht bewußt und reagieren mit Staunen, wenn sie ein positives oder negatives Feedback bekommen.

Die Autorin bietet das psychologische und praktische Know-how, um an der eigenen Ausstrahlung zu arbeiten. In zehn Schritten lernen Sie, Ihre persönliche Ausstrahlung zu entwickeln.

Fischer Taschenbuch Verlag

fi 1741 / 1

Claudia Bepko/Jo-Ann Krestan

Das Superfrauen-Syndrom

Vom weiblichen Zwang, es allen recht zu machen

Aus dem Amerikanischen von Gabriele Herbst

Band 12268

Die Anstrengung, die Erwartungen von Gesellschaft, Familie, Arbeitswelt, Freunden etc. zu erfüllen – also all das zu tun, was traditionell erwartet wird – führt im Leben vieler Frauen nicht zu Anerkennung und Selbstbewußtsein, sondern eher zum Gegenteil. Dieses Paradoxon und seine Folgen für die einzelne Frau sowie die Möglichkeiten von Veränderungen und Befreiung werden von den Autorinnen anhand zahlreicher Beispiele dargestellt. Das Buch wird ergänzt durch einen Anhang, in dem typische Krisensituationen in Form von Fragen und Antworten veranschaulicht und Lösungsmöglichkeiten angeboten werden.

*»Ein wundervoll kluges und außerordentlich
nützliches Buch, das hilft, die Arbeit in Angriff zu nehmen,
die es bedeutet, Frau zu sein.«*
Harriet Goldhor Lerner

Fischer Taschenbuch Verlag

fi 809 / 9

Harriet Rubin

Machiavelli für Frauen

Strategie und Taktik im Kampf der Geschlechter

Aus dem Amerikanischen von Susanne Dahmann

Band 14683

Harriet Rubins Buch, das sofort nach Erscheinen die Bestseller-
listen stürmte, wendet sich an alle Frauen, die sich nicht länger von
Vorgesetzten, Liebhabern, Eltern oder wem auch immer vom Er-
reichen ihrer eigenen Wünsche und Ziele abhalten lassen wollen.
Rubin überträgt Machiavellis »Ratschläge an einen Fürsten« auf
die heutige Lebenssituation von Frauen und entwickelt daraus
eine kühne Strategie, die die Taktiken der Liebe mit denen des
Krieges vereint. Ihre Erfolgsstrategien, die so unterschiedliche
Leserinnen wie die Kabarettistin und Entertainerin Lisa Fitz, die
Bischöfin Maria Jespen oder die Frankfurter Oberbürgermeisterin
Petra Roth begeistert haben, lassen keine Leserin kalt.

Fischer Taschenbuch Verlag

Clemens von Luck

Innere Kündigung in Beziehungen

Vom allmählichen Rückzug in sich selbst

Band 13831

Wer kennt es nicht, das Klischee vom alten Ehepaar, von zwei Menschen, die sich nach langen gemeinsamen Jahren aufeinander »eingespielt« haben und gegenseitig in Ruhe lassen? Doch wenn man genauer hinschaut, fällt auf, daß heute immer mehr und immer jüngere Paare diesem Bild entsprechen.

Seit einigen Jahren hat dieses stark tabuisierte und deshalb schwer zu durchschauende Phänomen zumindest im Berufsleben einen Namen: die ›Innere Kündigung‹. Innere Kündigung beginnt immer mit einem Rückzug – weil einer der Partner sich als zu übermächtig erweist, Perspektiven verlorengehen oder Alternativen nicht erkennbar sind –, und sie endet mit einer Fassade, die den Zugang zu den eigenen Bedürfnissen und denen des anderen mehr und mehr versperrt.

Clemens von Luck beschreibt das weitverbreitete und zugleich äußerst diskrete Phänomen in allen seinen Spielarten im Privat- und Berufsleben. Dabei geht es nicht um die Frage, ob eine innere Kündigung berechtigt ist oder nicht, als vielmehr um das Machbare, Veränderbare und eine mögliche Wende zum Besseren.

Fischer Taschenbuch Verlag